985工程二期建设子项目“中国经济发展与国际竞争力”系列成果
经济全球化与国际竞争力研究
丛书主编：周茂荣

R&D全球化研究

黄兆银 著

WUHAN UNIVERSITY PRESS
武汉大学出版社

图书在版编目(CIP)数据

R&D 全球化研究/黄兆银著. —武汉: 武汉大学出版社,2006.12
经济全球化与国际竞争力研究/丛书主编:周茂荣
ISBN 978-7-307-05456-1

Ⅰ.R… Ⅱ.黄… Ⅲ.跨国公司—企业管理—研究 Ⅳ.F276.7

中国版本图书馆 CIP 数据核字(2007)第 027291 号

责任编辑:夏敏玲　　责任校对:程小宜　　版式设计:支 笛

出版发行: **武汉大学出版社** (430072 武昌 珞珈山)
(电子邮件: wdp4@whu.edu.cn 网址: www.wdp.com.cn)
印刷:湖北鄂东印务有限公司
开本: 720×1000 1/16　印张:21.625　字数:331 千字　插页:1
版次:2006 年 12 月第 1 版　2006 年 12 月第 1 次印刷
ISBN 978-7-307-05456-1/F·1032　定价:35.00 元

总 序

第二次世界大战之后，在新的科技革命的推动下，运输、通讯成本大幅下降。由于各国政府对于贸易、投资的限制障碍的减少，经济全球化一直在不断地向前发展，尽管其中也有曲折和反复，但是，今天的世界呈现在人们面前的一个生机勃勃的事实是：商品、劳务、资本和人员都以越来越大的规模、越来越快的速度以及越来越低的成本在跨越空间距离。特别是进入21世纪后，经济全球化的步伐以新的方式加快，现已成为任何一个国家都无法回避的客观现实，经济全球化使各国经济越来越紧密地结合成为一个有机的整体，世界各国的生产、贸易、金融、科技、研究与开发等活动日益融为一体，生产要素在全世界范围内配置。在这一过程中，发达国家起了主导作用，它们掌握着经济全球化的主动权以及制定全球经济活动规则的话语权。发达国家在经济全球化的过程中，在世界的范围内对其产业结构进行了战略调整，对产业进行了战略转移。

经济全球化，给发展中国家的经济发展带来了机遇，同时也带来了挑战。发展中国家多数是被动地参与经济全球化，在这一过程中，发展中国家有可能被“边缘化”。特别是在发达国家进行产业转移后，发展中国家的社会成本加重了。在经济全球化过程中发展中国家面临着一系列亟待研究和解决的问题。自20世纪70年代末开始实行改革开放政策以来，中国作为最大的发展中国家，其经济不断融入全球化大潮。与众多发展中国家一样，一方面经济全球化给我们带来了机遇，使得我们的经济获得了快速的发展，提高了中国在全球竞争中的国际竞争力，但同时也面临着一些问题，这些问题对我们的国际竞争力产生了一定的影响。因此，需要从理论上进行深入的研究与思考，以便为进一步提高我国的国际竞争力提出具有针对性的建设性的建议，为决策部门提供参考。

正是在这一背景下，武汉大学经济与管理学院所承担的国家“十五”985工程哲学社会科学创新基地——“中国经济发展与国际竞争力”项目，以经济全球化为着眼点，深入、细致地从多方面研究了中国经济发展与国际竞争力的相关问题，并形成了系列研究成果，“经济全球化与国际竞争力研究”就是其中的一套丛书。武汉大学出版社决定出版这批研究成果，对此我们谨表深切谢意。

“中国经济发展与国际竞争力”项目负责人　周茂荣

2006年夏于珞珈山

目 录

第一章 绪 论

本书重点研究跨国公司的研究与开发的全球化。本书认为，全球化是国际化的自然延伸，是国际化的高级阶段，而国际化是全球化的一部分。要明确地界定全球化与国际化的界限是十分困难的，本书对此没有作明确的区分。我们把全球化理解为一个过程而非终点，技术在国际间以至全球的转移和利用属于技术利用的国际化和全球化，而目前技术的研究与开发的国际化、全球化发展十分引人注目。

本章首先论述知识、技术、创新以及研究与开发这样一些概念，再就研发全球化的研究对象进行讨论，然后阐述技术研究与开发全球化的研究视角，介绍全书的结构。

第一节 知识社会、科学与技术

一、知识经济与知识社会

随着21世纪的到来，知识经济作为一种新的经济形态，越来越多地渗透到我们的日常生活中，并逐渐占据经济的主导地位。1996年，经济合作与发展组织在《以知识为基础的经济》中，首次给出了较为全面的定义：所谓知识经济，是反映建立在知识和信息生产、分配及使用上的经济。知识经济以创造性的智力资源为首要依托，以高新技术产业为发展的支柱点，是可持续发展的新型经济。

联合国教科文组织在其《2005年科学报告》中使用了“知识社会”的概念。报告指出：现在全世界已经取得共识，那就是，知识、教育、科学、技术和创新成为社会进步的主要推动力，它本身也成为人类最珍爱的目标，这就是知识社会。①

虽然现在存在着对“知识社会”这一词语的滥用，但这一概念却有实际的和现实的意义。

从经济学的观点看，我们可以说社会生产产品、服务和有质量的生活，后者实际上也是一个特定的服务范畴。这种服务的结果是可持续的环境、人类具有良好的健康状况和多样化的文化表达，这些利益具有很高的价值。政府的政策是政府为生产服务的基础。生产人类所需要的商品和劳务要求土地、资本货物、人力资本、信息和知识资本以及制度，这些都被称为“生产要素”。

现在，如果我们比较传统社会与现代社会，显然，两种社会都要使用以上提到的生产要素，但现代社会的产品和服务的生产要素是注入了大量知识的结果，其中，不仅仅是累积了经验知识，而且还有以科学为基础的知识。

从总体上来说，知识经济或者说知识社会，相对于传统经济和传统社会，是一种新的经济和社会形态，具有以下几个基本特点：

1. 知识作为社会生产的一种新的资源，得到了充分利用

知识资本成为一种独立的、更具影响的经济增长要素，影响着国家的竞争力和个人财富的分配。

我们比较一下产品的生产方式，就能看到差异。例如，一种现代的药物是很多高级药物合成的结果——常常涉及生物技术和基因知识，它的产生要使用高级的加工机械。而在传统社会，药用植物的使用通常只用到经验的知识。在 1900 年，要养活一个人需要有半公顷土地和一年多的劳动；而现在在同样的半公顷土地上只需要一天半的劳动就可以养活 10 口人。这种差别是因为人们利用科学知识开发了更好的肥料、机械、种子和新的庄稼品种、庄稼轮种计划等。现在的食品常常还具有更高的营养价值和改善健康的功能。我们驾驶的汽车如果没有先进的机械就不可能以合理的价格生产出来，它们本身就是许多科学和工程知识的结晶。现在的汽车也包含了信息资本，例如基于全球定位系统的道路引导系统。没有先进的生态模拟模型，要

① Unesco Science Report 2005. Unesco Publishing. 2005 http://www.unesco.org/publishing

“生产”一种可持续的环境就是不可能的。我们还可以举出许多现代通讯、交通或能源基础设施的例证。

2. 经济知识化将成为知识经济时代的主流，社会阶层将出现更进一步的划分

一些新的社会阶层（知识和信息的拥有者和控制者）将会出现。发明、设计、生产以及使用现在的商品和服务需要受过高等教育的、有技能的劳动者。

3. 传统的思维意识与习惯做法将面临新的挑战，将会出现新的理念与行为规范

社会正处于不断变化的状态，转型和变革将成为社会的主旋律。社会系统中的制度和机构也经历了转变。企业已经并还会呈现出新的面貌，金融机构已经经历了演变，以便处理以技术为基础的全球瞬间即可实现的资本流动。而机构转变的例子之一是，各种机构现在提供适应终身学习所要求的教育。

4. 在知识经济时代，市场竞争规则发生了变化

区别于传统经济，具有经济价值的知识利用的市场机制，其运作的过程是随着消费者的增多，而使成本降低，从而进一步扩大消费群，呈现一种双赢的局面。

5. 各个地区空间和时间的距离不断缩小，人类的各种经济交往越来越频繁和紧密，全球一体化的趋势也越来越明显

简言之，知识经济的主要特征是，知识在经济中占据越来越重要的地位，知识全球化日益深化。事实上，知识社会有更深刻的方面，那就是在社会的公共生活方面，不同种族、宗教或其他群体的互相理解，政府与非政府组织、产业和大众之间广泛的对话，所有这些方面的互动在互补的基础上日益加强，常常能够以一种更理性、更深刻的知识基础的讨论替代传统上或是遗留下来的一些造成误解的观念。

要定义知识社会在哪一个点上开始是很困难的，也许可以说是怀特海（A. N. Whitehead）首先在科学方面为现代世界播下了这一概念的种子。怀特海说，19 世纪最伟大的发明是发明了发明的方法①。推动知识经济发展的是创意与革新，无论是发达国家还是发展中国家，科学、技术和创新都已经变成促进经济持续增长的关键因素。

---

① A. N. Whitehead. Science and the Modern World. Cambridge University Press，Cambridge，UK. 1932

二、知识、科学与技术

1. 什么是知识

我们说，现在的社会是知识社会，那么，什么是知识？英国学者W. C. 丹皮尔在他的名著《科学史及其与哲学和宗教的关系》中写道①：“拉丁语词 Scientia（Scire 学或知）就其最广泛的意义来说，是学问或知识的意思。但英语 Science 却是 Nature Science（自然科学）的简称，虽然最接近的德语词 Wissenschaft 仍然包括一切有系统的学问，不但包括我们所谓的 Science，而且包括历史、语言学及哲学。所以，在我们看来，科学可以说是关于自然现象的有条理的知识，可以说是对于表达自然现象的各种概念之间的关系的理性研究。”

《现代汉语词典》对“知识”的解释是：“人们在社会实践中所获得的认识和经验的总和。”

《辞海》对“知识”的释义是：“人们在社会实践中积累起来的经验，从本质上说，知识属于认识的范畴。毛泽东指出：‘什么是知识？自从有阶级的社会存在以来，世界上的知识只有两门，一门叫做生产斗争知识，一门叫做阶级斗争知识。自然科学、社会科学，就是这两门知识的结晶。哲学则是关于自然知识和社会知识的概括和总结。’人的知识是在后天的实践中形成的……”②

据此，我们可以认为，广义的知识既包括了自然科学知识，也包括了社会科学知识。科学知识以及技术知识只是知识的一部分。

2. 什么是科学技术

科学与技术的关系经历了一个变化的过程，以至于现在我们很难把两者区分开，因此我们常常把科学技术作为一个词来使用。

W. C. 丹皮尔写道③：

---

① W. C. 丹皮尔著．李珩译．科学史及其与哲学和宗教的关系．北京：商务印书馆，1995

② 辞海．上海：上海辞书出版社，1980：1783

③ W. C. 丹皮尔著．李珩译．科学史及其与哲学和宗教的关系．北京：商务印书馆，1995

“如果我们有正当的理由把19世纪看做是科学时代的开始的话，那么，原因并不仅仅在于，甚至主要不是在于，我们对自然的认识在19世纪有了迅速的发展。自有人类以来，人们就在研究自然：原始的生活技术就是对物性片段知识的运用，早期的神话与寓言就是根据当时已有的证据创立的世界和人类起源的理论。但在最近一百年或一百五十年中，人们对于自然的宇宙的整个观念改变了，因为我们认识到人类与其周围的世界，一样服从相同的物理定律与过程，不能与世界分开来考虑，而观察、归纳、演绎与实验的科学方法，不但可应用于原来纯科学的题材，而且在人类思想与行动的各种不同的领域里差不多都可应用。”

“在以前时代的大发明中，我们看见实际生活的需要推动技术家取得进一步的成就：那就是说除了偶然发现所带来的发明之外，需要常在发明之先。但在19世纪里，我们就看见为了追求纯粹的知识而进行的科学研究，开始走在实际的应用与发明的前面，并且启发了实际的应用和发明。发明出现之后，又为科学研究与工业发展开辟了新的领域。”

丹皮尔举例说明他的论点：

“例如，法拉第（Faraday）的电磁实验促成了发电机和其他电磁机器的发明，这些发明又向科学家提出新问题并给予科学家解决这些问题的新力量。麦克斯韦对于电磁波的数学研究，五十年后带来了无线电报与无线电话，这些技术又给物理学家提出了一些新的问题。巴斯德发现发酵、腐朽以及许多疾病都是由于微生物的作用以后，工业、医药与外科方面都取得了极其重要的成果。孟德尔（Mendel）在布吕恩修道院里所进行的豌豆遗传的实验带来了系统的植物栽培以及小麦和其他谷类的许多改良品种，并且使人们认识到某些有关动植物某些特性的遗传的原理。这种知识在今后对人类的福利也许会产生不可计量的影响。”

他得出结论：“总之，科学过去是躲在经验技术的隐蔽角落辛勤工作，当它走到前面传递而且高举火炬的时候，科学时代就可以说已经开始了。”

他接着对于科学与技术的互相促进作了简单的说明：“本世纪（指20世纪）所特有的各种思想有许多在19世纪开始的时候就已存

在了，因而要划出一个明确的历史界限是不可能的。而且在技术科学的应用上，至今仍在进行的伟大工业革命，也早已开始了。在1769年瓦特得到冷凝器原理专利权的时候，工业革命的主要工具之一蒸汽机已经到了可以应用的阶段。这是一个实用的发明，后来才应用科学的原理去改进它、发展它。但是，使得世界社会情况发生革命性变化的另一大发明——电报通信，却是纯粹科学研究的结果，这种研究的开端可以追溯到1786年伽伐尼（Galvani）的工作。反转过来，为了便利海底电信而发明出来的反射镜电流计，对于纯科学也有很大的好处。"

关于纯科学与应用科学的关系，丹皮尔写道："在有些人看来，科学的实际应用，代表它的主要成就。但这些活动对人类思想的影响虽然很大，却是间接、缓慢和积累的。人类控制物质资源的能力，逐渐地、显然不可避免地扩大开来，主要是靠了应用科学，因此，在一般人眼里，应用科学的重要远远超过了纯科学。事实上，在他们看来，科学的胜利一个接着一个，其结果，显然进展纵然缓慢却是所向无敌的。人类控制自然的能力的扩展似乎没有止境……"

联合国教科文组织在《2005年科学报告》中指出：科学的、普遍深入的影响现在常常是可以测度的。随着这一进程的逐步发展，现在在世界上的许多地方取得的进展是全球化进程的一部分，相应地激发起人们的雄心壮志，我们不是选择，而是开发和利用"注入"了知识的生产要素。教育，成为更普遍的个人和组织的学习过程，研究和创新是这一"注入"过程的关键词。①

从经验与科学的角度看，技术有经验的存在形态和科学的存在形态之分，更深刻的意义上，这是一种历史的和内容的角度。它所划分的是人类技术发展的两个基本阶段：一个是经验的阶段，一个是科学的阶段。人类在制造工具的过程中产生了技术，在很长一段历史时期，技术一直是以经验的形态存在的，按照马克思的说法，是表现为"人工的直接技巧"②。它同生产活动本身直接联系在一起，以经验

① Unesco Science Report 2005. Unesco Publishing. 2005. http://www.unesco.org/publishing

② 马克思恩格斯全集（第46卷下册）. 北京：人民出版社，1972：211

为内容和基础，“因而整个说来从未超出制造方法的积累的范围，这种积累是一代代加以充实的，并且是很缓慢的、一点一点地扩大的。凭经验掌握每一种手艺的秘密，手和脑还没有完全分离。”①

即使在科学产生之后，由于社会的原因，科学与技术也几乎一直是各自遵循自己的发展道路。在古代，科学知识专属于贵族知识分子，而技术则归制造工匠掌握。中世纪，商业迅速发展，社会经济交换活跃，才使科学和技术相互接近，关系日益密切。到19世纪，技术才逐渐以科学为基础。技术与科学的结合使技术具有了科学的存在形态，它表现为科学在工艺上的应用，技术以科学为内容和基础，科学的含量不断提高。现代技术的最大特点就是它与科学紧密结合，逐步实现了科学技术的一体化。

3. 什么是“技术”

(1) 技术一词的源流。

“技术”是一个被广泛应用的词汇。

技术的含义，古汉语意为技艺方术，泛指技艺、技巧和实际操作的本领，即百工手艺及祝、史、射、御、医、卜的职业本领。如《书·秦誓》中说：“人之有技，若己有之”，指的是有一技之长的人则被视为工匠。这些技术可用于生产，也可用于军事。《汉书·艺文志》称，“技巧者，习手足，便器械，积机关，以立攻守之胜者也”，指的就是攻城掠地的战斗技术。

“技术”一词也见于《史记·货殖传》：“医方诸食技术之人，焦神极能，为重糈也。”意思是说，医生方士及各种靠技艺谋生的人，劳神过度，极尽其能，是为了得到更多的报酬。这里已经把技术与经济利益联系起来。

在西方文化中，技术一词源自希腊文的“technologia”，和汉语中的技艺、技巧的意思差不多，多指个人的制作技艺，由经验积累而成，不系统，也不易推广。②

英文“technology”一词出自希腊文techne（工艺、技能）与

---

① 马克思恩格斯全集（第47卷）. 北京：人民出版社，1972：570

② 参见尹尊声，姜彦福著. 技术管理：开发和贸易. 上海：上海人民出版社，1995

logos（词、讲话）的组合，意思是对造型艺术和应用技术进行论述。仅从中英文技术一词的辞源看，似乎有中文独重经验技能，而英文还包括理论研究的差别，这可能与英文的 technology 一词出现于近代科学技术产生之后并与之相联系有关。当技术一词 17 世纪在英国出现时，仅指各种应用技艺，即制作工艺和技能。直到 18 世纪工业革命开始之后，技术才是系统的科学知识，是指根据自然科学原理和生产经验而形成的工艺操作方法和技能，包括相应的生产工具、设备和管理办法，是应用科学，这些技术的发展和工业革命联系在一起，是现代工业生产的基础。技术从此超脱出个人技艺的范畴。①

到 20 世纪初，技术的含义逐步扩大，涉及工具、机器及其使用的方法和过程。到 20 世纪后半期，技术被定义为“人类改变和控制客观环境的手段或活动”②。这样，我们可以把技术理解为人类在实践活动中直接应用的知识、技能、工艺、手段及方法、规则的总和。

在生产力结构中，技术是一个性质特殊的要素：它是科学、劳动者和劳动资料作为直接生产力要素的现实形态，是人类生产力的社会性外壳，直接体现着人与自然的实践关系，体现着人与自然的现实沟通，是人与自然的能动关系的一种特殊中介。所以，马克思十分重视专门研究生产加工技术的工艺学，认为“工艺学会揭示出人对自然的能动关系，人的生活的直接生产过程，以及人的社会生产条件和由此产生的精神观念的直接生产过程”③。在这个意义上，马克思提出的“技术基础”④ 这个概念，除了作为特定的生产方式所特有的劳动工具及其生产这个狭义的含义之外，应该还在更广泛的意义上意味着技术也是人类生产力改造自然的专业基础，是科学、劳动者和劳动资料作为直接生产力要素存在、发展和发挥作用的专业基础。

（2）技术的含义。

技术这个词在不同的场合和不同的研究领域中的含义不尽相同。

---

① 参见尹尊声，姜彦福著．技术管理：开发和贸易．上海：上海人民出版社，1995

② 简明不列颠百科全书．转引自光明日报．1998-10-16

③ 马克思恩格斯全集（第 23 卷）．北京：人民出版社，1972：410

④ 马克思恩格斯全集（第 23 卷）．北京：人民出版社，1972：419

比如，在社会科学中，技术指的是在特定社会条件下和时间里，人们用以解决社会发展中所面临的问题的科学知识。在经济学中，技术则被定义为生产要素（资本和劳动）的有效结合。在自然科学领域中，技术是科学知识在生产活动中的应用，比如，火箭技术是用喷气推动原理实现物体的运动。在商业文献中，技术则被视为把科学知识转化为商品的手段，这种手段具有一定的商业价值。任何有价值的东西都存在归属问题，即产权问题，而技术则被纳入知识产权或工业产权的范畴。

世界知识产权组织（World Intellectual Property Organization，WIPO），根据技术内容特征对技术作了一个更具体的定义：技术是指制造一种产品或提供一项服务的系统知识。这种知识可能是一项产品或工艺的发明、一项外型设计、一种实用新型、一种动植物新品种，也可能是一种设计、布局、维修和管理的专门技能。

本书着重于商业性技术，因此采用国际知识产权组织对技术的定义。这个定义涵盖较广，它把任何能带来经济效益的科学知识都包括在内。比如商标，设计和使用一个特定的商标代表着一个综合的商业含义，有其商业价值，而人们通常不把它视为技术，但商标的设计属于技术性的生产活动，商标是技术产品，商标的转让则属于技术转让的一部分。总的说来，技术或技术产品属于知识产权的范畴，具有财产的特征，因此应当像财产一样受法律保护和像有形商品一样进行合法的有偿转让。

上述定义是从技术的内容（或内涵）出发的，描述技术包含哪些方面。

另一种方法则是从技术的产生过程来定义：技术是通过研究与开发（Research and Development，R&D）把科学知识应用到商品生产和服务上。

这个过程可以表示为：

科学知识→研究开发→新产品新工艺→生产与销售。

无论从技术的内涵来看，还是从其产生过程来看，随着时间的推移和科学的发展，技术的涵盖面在扩大，复杂程度在提高，从事技术开发所需的人力、物力和财力也越来越多，技术的交流和贸易活动也越来越活跃，技术对企业发展更具重要意义。因此，技术的有效开发和管理也就成了一个亟待解决的课题。①

4. 技术的分类

技术的分类有许多种方式，如按技术的功能、技术的体现形式、技术的生产要素特征、技术的产权特征、技术的层次、技术的发展阶段、技术的管理方式和技术是否普及等来划分。

(1) 按技术的功能划分。

按功能，技术可分为3类：

① 产品技术：指技术被用来改变一项产品的特性，这既可能是一个全新产品的发明，也可能是局部产品设计上的改进。比如，增加产品的一部分功能或扩大产品的使用范围，提高产品的质量或降低产品的生产成本等。产品技术的概念也可以延伸至对服务的设计或改进。

② 生产技术：指技术被用于产品和服务的制造（生产）过程。比如一项新的工艺、新的流程、新的测试手段、新的加工设备和手段。研究或引进生产技术的目标是提高生产效率和效益，改进产品和服务的质量，提高生产率或降低生产成本。

③ 管理技术：指整个研究、开发、生产、销售和服务活动的组织。长期以来，管理不被当成技术，其重要性也常常被忽视。在产品和生产手段相同的情况下，不同的生产和服务的组织方式、不同的管理技能训练，所产生的经济效益会大不相同。管理技术对一些公司来说也许与产品技术和生产技术同等重要。

(2) 按技术的体现形式划分。

技术知识的存在形态有物化存在形态与非物化存在形态之分。从技术的载体来看，技术的内容可以概括为三个部分：一是“硬件”(Hard Ware) 技术，即物化于劳动手段和劳动对象中的技术，比如一套新的机器、仪器或设备；二是“软件”(Soft Ware) 技术，即无形的技术知识，如具有工业产权的专利、商标，不具有工业产权的专有技术以及可行性研究、计划、培训、技术咨询服务和管理服务等方面的技术知识，关于工厂和设备的安装、操作和运用以及交钥匙项目

---

① 尹尊声，姜彦福著．技术管理：开发和贸易．上海：上海人民出版社，1995

所需的技术知识等，操作技术体现在劳动技能、工艺流程、操作方法、生产规则等方面，许多是以书面记述的形式存在，比如计算机程序、设计蓝图、工艺、操作和维护程序等；三是管理技术，即通过对生产活动要素进行组织、配置、整合、管理而表现出来的技术。这种技术既不存在于产品中，也不存在于文字或书面记述中，只存在于人的大脑中，比如一种特殊的制造、操作或管理技能、专长或诀窍，掌握这些技术的人，也就是通常所说的技术专家。由于技术中人的因素十分重要，有人又将技术中人的因素称为“活件”。

（3）按技术的生产要素特征划分。

从经济学角度来讲，生产过程包含两个基本要素：资本（Capital）和劳动（Labor）。技术代表资本和劳动的不同组合方式。如一个生产过程所投入的劳动成本比资本多，我们称这个生产过程用了劳动密集型技术；如所投入的资本比劳动成本多，我们则称之为资本密集型技术。这个划分对技术选择有实际意义。一般来说，西方工业发达国家资本资源比劳动资源雄厚，在这些国家发展出来的技术多带有资本密集的特征。但是多数发展中国家劳动资源远比资本资源丰富，适用劳动密集型技术。如何在技术的开发和引进上扬长避短是一个很值得研究的技术发展战略问题。

（4）按技术的产权特征划分。

技术的产权特征有两类：公有技术和私有技术。公有技术即公开的技术，是人类社会的公有财产，任何人都可以不受限制地无偿使用。比如，目前一些主要的工业化国家集资研究攻克艾滋病（AIDS）的方法，研究结果都公诸于世，这种医疗技术就带有公有技术的特征。另外，各种学术会议学术刊物上发表的技术研究成果，也都可以称为公有技术。有些技术从来就属于公有的范畴，有些则是原来私有，后来转变为公有技术。比如一项专利技术，在过了专利期限之后就自动成为公有技术。

另一种是私有技术。通常拥有人申请专利（Patent），这项技术就成了专利技术，受法律保护。但有些技术拥有人并不申请专利，只是通过保密措施来保护拥有权。

（5）按技术的层次划分。

从层次上进行的分类将技术分为产品技术、部件技术和核心技术。产品技术是指将成熟技术集成产品的技术。例如，电视机的整机设计属于产品技术。产品技术在某些情形下是很重要的。举例来说，为什么在中国，中国生产的电视机比日本生产的卖得好？因为在中国，电视信号差，所以要求高频头灵敏度要高；中国电压不稳，所以电视机电源要好，中国彩电就是凭着这些产品技术打败了洋品牌。部件技术是指设计和制造零部件的技术，重要的零部件技术的突破会推动市场。拿信息技术作例子，中央处理器（CPU）、操作系统等，这些技术目前几乎全掌握在美国人手中。核心技术属于前瞻性的基础性研究，需要国家进行投资来做或者需要国家的大力帮助。①

（6）按技术的发展阶段划分。

国际技术转让总离不开产品生命周期理论，因为技术输出公司是根据一项产品的技术发展阶段来制定技术转让政策的。按产品生命周期理论，在一项产品技术的开发、成长、成熟和衰老的4个阶段中，处于研究开发阶段的技术也叫尖端技术，这个阶段的产品带有试制性质。在此阶段完成之后，该技术逐渐完善和成熟，并投入商业性生产，这是技术的收获季节。在此之后，这项技术逐渐衰老，开始被其他新生技术替代。不同的技术有其不同的生命周期，比如，内燃机技术持续几十年，但电子工业中的一些技术生命只有两三年甚至更短。另外，由于技术发展的不平衡，在一个国家属于成熟的技术在另一国家仍属于先进技术。引进某一发展阶段的技术与一个企业或一个国家的发展战略有关。

一项技术产品在其不同发展阶段往往表现出不同的商业特征，产品品种、产品、产量、工业结构、竞争方式、生产组织和生产成本都会随产品生命阶段的演进而发生很大变化。掌握技术产品生命周期理论，不断培植新技术新产品，不断推向市场，才能保证一个企业常盛不衰。

（7）按技术的管理方式划分。

从企业经营和管理的角度，技术活动可分为技术开发和技术贸易两大部分。技术开发主要研究技术的产生和应用过程，这既可以是产品技术，也可以是工艺技术，它包括从技术设想（Ideas）到技术的

---

① 资料来源：《计算机世界》，1999-10-18

实际使用的全过程，也包括对技术的不断完善和改进。技术贸易则是技术的交换过程，主要研究在市场条件下技术转让的机制，如技术谈判、价格和合同的签订，这里既有理论问题，又有实际操作问题。

在过去的二三十年中，科学和技术在世界范围内取得了飞速的发展，从超高速计算机、超导技术、生物工程到材料技术的突破性发展，使技术在竞争中的重要性空前提高，技术开发更加成为当务之急。技术在竞争中的地位不断提高，技术是企业的重要资源，没有技术上的优势就谈不上高效率、高质量和低成本，因而也就谈不上竞争的优势。这就是为什么自20世纪80年代以来，技术开发被提高到战略管理的高度，技术的投资和发展被列入企业的战略计划。

技术开发涉及与技术有关的所有企业内部的经营活动，包括基础研究、应用研究、产品开发和工艺开发、设计、制造、调试、验证等技术活动，也包括技术预测、评估、技术发展规划、资源的调配等组织工作。①

(8) 按技术是否普及划分。

美国《哈佛商业评论》前主编尼古拉斯·G. 卡尔在其著作《冷眼看IT：信息技术优势的丧失》一书中提出，技术可分为专有技术和基础性技术。专有技术是可以为企业带来竞争优势的技术，但由于技术的可复制性，任何专有技术最终都将演化为基础性技术，即所有企业都可以共享的技术。一旦一项技术成为了基础性技术，它便无法再为企业带来竞争优势。②

由此，我们得出的结论就是，一个企业要有竞争优势，就必须不断地创造特有的专有技术，因为对于专有技术的垄断是暂时的，因此，企业就必须不断地进行研发，以领先于竞争对手。而同时，合作又可分享各自的优势。

三、显性知识和隐性知识

为理解技术知识在价值取向、创造和传播方面的影响，我们需要

---

① 尹尊声，姜彦福著．技术管理：开发和贸易．上海：上海人民出版社，1995

② 尼古拉斯·G. 卡尔．冷眼看IT：信息技术优势的丧失．北京：商务印书馆，2005

进一步扩展对技术知识本身的理解。从技术知识的共享性来看，作为生产系统，技术知识可以分为两个部分：第一部分是技术的公共知识要素，或称显性知识；第二部分是难以共享的专有知识，或称隐性知识。

1. 公共知识要素（显性知识）

大多数人谈论知识时，指的知识是公共知识（显性知识）——那种易于书写（如化学方程式或者工程规划）的知识。也就是说，显性知识是那些能在计算机数据库、教科书、学术期刊上找到的知识。这种知识一旦创立，人们很容易获得、传播和使用它们，甚至比它的创立者传播和使用得更广泛。显性知识可以创造竞争优势——最明显的例子就是有关新技术的专利——对专利的利用可以获得事半功倍的优势。因为一旦我们知道了什么事情可以怎么去做，那么，进行模仿会节省很多的时间和金钱。

技术的公共知识要素，包括工程蓝图和设计中可以规范化的内容和狭义的科学知识部分，还可以加上管理条例中的描述组织方法的内容及广义技术定义中与之相似的一部分。然而，即使仅仅是技术的这部分要素，某种意义上也超出了容易记录下来的和可专利化的基本的科学和工程原理的范畴。技术的公共部分也包括了一些实际工作者个人对科学和工程原理运用方式的知识。换言之，即这些原理在实践中发挥作用的方式。而这类知识可能是难以用文字写下来的，或要充分记录下来很麻烦，需要个人通过实践才能完全理解。在那些有技艺的善于提出问题的人中间，交流这种信息是有可能的，因此，从整体上说，技术的公共方面与信息相似，从原则上讲，可以在有知识的科学家、工程师、实际工作者和管理人员间进行交流。这里使用公共知识这一概念，意味着至少在其潜在的意义上是公共的，即使有些要素如专利或技术诀窍实际进入成为公共知识的时间可能受到延误。

2. 专有知识要素（隐性知识）

技术的第二部分是技术的专有部分，是个人或企业的隐性知识。它与技术的公共部分不同，不是信息的，而是内涵的（Tacit），是不能描述的，它是特定的公司或跨国公司特有的。隐性知识，是那种属于个人思维、集体行为或者“技术诀窍”之类的东西。隐性知识深深地融于一个组织的经营实践过程之中，是看不见摸不着的，是

"某一特定环境下的行为方式"。对个人而言，通常指某人的经验或直觉；对组织而言，通常指该组织特有的文化。我们所指的直觉、思想都是我们已掌握的知识和那些用其他方式获得的与既有的知识相结合而形成的知识。隐性知识包括关系、规范、价值、标准经营过程等。隐性知识极难细分、复制和传播，因而成为竞争优势的基本源泉。现实世界之中，后来的竞争者就深刻地体会到他们只能学习和效仿先驱公司传奇般的制造、服务能力和技巧，但却不能确切地复制它们。

技术的这种内涵的要素包括在组织的日常活动中，表现为集体的专门技能或特定生产员工队伍的技能。这是不同的公司或跨国公司自身的技术的一部分，因为它是公司员工队伍在自己的生产发展过程中，从当地化和集体的学习经验中衍生出来的或与之相联系的东西。

3. 显性知识与隐性知识的关系

特定公司生产能力的技术要素包括了公共知识（显性知识）和专有知识（隐性知识），技术的公共要素也许能在公司间交易，而技术的专有要素则是特定公司竞争优势的根本，是不能交易的，是依赖于内部群体的学习过程。

技术的这两个要素是严格地互补的，要创造发挥实际功能的生产体系，二者缺一不可。这样，即使公共知识能够交换，要使其发挥作用，也必须开发某种隐形的、内涵的、支持性的专业技能。要做到这一点，一家公司可能模仿另一家公司的技术行为，但它绝对不可能精确地复制它，因为第一家公司的学习经验以及生产员工队伍的实际经历是惟一的。任何公司采取的实际行动一部分归因于偶然，但也取决于它们过去的技术经验，这种经验存在于现有的规章和员工技能之中。一家公司从另一家公司引进技术，如果协议包括了技术援助方面的要求，也许能减少模仿成本，但不论有无外界的帮助，第二家公司仍然要经历本公司特有的学习进程，才能使引进的技术发挥作用。

特定公司的技术中内涵的要素也可能导致实际运用的条例化的知识的不同，导致某些公共知识暂时为某公司所特有。在不同公司的能力有重大差别的情况下这是很明显的，通用电气和以拉美为基地的跨国公司生产电子产品所运用的科学原理和工程设计的性质和范围是大不相同的，即使它们在有些地方是为同一个市场服务。即使同属于发达国家的跨国公司，通用电气、索尼公司和飞利浦公司为同一市场服务所使用的蓝图和知识也有差异。每家公司的特定的组织规章与某一科学工程分支的科学知识同时起作用，用特定的一套符号进行设计，使它自己的生产员工队伍所熟悉的形式得到使用。这样技术知识如果在公司间交换，即使是条例化的要素也必须进行改进，与之伴随的特定的蓝图和实际技能成为技术优势，一部分是由于蓝图可以成为专利，更重要的是这些设计和技能反映了一家公司内涵的能力，这才是真正的竞争优势的源泉。

这就是说，技术有两个互补的要素，即公共的要素和专有的要素。技术的公共要素是一般知识的表达，或是潜在的一般知识，在这个意义上，它通常可以为其他公司或其他国家受过适当训练的科学家、工程师、实际工作者和经理所理解。所要做的全部工作只是一些解释或翻译工作，把开发和应用这种技术的公司所惯常使用的符号变得明白易懂。公司本身有时向外传播一些涉及知识交换和专利应用的摘要信息。技术的公共要素是实际和潜在的一般知识的结合，它是潜在的公共用品。一旦被创造（支付一般的使用成本之后），对其他人来说就可以免费利用，这一部分技术成为创新扩散研究的重点。虽然受到专利法和商业秘密的限制，但实际上所有公司都能进入一个共同的一般知识库。由于新开发的技术其本身的优越性，所有的公司都要设法吸取一般知识的某些共同部分，转向新的生产方法（如钢铁工业中的贝氏工艺）和新产品（如合成材料和农业中的杂交水稻）。正是技术的一般性质，使它有可能得到广泛的理解（如计算机化和数字化控制的机械工具）。这种共享性特征，代表着技术原则上能够被同一产业或不同国家的所有公司系统地进行复制的那一部分，所以，创新扩散中，它可以被看做竞争者共同追逐的目标。

然而，技术扩散通常遵循着一个逻辑过程，涉及一种技术和另一种技术之间的转换。优越的新技术代替旧技术的过程中会有许多困难的原因之一是新技术能否成功最初是不确定的，直到它所产生的产品真正显示出能够减少成本或提高产品质量，因而需求增加时，才算是取得了成功。而另一个原因是为了实现转换过程，公司必须花费代价经历学习过程，在此过程中，发展与新技术相联系的未受专利法等保护的专有知识，是使新技术得以有效发挥作用所需要的隐形的能力，正是由于这一方面形成了新技术运用中的主要障碍，耽搁了技术的国际扩散，对发展中国家尤其如此。确实，在先驱公司里学习和使用的新技术能否成功最初是不确定的，其学习结果也是不确定的。已经拥有较老式技术的竞争者起初把持续的和更新的学习过程作为反应的一部分，可能在对新系统进行重要的关键的改进过程中取得成就。这为后来者在技术上实现跳跃式发展提供了可能性。

4. 知识的价值

知识是有价值的，特别是在知识社会中，作为价值之源泉的知识，对于有效竞争具有重要意义，其意义主要体现在以下四个方面：

（1）经营过程中隐性知识不可缺少。①

大多数看得见的知识都是公共知识（显性知识），但创造性经营绝大部分需要有内涵知识（隐性知识）发挥作用。要做出科学发现，当然不完全是显性知识起作用。生产创新尽管也基本上遵循一般创新的模式，即遵循最初的设想，但生产创新也不是按着事先定义好了的框架进行，也不一定有合理的路径。不过，相对来说，传统企业的经营过程比生产线和部门结算，其显性知识的含量都极高。而管理创新——高隐性知识含量的经营过程——在成功运用隐性技术上达到了更高水平。

（2）显性知识增长迅速，易于传播，对劳动生产率的提高发挥了重要作用。

千百年来，知识经口传身授得以传播；几个世纪后，越来越多的知识通过书本传播；而今，可以通过书面传播的知识很大一部分在全球电子网络上任意驰骋，人们无论是在维也纳、纽约还是在吉隆坡、上海，都可以即刻获得最新的学术期刊资料。

某种情形下，向一个既已存在的地方经营单位出售显性知识或采用特许的方式授权使用显性知识，比自己创立公司并打入市场更有意义。因为地方经营单位早已拥有了那些难以获得的诸如地方经营实践、地方法律法规、地方习俗等隐性知识，如果你能再为其生产和服务提供显性知识，那么，这些地方经营单位就能成功地运用它们的隐

---

① 克里斯托弗·梅耶著. 梁溆玲译. 创新增长——硅谷的启示. 长春：吉林人民出版社，1999

性知识并带动你的公司迅速进入世界市场。

事实上，显性知识融于生产和服务，可能迅速降低某一行业竞争所需的基础设施成本。例如，运用现代通信技术，靠一部电话、一台电传机、一台装备精良的电脑、一位代理人也许可以创建一家效率很高的专业服务机构。

显然，这种显性知识的迅猛增加对于提高劳动生产力发挥了重要作用。不言而喻，由于工具和基础设施的成本连续下降，竞争力增强，大大地方便了个人或企业成为有效的竞争者。成功与失败之间的显著差别在于你的选址如何，你的启动力如何，你的显性知识与隐性知识的结合运用如何，而其中最关键的就是你的创新如何。

（3）知识依靠使用而增值，但原材料之类的有形物质却是使用后贬值。

运用知识会创造更多的机会，而更多的机会反过来又会创造更多的知识。这一原则对于企业打入新市场以及获取新技术都大有益处。企业一定得在它希望加入到某一市场时刻之前就进入到市场，否则，因为需要很多的时间来学习所需的知识，等到企业确信什么东西对自身有用之时，其市场优势早已丧失殆尽。第一个提供因特网检索服务的公司——雅虎，因为进入市场领先，又建立了良好的信誉和占有了一定的市场份额，所以，在激烈的竞争中它也能成功地防患于未然。毫无疑问，知识不使用就没有价值。

（4）知识越多，市场越大。

知识迅猛增长，传播急剧加速，知识分类困难，保持企业尖端知识领先也越来越难。仅以心血管领域为例，1992 年后半年就有 8 万余篇新作问世。全球知识经济的发展使新知识的创立者和能够有效地获得新知识的人受益颇丰。①

知识创造和知识传播正在世界每一个角落创造着新的所谓“中产阶级”，即中等水平的消费者和竞争者。没有意识到这种变化的公司和仍在国内固步自封的公司，将会失去获得更多的额外收入的机会。公司必须提高自身的能力，认清目前的处境，积极参与世界市

① 克里斯托弗·梅耶著. 梁淑玲译. 创新增长——硅谷的启示. 长春：吉林人民出版社，1999

场。公司会发现，如果它们不思进取，它们在国内市场的竞争力也会下降。传统的发达国家的老牌企业，像宝洁公司，可口可乐公司，其经营成本极低，不过，随着世界中等收入国家的增加，它们不满足于现状，不以拥有基础份额为满足，因为，今天的消费者可以从北京到里约热内卢去寻求同巴黎的流行服饰和日本的消费电子游艺一样的产品和服务。高收入者始终热衷于知识含量高的产品。人们一旦不仅仅是满足于生活必需品的时候，就必然会对服务的需求有所增加，知识型的人所追寻的是与他们的知识相匹配的服务。

知识全球化本身已不是新生事物，但是在信息与通讯技术（ITC）应用的推动下已变成一种更加普遍的现象。在知识经济中，信息借助于货物和服务贸易、直接投资和技术转移以及人员在国际间的流动而流通。企业运用信息与通讯技术组织跨国网络，以应对国际竞争和日益扩大的战略互动需要。因此，跨国企业就成了全球化进程日益扩展的首要推动者。谁能够更快更好地创新，谁就能在价值链的高增值部分获得利益。而在创新中落后的国家和企业，其生产的增值能力不强，经济增长终将受到影响。波士顿咨询集团公司（Boston Consulting Group Inc.）在2005年的一次调查中询问了全世界940位高级主管人员，这些主管们说，越来越多的高端收入来源于创新，创新已经成为他们的产业成功的基础。①

人类社会对于知识产权保护的日益规范化以及关于知识产权的争论，表明知识创新成为获得新的经济收入的来源的事实已经日益重要。一个有竞争力的经济应该是知识创新型经济，而知识创新又依赖于知识的获得和运用。

第二节 创新与R&D

一、关于创新的理解

自从经济学家熊彼特使用“创新”这个词语以来，它已经成了

---

① Special Report—Get Creative! BusinessWeek. 2005-08-01. http://www.businessweek.com

政治家、实业家和大学管理学教授使用最多的词语之一。① 什么是创新？根据熊彼特的看法，创新是有特定含义的经济发展观。它是指在生产体系中引入“新的组合”，包括开发新产品，采用新工艺，开辟新市场，控制原材料的新来源和实现工业新组织等。② 在市场经济体制下，创新则具体化为将科技潜力转化为经济优势的活动。③

美国国家竞争力委员会在其“国家创新倡议”中定义创新是发明和远见的交集，导致社会和经济价值的创造。④ 前通用电气公司的总裁韦尔其认为：“创造力和想像力应用于商业环境就是创新”。⑤

IBM 对于创新的领悟是，创新是一种社会的——而不是技术的——现象，它是发明与洞察力的交集。在到 2005 年的连续 13 年中，IBM 是获得美国专利最多的企业，共获得了超过 3 万多项美国专利。以 2004 年为例，IBM 获得了 3248 项美国专利，在美国专利榜排名上遥遥领先。2005 年，又获得 2941 项美国专利。

美国著名的财经刊物《商业周刊》指出：如今，企业创新的含义已经远不止开发新产品那么简单，它还包括改造业务流程和打造全新市场，以满足消费者永无止境的需求。最重要的是，随着互联网和全球化所带来的更多的创意，创新也包括选择和实施正确的创意，并以创纪录的速度将它们推向市场。20 世纪 90 年代，创新指的是技术以及质量和成本控制。如今，它指的是提高企业组织的效率，对其加以改造，使之具有创造力并不断发展。⑥

谷歌（Google）在中国的总裁李开复写道：创新是今天这个时代

---

① UNESCO Science Report 2005. UNESCO Publishing. 2005. http://www.unesco.org/publishing

② 约瑟夫·熊彼特著．何畏，易家详等译．经济发展理论——对于利润、资本、信贷、利息和经济周期的考察．北京：商务印书馆，1994

③ 我们为什么强调技术创新．经济日报．1999-08-17

④ The Council on Competitiveness: National innovation initiative report: Thriving in a world of challenge and change. Innovate America, 2004

⑤ Special Report - Get Creative! BusinessWeek, 2005-08-01. http://www.businessweek.com

⑥ 全球最具创新精神的企业．美国《商业周刊》，2006-04-24. 转引自《参考消息》，2006-05-05

里最有激情也最有活力的字眼之一。单独地审视创新，人们也许会把与之相关的事物看成是脑力精英们在好奇心或功利心的驱使下所完成的超乎寻常的工作的总和，但如果把创新放在产业环境、经济布局、时代精神等更大、更广的语境中考察，我们就不难发现，创新其实是一种融会了科学技术的阶梯状累进形式、社会经济的自我更新规律以及历史文化因素在新经济中的内在映射等更深层内涵的“立体”现象①。

知识经济时代的创新更富有动态性：创新是从思想的产生到产品的设计、试制、生产、营销和市场化的一系列活动。其实质是知识的转换和应用过程，是新技术的产生和商业应用。

但是，人们至今对技术创新的理解仍存在一些误区。比如，把技术创新等同于发明创新或单纯的工程技术活动，而忽视了技术创新是在市场拉动和技术推动的综合作用下进行的，即是包括技术开发、工程化、商业化生产和市场应用的这样一种工程技术与经济有机结合的系统工程的根本特点。实际上，创新不仅仅需要自然科学知识，而且需要社会科学知识，正是这种技术创新的特点，才使它成为调整和优化经济结构，转变经济增长方式，提高一个国家的国际竞争力的一条根本途径。

单纯的发明对于创造价值或者成功来说是远远不够的。关键在于能够迅速将这些发明应用于各种新的产品和服务之中，并帮助客户克服所面临的业务挑战。研发部门要想知道自己的行进方向是否正确，就要在不同的研究组织和商业部门间建立起适当联系，这项工作本身就非常复杂。如何知道自己的表现是否良好呢？基本方法是审视商业部门的市场占有率及利润率。研究部门的工作是提供技术，商业部门的工作是执行产品开发项目，将产品销往市场。但是，很难明确规定每一部门的角色，这是一项团队活动。技术固然很重要，但仅仅是整体工作的一部分。

二、技术进步与创新

狭义地理解，技术是指人们在生产活动中制造某种产品、应用某

---

① 李开复．论网络创新的未来．环球企业家，2006（5）

种生产方法或提供某种服务的知识，是那种使机器、产品和工艺得以改进的知识。采用这种知识能降低生产的实际成本，或带来新的产品。从性质上说，技术是一种信息，是人类生产的专业性能的表征，是人与自然的实践关系的专业特征的标识。

而创新是指在生产中的变化、工艺使用上的变化或者是在产品制造上的变化。创新通常涉及工艺（包括组织工艺的方法）和产品二者结合的或相关的变化。关于创新的文献也会论述技术进步，但一般并不把技术进步看作创新的同义词，而是把技术变化看作生产变化的一种特定情况。最近研究创新活动的文献，更多地将创新和技术进步的概念合二为一地使用。①

人们使用较多的技术定义是狭义的工程上的概念。工程上使用技术这一概念来描述生产工艺的机制和产品制造的特征。根据狭义的技术定义，技术可以理解为 R&D 的产出和一家公司的生产工程功能。许多经济学家使用狭义的、作为工程概念的技术定义，这是因为在国际技术贸易和国际技术扩散中，公司之间和跨国公司内部扩散的主要是科学和工程知识，所以科学和工程知识自然也就成了注意的重点。这种狭义的技术定义在许多经济学家看来仍是正统的定义，但已逐渐为从事技术和创新研究的大多数经济学家所摒弃。在当前论述技术创新的文献里，一些学者继续使用狭义的技术定义，而有些学者则采用新的定义。

广义地说，技术是制造特定产品和提供服务所需要的管理、组织以及技能方面的知识。技术包括整个解决问题的方法和手段；技术还包括蕴藏在管理科学中的知识。这个定义意味着，技术是一项生产投入，它有工艺和技能两个方面。工艺是关于如何生产一个产品的知识，它包括有关如工厂设计、设备要求等方面的数据以及诸如原料标准、要求方面的信息。技能，是指将专业技术转化成为市场产品的能力，不仅包括生产产品所需的一般工业技能，而且也包括解决生产与

① John Cantwell "Multinational Corporations and Innovatory Activities: Towards a New, Evolutionary Approach" in Jose Molero edit. Technological Innovation, Multinational Corporations and New International Competitiveness. Harwood Academic Publishers, 1995

维护中的问题，协调生产要素，计划与调节生产过程，保证产品质量等方面的能力。换言之，即使一个企业有了生产某种产品的“工艺”，但如果它不具备有关“技能”，该企业还是不能成功地生产该产品，并使其具有市场竞争力。①

新的技术定义包罗更广泛，包括了生产组织的所有方面和全部生产系统的特征。

随着技术进步，企业组织也发生着变化。在更早期的一些文献中，组织的变化或是随后出现，或是完全与技术进步分开。在现在的广义的技术定义里，创新与技术进步互相之间更密切地一致，至少就其对生产系统（不包括金融创新和营销创新）的影响来说是如此，工程设计的变化和生产员工队伍的集体能力及工作方法的变化同时发生。所有这些变化可以被看成技术创新的共同进程的一部分。目前世界上跨国公司在技术创新和技术扩散中具有突出的地位，广义的技术也可以看做是服务行业跨国公司生存的至关重要的因素，而从狭义的技术通常局限于对制造业或以资源为基础的跨国公司进行分析。

近些年来，跨国公司也日益成为国际性的以至全球性的技术创新的机构，随着20世纪60年代末期以来公司内部子公司之间一体化的加强，信息通信技术取得了革命性进展，跨国公司为了把跨国界的技术开发结合在一起，已经建立了或正在建立国际性的以至全球性的技术创新网络。这涉及改进对生产结构方面的协调。换言之，就广义而言，技术进步或技术创新现在已经在国际的水平上进行。

与传统的论述跨国公司和技术转移的文献相比较，一些新的有关跨国公司和创新活动的研究已经采用了更广义的技术定义，即使对技术的衡量继续依赖于一些更有局限性的确定的代用指标，如R&D的费用或专利数。而研究跨国公司和创新的新方法，重点在于动态地看待跨国公司和产业，把跨国公司在国际的以至全球的网络内的技术积累看做是一种依赖型的学习过程。以这种新的创新概念研究跨国公司创新活动的一些文献，集中于作为学习过程的跨国公司内部的组织变化。成功的学习建立了技术能力或组织能力。跨国公司利用国际网络

---

① 何保山，顾纪瑞，严英龙著．中国技术转移和技术进步．北京：经济管理出版社，1996

进行创新，这是近年来跨国公司网络加强的一个重要方面。研究跨国公司与创新的新方法也意味着技术转让与过去大不相同，集中于引进的技术与学习过程的互相作用，而不仅仅是片刻的知识变换。

三、科学创新和技术创新

科学创新或知识创新与技术创新不能画等号。科学创新或知识创新仍是科学活动范畴，产出的是新的研究成果，如超导等；技术创新是把研究成果转化为产品，卖出去赚钱。企业如果不能不断围绕市场开发新技术、新产品，就会昙花一现，在技术迅速更替的市场上被淘汰。技术创新就是实现生产要素的新组合，是生产函数的新变化和变迁，是社会经济制度和经济发展的一个内在因素。在这种新的经济发展观中，科技是经济的子系统，而不是与之平行的系统。

"科学技术是第一生产力"，是针对科学技术的战略地位而言，但使"科学技术是第一生产力"真正得到实现，则要通过技术创新。因此可以说，技术创新是实现"科学技术是第一生产力"的主要形式，或者可以说技术创新是实现"科学技术是第一生产力"的必由之路。

技术创新不仅仅是高新技术产业的主要特征，也是传统产业走出困境的必由之路。比如，在发达国家，钢铁工业等传统工业不断提高知识、技术、信息等科技含量，其高级钢材就有更广阔的市场。现在的汽车如果没有先进的自动化机械就不可能以合理的价格生产出来，它们本身就是许多科学和工程知识的结晶，也是不断地吸收和运用新的科学技术的成果。现在的汽车也要运用最新的信息技术，例如，基于全球定位系统的道路引导系统。从这个意义上说，只有"夕阳产品"，没有"夕阳产业"。

R&D中心是从事知识创新活动的重要主体，是知识经济的重要组成部分和核心环节之一，其发展的状况也日益受到重视。

四、研究与开发（R&D）

1. 研究与开发的定义

几十年来，美国国家科学基金会在它的研究与开发调查中使用下列定义，这些定义已经使用了数十年，与国际上的定义在总体上是一致的。

按照经济合作与发展组织（OECD）实施研究与开发调查的国际指南，研究与开发，也称之为研究与实验开发，是“在系统的基础上，为了增加知识存量，”进行创造性的工作。“这些知识包括人类、文化与社会的知识，以及运用这些积累的知识去设计新的应用。”

基础研究的目的是得到更多的综合性知识，或是在没有特定应用目的的研究中，求得对客观事物的智力上的理解。在工业中，基础研究的定义是推进科学知识但并无特定的直接的商业目的的科学研究，虽然这种研究可能是在现有的或是潜在的寻求商业利益的场所里进行。

应用研究的目的是获得满足某种特别的、人们已经认识到有所需要的知识或理解这类知识。在工业中，应用研究包括通过调查研究去发现新的科学知识，这种科学知识分别与产品、工艺或是服务有关，有特定的商业目的。

开发是系统地运用从研究中得到的知识，直接针对有用的材料、设备、系统的生产，或是开发生产中运用的方法，包括设计、原型产品和工艺的开发等。

研究与开发设施是用于研究与开发活动的设施，包括建筑物、工作场所、设备、设施或是土地等的获取以及改造。①

2. 企业研究与开发的功能

（1）企业的研究与开发是对学习进程作出贡献的重要方面。

技术是跨国公司进行全球化经营，取得和确立竞争优势的决定性因素。随着全球性竞争的加剧，商品寿命周期日益缩短，技术创新已经成为企业改革中一个最重要的课题。只有技术创新才能创造新材料、新生产方法和新产品，拓展新事业，创造新市场，飞跃地提高经济效益。在经济全球化的进程中，跨国公司不仅寻求全球化的市场，在全球销售其产品，而且还要利用全球各种资源，在全球各地进行生产。现在，它们也在加速利用全球技术资源，建立全球创新网络，进行全球性的技术研发。跨国公司的国外经营业务已深入到技术创新这一层次。

---

① 美国国家科学委员会 . 2006 年科学与工程指标 . http：//www. nsf. gov

企业进行研发投资，不仅是为了直接追求新产品和新的生产技术（生产工艺），对于企业的长远发展来说，更重要的是为了增强和保持其利用外部信息的能力。技术创新是一种集体的学习过程，这种学习过程一方面把对公共知识的创造、吸收和改进结合起来，另一方面把日常生活中隐含的技术能力积累起来。这样一来，研究和开发对许多公司的重要性就能得到更好的理解。企业的研究与开发只是对学习进程作出贡献的一个方面。

对于跨国公司来说，研究和开发通常是最重要的新的公共知识的来源，研究和开发的作用由于部门不同而不同，正如公共的或潜在的一般知识与内涵的技术能力之间的关系在不同的产业之间也不相同一样。在以科学为基础的依赖于化学和电子学的产业中，研究与开发以及新的公共知识的创造起着更显著的作用；而在那些更多地依赖机械技术的规模密集的或专业供应商那里，技术创新的作用虽然也是有意义的，但却不那么显著。

研究与开发对于技术创新的贡献有两种情况：一种情况是研究与开发可能直接与生产相联系，例如，按照当地条件设计或改进产品和工艺，在当地为企业创造了收入；另一种情况是，研究与开发虽然是公司战略和整体需要的一部分，但对于技术创新的贡献却可能是间接的，与特定生产的联系不那么直接。在这种情况下，可能要求从事研究与开发的工作人员跟踪其他地方一般知识的进展，试图去发现和认识新的机会，或是对新的机会进行估价，增强公司更快地模仿其他公司的成就并进行超越的能力。后一种形式的活动在以科学为基础的产业中更重要，这里要考虑新的更多样化的一般知识，以便更广泛地利用潜在的技术机会。要发展和保持吸收外部信息的能力，寻找和接近外部信息就是十分重要的。外部信息的多样化能够刺激企业吸收和利用这些信息，并在此过程中提高创新的能力。

新的公共知识可能来自公司外部，或者来自公共机构，如大学或是其他公司。来自公司外部的知识并不能简单地代替公司本身的研究开发部门，这有两方面的原因：

第一，通过控制自己的研究与开发部门，公司能够更直接地提出和解决它本身的生产发展过程中所遇到的问题，发现和利用潜在的机会。当对一种新技术进行关键性的改进时，它能够确保研究与生产之间经常的反馈，这属于交易成本经济学所提到的协调问题。

第二，公司的研究和开发部门有一种重要的监测功能。因为为了理解公司外部知识的潜在相关性，公司必须积极地从事有关的研究项目。从这一点来说，公司研究的对象并不是特意地把创造新知识放在首位。诚然，公司竞争的一个方面是专利竞争。公司研究开发背后的动力，与其说是开发专利，不如说是观察环境，发现能够利用的机会。而要做到这些是有条件的，包括它现有的能力，它当前所要解决的问题，以及它已经知道的机会。这样，公司并不过于关心一项特定知识的适度充分的回报问题，公司也并不特别担忧以互相合意的交换形式所提供的信息的泄露问题，也并不只是在一个方向上进行这种业务。因而，公司采取的保护工业机密的措施，常常只是试图确保公平交易，而不是排除共同交换的可能性。

为了对技术进行更新，一家已经积累了更高水平和更广泛的技术能力的公司就倾向于更多地依靠研究与开发，这不仅意味着这家公司比其他公司更加依靠新的科学和工程知识，也意味着它要比其他公司对于公共的或一般的知识基础做出更大的贡献。然而，更有能力的公司也更能从其所处环境中集中相关知识应用到生产中去，而能力较差的公司则不能很好地理解或不能如此之快地接受和消化这些知识。

（2）研究与开发对跨国公司尤其重要。

通过技能的协调和组织的日常活动，系统地发展本企业的内涵技术能力，是公司发展特定技术优势的重要手段。但这受到可利用的公共知识的限制，而研究与开发通过提供公共知识对技术创新做出贡献，因而认为研究与开发只对创新的推动起一般的作用的观点是不正确的，研究与开发不仅在以科学为基础的部门中起着关键作用，而且在更广泛的学习过程中对取得的成果起决定作用，在了解什么样的知识对于公司是有用的等方面也是有重要作用的。

实际上把创新看作是集体的学习过程，有助于解决一直在争论的老问题，即技术进步从根本上说是科学和研究推动的（有时按狭义的技术概念而称为技术推动），还是需求拉动的。创新的学习不只是收集某些累积的知识，也不只是知识本身的逻辑增量，它与科学或市场需求互相作用而不只是被动地由其发展所推动。技术影响科学和需求，反过来，科学和需求也影响技术，例如，仪器工具技术的改进对于在不同的科学分支里什么样的技术是可行的就有重大的影响。相似的，正是计算机技术的稳步发展，创造了对计算机设备的更大的需求，而不是消费者偏好方面的一些外来变化创造了对计算机设备的更大需求。研究与开发功能的重要性和技术开发的重要性一样，正在变得越来越复杂，一个高技能的职工队伍和专业组织与庞大的学科前沿的知识库相联系。因此研究与开发密集度越大的产业，各公司间的生产差别就越大，越依赖于特有的技能，跨国公司在这些研究密集的部门中就更重要。相似地，在一个产业内，已经拥有更复杂的技术能力的公司就比其竞争者更多地依赖于研究与开发，因而跨国公司（平均来说积累的专业技能和能力水平更高）就倾向于比同一部门的其他公司有更为密集的研究活动。来自更发达和技术更先进的国家的跨国公司也比不发达国家的跨国公司更倾向于从事广泛的研究与开发业务。

如果把同一产业里研究高度密集的和竞争实力强的跨国公司与研究密集度较低、专业面更窄、竞争能力更弱的公司加以比较，可以看到，跨国公司能比其他公司提供更多的知识供应，也可能更好地利用其他公司创造的新知识，更有效地完善这种知识。而其他公司也许不能充分感知跨国公司广泛的研究成果的大用途，即使它能够估价跨国公司的一些新知识的潜力，它也可能缺少开发这种知识所需的内涵的隐形能力。如此看来，在技术竞争过程中存在着刺激所有公司相应地投资于研究与开发的因素，它们都发展新的能力，而不会过多地关心它们本身创造的新的公共知识的回报问题。例如，与美国和欧洲跨国公司进行比较，日本跨国公司的强劲的创新表现是与其更多地监测和利用公司外的公共知识相联系的。

五、企业创新模式的演进

传统上，产业和技术创新是在特定的国民经济中开展的活动。人们认为，如果公司在国外进行研究与开发，技术秘密等就将泄露给竞争对手。然而，近些年来，随着世界经济相互依赖关系的深化和市场的全球化，研究与开发活动也日益突破国界，而且模式也不断演进。

李开复认为：科技创新推动产业进程，产业进程决定企业的经营模式，而企业的经营模式反过来又进一步影响或决定同一时期、同一领域的创新理念。他以IT产业为例，说明在因特网的浪潮到来之前，IT产业中先后出现了四种主流的创新模式："象牙塔式"的创新、"单向输出式"的创新、"脑力出租式"的创新以及"研发互动式"的创新。这些模式在不同的历史时期缔造出了辉煌的科技成果和企业典范，虽然无法更好地适应网络时代的全新挑战，但直至今天，它们仍然在各自熟悉的领域里发挥着重要的作用。而李开复推崇的是"网络生存"的新型的研发一体的创新。① 实际上，其他产业也在发生类似的这种演进。

1. "象牙塔式"的创新

在IT技术发展的早期阶段，技术本身和产业链条之间的关系还不是特别紧密。软、硬件研发人员更习惯于单纯考虑研发目标的科技含量，而不重视或暂时不考虑其产业价值。这种"象牙塔式"的创新模式从某种意义上也可以被称为"拍脑袋式"的创新——研发人员有了灵感，就写出论文，在期刊上发表，然后得到同行的认可。很显然，这种创新模式可以较好地发挥研发人员的创造力和想像力，但也同时具有与产业需求距离较远、研发成果难以转化为实际产品的缺陷。

2. "单向输出式"的创新

有部美国电影讲了这样一个故事：一个人突然梦想要建造一个棒球场，同时他坚定地认为，球场建好后人们一定会蜂拥而至，"Build it and they will come!"当然，最终的结果可能并不像他想象的那么好。这种先发明创造、后招来用户的做法在20世纪80年代至90年代的IT界非常普遍。许多著名的企业或研究机构依靠这种创新模式——先由科学家或技术人员主导产品的设计过程，然后再花力气将产品推向市场——取得了显著的成功，但也有不少采用类似做法的企业或是因为错误地理解了潜在的用户需求，或是因为市场推广不力而步履蹒跚。今天，采用这种创新模式的企业已经越来越少了。

3. "脑力出租式"的创新

.COM泡沫破灭的时候，许多公司意识到，要用最小的花费最大限度地满足用户需求，就必须因市场而变，因客户而变。他们纷纷将

① 李开复．论网络创新的未来．环球企业家，2006（5）

研发工作转型为市场或客户导向的“研发服务”：客户的需求直接体现在市场调查的结果中，而市场调查的结果决定了企业要研发什么样的产品和技术，研发部门必须紧密围绕着这一原则贡献自己的“脑力劳动”。所以，这种创新模式也被叫做“脑力出租式”的创新。这种创新模式的优点是：反应速度快，产品设计的针对性强，研发成果转化效率高。但反过来看，因为研发人员几乎直接面对来自市场和客户的压力，因而在他们的工作中，服务性和定制性的内容越来越多，真正属于“创新”的部分必然越来越少。

4. “研发互动式”的创新

为了解决研究与开发的矛盾，一些在PC浪潮中迅速成长起来的公司在产品部门之外专门设立了研究院或类似的研究机构。研究院拥有独立的架构，不需要在市场或产品部门的压力下工作，其使命就是创造出最新的技术；而产品部门则负责响应市场需求，并在适当的时候将研究院获得的成果转化为优质的产品。同时，公司高层会统一协调研究院和产品部门之间的关系，使二者达到最好的“互动”状态。

“研发互动式”的创新使许多公司摆脱了研、发脱节的困扰，并同时保持了对市场需求的响应速度以及对未来技术的不懈探索。当然，这种创新模式也有它的问题，比如，研究院和产品部门之间沟通的成本较高，公司对二者的管理投入也相对较大。而现在，世界进入了网络时代。

近年来，在摆脱了网络泡沫的困扰之后，企业已经迎来了一个前所未有的发展机遇：一些长期处于探索阶段的商务模式开始盈利并飞速发展，新的市场需求和新的用户群体不断涌现，新技术和新产品的上市和生存周期大大缩短，资本市场对技术创新的依赖程度越来越高……在这个真正的网络时代里，以网络服务和网络产品为主要方向的企业需要一种崭新的创新模式，只有这样，企业才能在新的挑战面前保持最大的灵活度和最高的工作效率。

5. “网络生存”研发一体的新型创新

在信息技术高度发展、科学与技术密切互动的今天，许多企业创造性地运用了“网络生存”研发一体的新型创新模式。基础研究现在已经步入了“双力驱动”时代，从单纯的科学家兴趣为第一驱动力，转向更加注重服务于人类社会发展和国家、企业的竞争的需要。

研究与开发之间的界限在最近50年里已经相当模糊了，研究与开发已日益一体化，而这种模糊、一体化或说是“融合”，正是产业发展的内在需要。今天研发一体的创新，还可以利用网络这种技术手段，把全球各地的研发人员联系起来，进行合作。作为最成功的网络服务和网络产品提供商之一，谷歌（Google）公司从创立的那一天起就走上了一条与传统模式截然不同的创新之路。可以说，Google公司的创新模式在今天的IT产业中具有重要的典型意义：它既成功地解决了研究与开发脱节的问题，又在管理成本和研发效率上达到了最优，Google公司在因特网上取得的成功就是这种创新模式的价值的最好见证。

第三节 R&D全球化研究的对象

一、R&D全球化的定义

R&D全球化有多层含义，可以归纳为如下几个方面：（1）指某一主体的R&D活动在两个或两个以上的国家（或地区）展开，因而具有国际性或全球性特征，例如，跨国公司不仅在多个国家（或地区）从事生产经营活动，也从事不同水平的研发活动；（2）指同一R&D项目由不同国家（或地区）的企业、政府研发机构和大学协同努力来进行，例如，人体基因组计划，有美国、英国、日本、德国、法国以及中国6个国家参加，在全球范围内共有16个实验室，有1100名生物科学家、计算机专家和技术人员参与该项工作；（3）指不同国家的R&D主体通过正式或非正式的协议或渠道，形成一定的合作关系，共同开展研发活动，例如，跨国公司组建的国际战略技术联盟；（4）许多国际性或全球性的R&D机构从事的研发活动，例如，欧洲空间机构，作为一个政府间研究组织，其主要任务是推进欧洲国家在空间领域的科学研究、技术开发与应用上的合作，该组织也与美国等欧洲之外的国家进行科研合作；（5）一些R&D项目的资金现在可以在国际金融市场上筹措；（6）R&D成果在国际间的扩散，技术生命周期不断缩短，技术的扩散速度也越来越快。

本书主要研究跨国公司的R&D全球化问题。跨国公司R&D全球化就是指跨国公司将 R&D 活动扩散到母国以外的其他国家，利用多个国家的科技资源，跨国界地开展研究与开发活动。

二、R&D 全球化的范围

R&D 全球化的范围涉及三个方面：第一，就 R&D 全球化的空间延伸和密度来说的地理范围。第二，就不同的产业和技术而言，在 R&D 全球化的水平上，有部门的差别，可以称之为部门范围。第三，R&D 全球化有时间范围的问题，它能够追溯到什么时候。也就是说什么时候技术创新全球化开始有效地出现，其性质如何，发展程度又是怎样的。

1. 地理范围

关于 R&D 全球化的范围现在有一些不同的看法。20 世纪 80 年代末期，有评论说，R&D 的国际化，“绝对还不是一种持续的或一般的现象”。随后有学者使用大规模调查和特殊案例的方法对研究与开发活动国际化进行了一系列研究，支持这一观点。但也有学者的研究得出了不同的结论。例如，坎特维尔 1998 年的研究指出，早在 20 世纪 30 年代，欧洲和美国最大的公司中就有 7% 的研发是在海外完成的。①

类似的是有关专利资料的分析。Patel 和 Pavitt 1991 年的分析结论是“技术的产生仍然远离全球化”，这一观点为其他使用类似的美国专利资料进行的其他研究所证实。Patel 对 569 家大型公司（选自 Who Owns Whom，1998）在美国的专利活动进行了研究，发现在 1985～1990 年间，平均 89.1% 的美国专利活动发生在本国国内，但各国的情况差别很大，日本公司在美国的专利的 99% 来自日本，而比利时则只有 37.2% 的专利是来自比利时本国。然而，Patel 也发现，在这段时间，从 1979 年到 1990 年，除了加拿大的公司之外，在向美国申请的专利中，其他国家的所有公司来自本国国外的专利的比例都在增加。Niosi 和 Bellon1994 年在他们对 1975～1990 年间专利趋势的分析中走得更远，他们注意到，“在工业化七国集团里，除了加拿大

① 《中国科技发展研究报告》研究组 . 2000 年中国科技发展研究报告——科技全球化及中国面临的挑战 . 北京：社会科学文献出版社，2000

和日本之外，外国专利所占国家专利申请的比例都在迅速增加，而加拿大专利国际化的程度原来就很高。”

此外，还使用了一些其他指标，例如，对科学出版物进行分析，但这些分析基础的局限性更大。Hicks 等人（1994 年）被允许在一个面向国内的日本公司部门研究了出版物及其引证形式，发现日本公司出版的论文是来自日本当地的实验室和由日本人所主持的课题，所引用的日本的资料来源也具有压倒性的优势。然而，Hicks 等人也承认，由国外出版的和合作的论文是在日益走向全球化，这也引来了相似的研究。国家之间的合作越来越重要。这些也说明技术全球化虽然是有限的，但却是在逐渐扩展。

2. 部门范围

一系列深入的和大规模的研究已经指出在 R&D 全球化上不仅有地区差别，也有部门差别。虽然不同的研究结论存在着一些差别，但大体上说，按部门而言，信息产业、汽车产业、石油产业、化学工业（尤其是制药业）和食品业显示出较高的海外研究开发活动水平，而基本金属和航空业的海外研发扩展水平较低。Patel 使用美国 1969-1990 年间的专利数据进行的研究发现，若以专利衡量，事实上研究开发密集度越高的公司，在国外开发的技术相对更少。由于这不是直接对研究与开发活动进行的研究，其可信度可能受到影响。1990 年以来，关于国外技术开发的报道明显增多。

在 R&D 全球化出现和发展的时间范围上，大多数人有一致意见。到 20 世纪 80 年代初期的观点认为，技术全球化，至少就海外研究开发而言，最早出现于第二次世界大战之后，20 世纪 60 年代开始起飞。这种观点的产生，主要是来自对美国跨国公司研究与开发活动的调查研究。然而，随着经济史学家基于详尽的案例研究工作，探索早期的跨国公司最初的海外扩张的起源，对跨国公司的海外研究活动进一步回溯到进入 20 世纪的转折时期，这由坎特维尔在更为综合的基础上用美国专利的数据进行了论证。坎特维尔的研究指出，对于美国、瑞典和英国最大的公司来说，早在两次世界大战之间的时期里，技术国际化的程度就相当高了。确实，如果要进一步从时间上追溯，也许在 19 世纪末，欧洲公司在美国的业务中，就已经有了很活跃的技术活动。

所以，现在在深入的案例研究和总体统计分析两个方面都达成了一致意见：技术开发全球化的起源是在20世纪初，比以前认为的要早得多。

在有关R&D全球化的辩论中，有些人肯定R&D的全球化来势迅猛，但也有人对此持保留意见。Patel和Pavitt在他们的论文中大致描述的“非全球化”的情况，就被有些人看做位于最接近于怀疑全球化的立场，但归根到底，他们也承认比利时、荷兰、英国、加拿大、瑞典和瑞士的大公司都在它们的本国之外进行了超过30%的技术活动。对于使用何种指标对R&D全球化的性质和范围进行估价，也有不同意见。如果主要以研究开发的数据和专利数据为基础，对于大多数国家的跨国公司来说，R&D全球化的进程仍然有限，而且是渐进的和不均衡的。但是，如果我们的视野扩大到广泛的人员交流，以及目前方兴未艾的国际技术开发合作，情况就会有所不同。

毫无疑问，R&D全球化的研究已经取得了一些进展，但要更适当地描述技术国际化和全球化的目的、性质和效果，还需要开发新的指标，在理论上也还需要做许多工作。

三、R&D全球化的研究角度

对于R&D全球化的研究是经济全球化研究的一部分，而对全球化的研究又深深植根于对国际贸易和跨国公司的国外机构的研究。

1. 以机构为基础的方法

研究R&D全球化的第一个角度是以R&D国际化为中心提出来的技术的全球化，尤其是美国跨国公司的R&D活动向海外的扩展。这种研究分析的重点在于公司R&D业务的国际延伸、当地决策和管理结构的类型。后来，这方面的研究工作扩大到不仅包括通过建立海外实验室从事R&D，而且包括通过合资企业和技术合作表现出来的R&D国际化，因而研究的视点从考察R&D活动（创新的产生）扩大到研究更一般的技术国际转移，包括技术许可证的进出口。在研究其他科学和技术政策问题时已经收集到的专利数据随后也被引入技术国际化的研究之中。这形成有关技术全球化研究的第一阶段。它有一个逐渐发展的过程，这一方面的研究可以称为“以机构为基础的方法（Agent-based Approach）”，集中在公司本身，以及它的组织和跨国界的技术的开发和控制。

2. 以过程为引导的方法

第二个角度是传统的方面，属于现代技术全球化研究的一部分的是产品生命周期模型，研究新技术的渐进式移动，高新技术产品从国内市场到海外市场。简言之，产品生命周期模型源于产业增长规律，与生产的三个阶段相联系，随着产品从“早期”和“发展”阶段转到“增长”阶段，以及进入其生命周期的“成熟”阶段，制造能力将从创新市场转到外国市场。一系列研究已经指出海外的 R&D 滞后于生产工艺的国际化，早期的以国内为基础的生产阶段所涉及的主要技术工作基本完成后，海外生产所要求的 R&D 投入的数量是很少的。这一模式的重点是描述技术全球化的“过程引导”（Process-led）的特点。

3. 以地点为基础的方法

对 R&D 全球化研究的第三个角度，虽然也是以公司为基础，但却是从另一个角度，即一种以地区或地点为基础（Area-or Place-based）的观点。这一领域的工作也是源于早先的贸易和投资研究，但其着眼点在于日益增加的国际贸易和投资对国家和地区经济发展的影响。经济发展的一个要素是技术创新，因而，研究考察跨国公司对于国家和地区的影响，尤其要注意跨国公司和技术在外围国家或缺乏技术优势的地区的作用，包括先进国家中条件较差的地区、发展中国家或小的开放型经济国家，如加拿大、新西兰和澳大利亚等。最初的研究兴趣不仅集中于跨国公司在东道国（地区）直接建立的企业的 R&D 投资，而且还集中于公司内部的技术流动，和在这些经济体里技术转让的障碍。

随着研究工作的发展，所有三个方面的研究已经混合在一起。以机构为基础，出现了研究技术在国际间的流动、跨国公司内部的技术流动以及公司之间的技术流动。我们也开始研究 R&D 全球化对于国家和地区创新体系的意义等更为特定的政策问题。按照我们对于 R&D 全球化现象的理解，可以从三个方面——机构、过程和地点——来考察技术创新，这可以成为一个重要的基础，以此作为研究 R&D 全球化及其政策倾向的重要思路。

4. R&D 全球化的制度方面

经济国际化向经济全球化延伸，而 R&D 全球化是经济全球化的一个有机组成部分。在公司之间和公司内部 R&D 国际化、全球化的运作和产生，对国家创新体系已经并且正在产生不可忽视的影响。

为了充分理解 R&D 全球化进程，除了数量方面之外，还必须注意 R&D 全球化引起的制度方面的变化。经济全球化和 R&D 全球化的市场压力迫使国家对现有的体制和制度进行改革，努力适应经济全球化和 R&D 全球化的要求，从中获得更多的利益。

国与国之间经济效率的不同不能仅仅归因于要素禀赋的不同，应该说这种不同也反映了相应的国家和地区的市场动力特征的差别。各国之间对于商品和劳务的需求和供应在质量、复杂性和适应性方面具有不同的类型，例如，这可以在日本和英国之间观察到。国家的政治经济决定了关键性的国家制度具有不同的特征，突出的方面如金融领域、劳工市场和国家创新体系的核心要素（如研究技术组织提供的技术服务）等等，即使是在西方经济集团里各国之间这些关键性的国家制度也有所不同。①

制度有其历史根源，受到当地文化的重要影响，因而，它们对国家经济活动的影响超越了宏观水平的经济政策。制度可能发生改变，但改变的方向不可能在事前完全决定，一般制度的性质是其很多要素具有刚性。全球化形成这样一种进程，关键的国家制度经受越来越大的外部压力，要求其作出改变和适应。

很明显，R&D 全球化已经促使主权国家的知识产权保护制度进入国际协调进程。跨国公司在全球范围内进行的一体化的研究与开发活动以及许多国家的企业之间合作的研究与开发活动的兴起，也正在对国家政策的制定和有效执行提出新的挑战。

5. 全文的结构

本文研究 R&D 全球化的问题。由于问题本身的复杂性和广泛性

---

① Michael F. Kluth and Jørn B. Anderson. Pooling the Technology Base: the Globalization of European Research and Technology Organization see Technology Innovation and Competitiveness. edited by Jeremy Howells & Jonathan Michile. Edward Elger Publishing Limited, UK and USA, 1997

以及篇幅的限制，本文并不打算面面俱到。第二章至第五章着重于理论的探讨：第二章阐述 R&D 全球化的背景和原因；第三章探讨跨国公司 R&D 的全球化；第四章研究跨国公司的技术战略联盟；第五章研究 R&D 全球化的影响和前景。第六章至第八章则分别以美国、印度、中国为对象，研究这些国家在 R&D 全球化中的表现、影响等等。第九章就技术全球化条件下中国国家创新体系的建设和完善提出看法和一些对策性的建议。

第二章 R&D全球化的背景与原因

R&D全球化是经济全球化的一部分，但它又会进一步促进经济全球化的发展和深入。从大的方面讲，R&D全球化的原因与经济全球化的原因是相同的，但R&D全球化也有它本身的一些特殊的条件和原因。

第一节 R&D全球化的背景

R&D全球化是在经济全球化的大背景下发生和发展的。经济全球化（Globalization），是指商品、服务、生产要素与信息的跨国界流动的规模与形式不断增加，通过国际分工与国际合作，在世界范围内提高资源配置的效率，从而使各国间经济相互依赖程度日益加深的趋势。

第二次世界大战以后，特别是近20年来，在技术进步的推动下，经济全球化进程逐渐加快，成为世界经济发展的重要趋势。经济全球化的形成与发展，有着深刻的原因。

一、经济因素：生产力发展的内在要求

首先，战后科技进步促使社会生产力迅猛发展，经济发展水平的提高要求分工深化与市场规模扩张，从而推动着各国经济交流与合作的范围日益扩大。生产从国内分工向国际分工的进一步发展，销售从国内市场向国际市场的更迅猛的扩张，要求全球经济紧密联系和趋向一体化。目前，全世界的商品出口额超过生产总值的20%，而在1913年（上一轮全球化的尾声时期），这一比例只有8%，甚至在1990年，这个比例也只有15%。在更为根本的层面，“中国、印度以及前社会主义国家的兴起，表明地球人口的更大一部分正在（至少

是潜在地）融入全球经济。”①

其次，跨国公司在追逐规模效益与分工效益的过程中，通过跨国投资活动，形成了在全球配置资源、跨国协调其生产与经营活动的格局，推动了产业内贸易、公司内贸易的高速发展。跨国公司成为经济全球化的主体。高收入国家曾出口制成品，换回大宗商品，现在，发展中国家有能力生产及出口高收入国家制造的东西。据联合国贸易与发展会议估计，目前总共有77 000个母公司和770 000个国外子公司。2005 年，这些国外子公司创造价值增值约 4.5 亿美元，雇用约6 200 万名工人，出口货物和服务价值超过 4 万亿美元。②

再次，跨国性投资、生产与贸易活动的大量增加，必然要求国际金融市场的快速发展，以保障这种跨国经济活动的高效运行。金融国际化的发展，利用了第二次世界大战后发展起来的新的技术手段，国际金融市场交易量急速增加，各主要国际金融市场已经形成时间上相互接续、价格上相互连动的交易网络。国际金融市场的扩张反过来又为全球性经营创造了便利条件。现在，日益增大的一部分生产与财富在世界范围内创造和分配。

最后，制造业和服务业内部“分工贸易”的增长。数字革命使生产的分工达到空前程度，认为服务无法贸易的传统假设已经过时了，那些可以被转变为“比特”的东西，比商品更具贸易潜力。③

二、技术因素：技术变革提供了条件与手段

在过去的 20 年间，信息通信技术迅速发展，国际互联网迅速扩张，国际间信息流动快速便捷，信息交流意义上的“地球村”正在形成之中，并由此导致了网络经济的兴起，其主要特征是企业广泛的外部联系成为其竞争能力的关键因素。网络经济的出现使创新的形式发生了新的变化。一方面，在高度创新的行业中，知识的重要性十分

---

① Ben Bernanke. Global Economic Integration：What's New and What's Not? http：//www. federalreserve. gov. 2006-08-25

② 联合国贸易与发展会议 .2006 年世界投资报告 http：//www. unctad. org

③ Ben Bernanke. Global Economic Integration：What's New and What's Not? http：//www. federalreserve. gov. 2006-08-25

明显，在这些行业中，如果在生产技术上或产品设计上落后于前沿发展几个月，公司就会陷入困境；另一方面，网络经济使企业之间研究与开发方面的合作脱离了地理位置的概念，产生技术知识的地区和占主导地位的市场可以摆脱空间概念进行广泛的结合，这就要求创新的主体必须在不同的地区之间与整个系统、部件、标准以及市场进行协调。信息网络时代给企业和国家的发展提供了新的机遇，同时也带来严峻的挑战。

远洋运输技术与航空货运技术的进步，大大降低了国际货物运输与信息交流的成本，为经济全球化提供了有力的技术保障。例如，据世界贸易组织估算，1990～1997年间，世界出口商品的运输成本仅占其价值的2%；按1996年美元计算，1930年从纽约到伦敦的3分钟电话，话费为330美元，现在只需1美元。

技术成为相对独立的生产要素后，技术的跨国流动和开发更直接、更便利。随着社会生产力的进一步发展，科学生产劳动从物质生产劳动中分离出来，成为独立的社会分工部门，使一部分脑力劳动者专门从事科学技术生产，并以技术要素加入物质生产过程，导致技术要素的形式发生了变化。除了凝聚在劳动力和生产资料上的传统的形式之外，又出现了技术专利等脱离劳动力和生产资料的新形式，而且它们正在成为相对独立的一种生产要素。

有些技术知识已由一些大学、国家补助的实验室或私人基金会当做货物一样在生产，这主要是指更接近于纯研究性的领域。这种技术不是专为某个企业、某种产品而研究的。这个领域主要由较先进的国家所控制，但其他国家或较后进的国家最终可以通过商业以及一些非商业的途径得到利益，不必付出研究的全部费用。

相对于物质产品而言，这里的技术是一种无形的、非物质的知识，但这并不意味着否认技术与物质产品的密切关系。在当代，只有高技术才能生产出高技术产品，而许多高技术产品又需要懂得高技术的人运用和掌握，许多高技术产品也成为实施高技术的必不可少的手段，二者相互渗透，密不可分。但是，从技术范畴和现阶段历史条件来看，不应把技术同实现技术的手段相混淆，因为物质产品并不代表制造该产品的全部技术内容，而只包括其中的某些部分。

技术是人类智慧的产物，发明技术的所有者既可以自己使用，也可以通过传授、转让、出售等方式供其他人使用，并获取相应的报酬。因此，技术既有使用价值，也有交换价值，它具有商品的属性。

在现代工业社会中，技术对生产力和经济发展日益发挥着决定性作用，而且它又具有商品特征，因此可以直接进入流通领域。这就为技术作为一种生产要素在世界范围内流动以至开发奠定了基础，也使得技术的流动和开发更加便利。

技术本身的发展也为经济和技术的全球化提供了手段，成为推动经济和技术全球化的重要力量。技术需要在全球得到应用，它所创造的生产力只有在全球范围内才能被消化，它所创造的人类美好生活的前景对于人类是一种巨大的鼓舞。世界科技已经具有了一种惊人的能力，信息网络正在向世界的每一个角落渗透，从技术上讲，它已经能够大规模地储存信息并能在任何地方马上以各种形式展现给几乎每一个人。迅速改善的网络通信有助于科研的国际化，今天，科学家们在高效率的网络上交换数据，通过网络进行交流就像他们在同一间屋子里工作一样。

三、知识因素：全球 R&D 格局变化

近年来，研究与开发受到全球各国的重视。20 世纪 90 年代初期以来，科学和技术的全球化进程加快；冷战结束使得全球各国的边界不再明显；信息通信技术的快速发展，使因特网成为全球信息扩散交流的有力工具；航空运输更加便宜，也更加密集发达，使得国际间人员往来更加便利；更为一体化的国际规则和制度刺激了国际商品和劳务贸易的扩大和深化。各国政府更加清楚地认识到发展知识经济的重要性，研究与开发的成果及其商业化的运用，还有其他知识创造工作，对于经济的竞争力和经济增长发挥着重要的作用。公司寻求新的市场并在新的地点开展经营活动，带去技术知识和管理技能，并努力利用当地的技术和技能。政府对这类活动有很高的期望，并采取措施鼓励这种活动，消除管制障碍，发展基础设施，扩大高等教育的入学率。各国的努力程度，也受到历史与现实多种因素的制约，由此产生的结果是：全球科学技术的研究与开发的格局发生了一些重要的变化。

1. 亚洲日益在全球科学技术领域发挥重要作用

联合国教育科学与文化组织，在其《2005 年科学报告》中，援引联合国教科文组织统计研究所的数据，说明亚洲国家近年来在研发方面的支出迅速增长。这份报告说，在 1997～2002 年间，据购买力平价计算，北美和欧洲在全球总研发支出中所占份额均下降约 1%，而亚洲在同期增长约 4%。北美 1997 年占世界研发总支出的 38.2%，但 2002 年是 37.0%；欧洲则从 1997 年的 28.8% 下降到了 2002 年的 27.3%；而亚洲占世界总的研发支出的份额从 1997 年的 27.9% 上升到了 2002 年的 31.5%。其他地区包括拉美和加勒比地区、大洋洲以及非洲地区，每一个所占比重都很小，拉美和加勒比地区从 1997 年的 3.1% 下降到了 2.6%，大洋洲和非洲的份额分别稳定在 1.1% 和 0.6%①。

美国巴特勒研究所和《研究与开发》杂志（Battelle and R&D Magazine）2005 年 9 月发表的全球研发报告，概括了 2005 年全球主要国家和地区的研发概况（见表 2-1）。该报告指出按购买力平价计算，2006 年全球研发总额估计增长 4.8%，达到 1.023 万亿美元（见表 2-2）。该报告更详细的预测数据表明，美国、欧洲和日本所占份额下降，而中国、印度以及亚洲其他地区的份额在增加。估计 2006 年全球研发总额中亚洲所占份额将超过美洲，达到 39.5%（包括日本 12.4%），美洲为 37.1%（其中美国占 31.3%），欧洲为 23.4%（见表 2-3）。

表 2-1　　**研究与开发的全球化②**

	美国	欧盟 25 国	日本	中国
研发支出（2005 年，10 亿美元）	312.20	233	123.33	125.49
全球研发份额	32%	24%	13%	13%
研发占 GDP 的百分比	2.70%	1.85%	3.15%	1.5%

① UNESCO Science Report 2005. UNESCO Publishing. 2005. http://www.unesco.org/publishing

② Source: OECD. Battelle. R&D Magazine, 2005 (9)

续表

	美国	欧盟 25 国	日本	中国
研究人员/千名就业人员	7.5	2.7	6.5	1.5
外国控制的研发份额	17%	na	4%	na
科学文章（百万人口）	700	500	450	na
国际专利（千）	169	85	346	46
研发人员增长率（1995～2003 年）	5%	3.9%	4.5%	na
外国所有的国内专利	12%	12%	4%	47%
外国直接投资占 GDP 的百分比	1.5%	na	0.5%	na

注：表中美元按购买力平价计算；na 指无数据可用。

表 2-2　　　　全球研究与开发支出①

	GDP（2004 年，10 亿美元）	研究与开发（2004 年，10 亿美元）	研发占 GDP 的百分比（2004 年）	研究与开发（2005 年，10 亿美元）*	研究与开发（2006 年，10 亿美元）*
美洲	14 671.0	348.89	2.38	366.47	379.96
亚洲	18 161.1	347.20	1.91	377.56	404.34
欧洲	12 333.1	226.49	1.84	232.71	239.23
合计	45 165.2	922.58	2.04	976.74	1 023.53
国家					
美国	11 200.0	301.50	2.70	312.20	320.70
中国②	7 262.0	108.93	1.50	125.49	139.63
日本	3 745.0	119.84	3.20	123.33	126.40
印度	3 319.0	46.47	1.40	52.88	57.64
法国	1 981.1	43.58	2.20	44.46	45.43
德国	2 362.0	51.96	2.20	52.84	53.64
英国	1 782.0	35.64	2.00	36.78	37.88

注：表中美元按购买力平价计算；“*”为 Battelle 研究所和《研究与开发》杂志预测数。

① Source：OECD. Battelle. R&D Magazine. R&D Magazine，2005（9）

② 我国公布的数据是：2005 年我国全社会科学研究与试验发展经费支出 2450 亿元，占 GDP 的 1.34%。资料来源：光明日报，2006-09-25

表 2-3 **2004～2006 年全球研发份额①**

	2004 年	2005 年*	2006 年*
欧洲	24.6%	23.8%	23.4%
美洲	37.8%	37.5%	37.1%
美国	32.7%	32.0%	31.3%
亚洲	37.6%	38.7%	39.5%
中国	11.8%	12.8%	13.6%
日本	13.0%	12.6%	12.4%

注：研发份额按购买力平价计算；

"*"为 Battelle 研究所和《研究与开发》杂志预测数。

发展中国家日益认识到研发对发展所发挥的作用：它对于技术的更新换代，以及自身更好的发展并追赶发达国家是必不可少的。因此发展中国家加强了研发投资。

20 世纪 90 年代中期以来，全球研究与开发的主要发展是：除了日本之外的亚洲经济体快速崛起，成为世界科技体系中日益强大的力量。②

在亚洲，新兴工业化经济体，再加上中国、印度，现在已经成为世界总的研发支出与知识存量的重要的贡献者。2002 年，按照购买力平价计算，中国贡献了世界研发支出的 8.7%，比 1997 年的 3.9% 有了大幅提升。与之相比，新兴工业化亚洲经济体贡献了 6.4%，比 1997 年的 3.9% 有了较大增长。印度在 2000 年对世界研发总支出的贡献是 2.5%，而 1999 年是 2.0%。在印度，复杂的政治过程和慢慢扩大的技术基础，现在已深深地根植于信息与通讯技术之中。空间技术、制药以及生物技术正带领印度沿着一稳定向上的轨迹前进。

研究的人数也与在研发方面的资金投入呈现出相同的趋势。例如

---

① 资料来源：The State of Global R&D. R&D Magazine，2005（9）http：//www.rdmag.com/pdf

② National Science Board. Science and Engineering Indicators 2006. volume 1, Arlington, VA: National Science Foundation. 2006. http：//www.nsf.gov

2002 年，中国就比日本有更多的研究人员，新兴工业化的亚洲作为一个整体也比德国有更多的研究人员。

领先的亚洲经济体对于科学和技术都有很强的承诺：韩国、新加坡和中国台湾省对研发的投资都超过了 GDP 的 2%。中国计划到 2010 年研发总支出要达到 GDP 的 2%。同时，印度也制定了在未来几年里，研发支出占 GDP 的比重要超过 2% 的目标。未来 10 年里，世界无疑会看到科学技术领域发生更加广泛深入而剧烈的变化。

韩国和中国台湾省在特定产品市场上已经有了良好的表现，新加坡、马来西亚、泰国和其他经济体加强了它们的市场力量，其竞争力有进一步增强的潜力。中国经济正在以全球最快的速度增长，中国政府已经宣布教育和科学技术是可持续的经济发展战略的发动机。在高技术产品市场上中国已经成为一个重要角色，成为世界上接受外国直接投资最多的国家之一。在科学研究领域，中国还难以与主要的科技大国等量齐观，但是中国的科学家和工程师正在广泛的范围内与亚洲以及全球的同行进行合作。另外，中国所获得的国际专利和发表的科技文章的数量虽然不突出，但却在快速增长。关于印度的资料虽不完整，但是这些资料表明印度把焦点放在了知识密集的服务部门和生物技术方面，以寻求快速的技术开发。

2000 年，《有线》杂志咨询了各地的政府、企业和媒体界人士，评出在新数字地理中最重要的地方。这一评价按四个方面进行评分（最高分为 4 分、最低分为 1 分），包括：地区高等院校和研究机构培训熟练工作人员或创造新技术的能力，能带来专门知识和稳定经济的老牌公司和跨国公司的影响，人们创办新企业的积极性及获得风险资本以确保好点子成功进入市场的可能性。全球 46 个地方被评为技术中心，其中 11 个位于发展中国家，7 个位于亚洲。位于发展中国家的技术中心是（按得分高低排序）：以色列，中国台湾省的台北，印度的班加罗尔，中国台湾省的新竹，巴西的圣保罗，韩国的仁川，马来西亚的吉隆坡，巴西的坎皮纳斯，新加坡，突尼斯的盖扎莱，南非的豪登。①

---

① 联合国开发计划署 . 2001 年人类发展报告 . 北京：中国财政经济出版社，2002

发展中国家特别是亚洲科技的发展，重塑了全球科学技术发展的格局。从绝对意义上说，无论是从科技基金和致力于科技活动的人员，还是从这些人员和活动的产出（包括科学文章、专利和高技术产品）来说，科学技术的增长都是普遍的。从相对意义上说，重要的欧洲国家和欧盟国家作为一个组别来看，在全球科技中的份额在下降，日本也是如此；而用各种指标来衡量美国，它都保持了它的地位。从相对意义上来看，中国所获甚多，而其他亚洲经济体也有所得，尽管与中国相比其所得程度较低。世界的其他地区，例如东欧、中亚、中东、拉美和非洲进展缓慢，它们有选择地进入国际科技领域，但在世界科技体系中，还没有起到重要的作用。①

2. 研发投资的效率在不同国家有很大的不同

2005 年由美国科尔尼公司（A. T. Kearney，Inc.）发表的全球化报告对全球最有效率的 20 个国家进行了排名。科研最有效率的前五位国家（按照顺序）是新加坡、爱尔兰、瑞士、美国与荷兰，其他值得关注的国家的排名有：英国（12）、法国（18）、德国（21）、日本（28）、中国（54）和印度（61）。科尔尼的这一指数里，技术方面排在前五位的国家依次是美国、加拿大、新西兰、澳大利亚和丹麦。其他值得关注的国家的排名是：英国（10）、日本（15）、德国（17）、法国（21）、中国（50）和印度（56）。

全球研发实力的变化也反映在国际专利申请的数据中。2005 年，世界知识产权组织专利合作条约接受的国际专利申请达到创纪录的水平，韩国超过荷兰成为第六大专利申请国，中国超过加拿大、意大利和澳大利亚，成为第十大专利申请国（见表 2-4）。2005 年，十大专利申请国向世界知识产权组织提交的专利申请有134 073项，比前一年增长了 9.4%。前五大申请国依然未变，它们是美国、日本、德国、法国和英国，但给人印象最深的是亚洲国家的高增长率。2000 年以来，日本、韩国和中国的专利申请分别增长了 162%、200% 和 212%，这反映了这些国家迅速增强的技术实力。日本、韩国和中国三国已经占到

① National Science Board. 2006. Science and Engineering Indicators 2006. Two volumes. Arlington, VA: National Science Foundation (volume 1, NSB 06-01; volume 2, NSB 06-01A). http://www. nsf. gov.

2005 年全部专利申请的24.1%,欧洲专利公约的成员国占到34.6%,北美(美国和加拿大)占35.3%。世界知识产权组织专利合作条约是国际专利体系的基石,在加入这一体系的128个国家里,它向专利拥有者提供快速、灵活和低成本、高效率的专利保护。

2005 年,美国的发明家和企业占全部专利申请的33.6%,比2004年增长3.8%。日本于2003年超过德国成为提出专利申请数量第二位的国家,其2005年专利申请占总数的18.8%,保持了第二的位置,比2004年增加24.3%。2005年德国的专利申请处于第三位,占11.8%,比上年增长4%。处于第四位的法国占4.1%,比上年增长6.6%。英国处于第五位,占3.8%,比上年增长1.5%。中国的专利申请2005年比2004年增长43.7%,从前一年的第13位跳至第10位。① 但是,进一步分析有关数据后可以看到,中国专利申请占总数的百分比仍然只是1.8%,相当于当年第一位的美国专利申请数的5.6%,第六位的韩国专利申请数的51.7%。

表2-4 **2000~2005年专利合作公约接受的国际专利申请前十位的国家/地区**

	2000	2001	2002	2003	2004	2005*	2005(%)	2005增长(%)
欧洲专利公约成员国	36 031	40 681	42 506	43 299	44 032	46 446	34.6	5.5
美国	38 007	43 055	41 292	41 023	43 464	45 111	33.6	3.8
日本	9 567	11 904	14 063	17 393	20 223	25 145	18.8	24.3
德国	12 582	14 031	14 326	14 682	15 255	15 870	11.8	4.0
法国	4 138	4 707	5 089	5 172	5 181	5 522	4.1	6.6
英国	4 795	5 482	5 376	5 205	5 041	5 115	3.8	1.5
韩国	1 580	2 324	2 520	2 949	3 554	4 747	3.5	33.6
荷兰	2 928	3 410	3 977	4 480	4 236	4 435	3.3	4.7

① The World Intellectual Property Organization: Exceptional Growth from North East Asia in Recoed Year for International Patent Filings. Press Release 436, http://www.wipo.org. 2006-02-03

续表

	2000	2001	2002	2003	2004	2005 *	2005（%）	2005 增长（%）
瑞士	1 989	2 349	2 755	2 860	2 881	3 096	2.3	7.5
瑞典	3 091	3 421	2 990	2 612	2 844	2 784	2.1	-2.1
中国	784	1 731	1 018	1 295	1 706	2 452	1.8	43.7
总计	93 240	108 231	110 390	115 198	122 607	134 073	100.0	9.4

四、制度因素：战后国际经济关系的变化

1. 多边贸易体系有力地推动了经济全球化进程

在20世纪30年代的经济大危机中，西方主要国家纷纷采取“以邻为壑”的政策，构筑贸易壁垒，严重阻碍国际贸易，使世界贸易急剧萎缩，进一步加剧了全球性的生产过剩危机，这种生产过剩危机最终成为引发第二次世界大战的一个重要因素。第二次世界大战结束后，为了防止这一悲剧的重演，包括中国在内的23个国家倡议建立一个世界性的贸易组织，以协调各国的经济贸易政策，削减贸易壁垒，促进公平竞争，发展国际贸易，带动经济发展。由于政治上的原因，当时未能建立一个正式的国际组织，只是以一种多边协议的形式建立了关税与贸易总协定。直到1995年，为适应经济全球化发展的需要，经历了长达7年的乌拉圭回合谈判，世界贸易组织才取代关贸总协定，成为推动国际贸易自由化的一个正式国际组织。

经济全球化的不断深化，使国际经济活动的内容日益丰富，推动多边贸易体系调节的内容与范围不断扩展。战后初期，货物贸易是国际经济活动的主要内容，随着发达国家经济结构从以制造业为主向以服务业为主的演变，跨国公司海外投资扩大，国际间产业转移与技术转移加快，服务贸易、国际投资成为经济全球化进程中的重要内容。这一转变要求各国不仅要削减关税壁垒，而且要削减非关税壁垒，推动服务贸易、投资与金融等领域的自由化。为适应经济全球化进程的要求，经过8轮的多边谈判，特别是乌拉圭回合的谈判，多边贸易组织所涵盖的领域越来越广，从其成立之初的关税减让，逐步扩展到非

关税壁垒的削减、服务贸易的逐步自由化、知识产权的保护、与贸易有关的投资措施的规范等新的领域。同时，越来越多的国家与地区被卷入经济全球化浪潮，关贸总协定创始时其成员是 23 个，到 2006 年 10 月，世界贸易组织的成员已达 149 个。可以预测，随着经济全球化进程的进一步推进，越来越多的新领域将可能被纳入世贸组织谈判的范围，世界贸易组织的地位将更加重要。

多边贸易体系不仅适应了经济全球化发展的要求，它本身作用的扩大和地位的提高，也有力地推动了经济全球化进程。

首先，世界贸易组织为国际贸易提供了普遍接受的规则，为全球贸易的发展规定了方向。世界贸易组织将其自由贸易原则拓展到了更多领域，进行了一些单项诸边谈判，达成了《信息技术协议》、《基础电信协议》和《金融服务协议》等，为这些领域的贸易与投资的发展创造了条件。

其次，世界贸易组织的争端解决机制为全球经济的稳定作出了独特贡献。随着国际间经济交往的扩大，不同利益主体之间的经济争端必然增多，如果不能妥善解决，就会演变为国与国之间的贸易战，严重阻碍经济全球化的进程。世界贸易组织的争端解决机制受理了多宗案件，其中有一部分是庭外解决的，通过减少单边报复行动，使多边贸易体系更加安全和可预见。

总之，世贸组织等一系列多边组织与协议的规范，推动了经济全球化这一历史性潮流，具有较强的不可逆性。

2. 市场经济理念的传播改变了各国政府的信念，推动了经济全球化

第二次世界大战后，相继取得政治独立的前殖民地国家在探索自主发展民族经济的道路上大多屡遭挫折，但一些实行外向型发展战略的国家与地区则取得了较大的成功，成为新兴工业化经济。在新兴工业化经济的示范作用带动下，越来越多的发展中国家和地区实行了贸易、投资与金融的自由化改革。伴随着国际产业分工与技术扩散，发展中国家与发达国家之间的比较优势也发生了变化，发展中国家和地区不再仅仅输出初级产品，而是逐渐成为世界市场上劳动密集型商品以至一部分高技术商品的主要供给者，一些新兴工业化经济体的企业也参与了国际投资。在这种形势下，发展中国家和地区进一步采取措施削减贸易与投资障碍。冷战结束后，前苏联东欧国家走上了经济转型道路，为尽快摆脱原计划经济的约束，在全球范围内谋求发展机遇，这些国家也纷纷选择开放政策。发展中国家实行贸易投资自由化政策，是追求自身利益的主动选择。越来越多的国家实行经济自由化政策，为商品、服务与生产要素的跨国流动创造了更大的市场空间。

由于世界各国在发展水平上存在巨大差异，经济自由化进程不可能同步推进，因此，一些地缘相邻、发展水平相近的国家与地区相互提供贸易与投资便利以促进经济一体化，在全球范围内形成了一些区域性经济组织，如欧盟、北美自由贸易区、东南亚国家联盟等。对于如何评价区域经济一体化对经济全球化的作用，学术界尚未形成定论。但是，区域一体化只要不出现排他性趋势，区域内的贸易、投资自由化安排，也会从另一个方面推动经济全球化进程。

全球化最重要的推动力之一是市场经济理念的传播，它改变了各国政府的信念和行动。在发展中国家和转型国家从计划经济转向市场经济的过程中，许多国家纷纷取消内部管制，对外采取开放政策。20世纪80年代末和90年代初，各国普遍接受的对外开放政策是在半个世纪的经济增长和全球的和平时期之后到来的。这两个条件缺一不可，否则经济自由化就是不可能的。

第二节　跨国公司R&D全球化的原因

跨国公司是推动R&D全球化的主要力量之一，也是R&D全球化的主要实践者。在全球范围内开展R&D已经成为全世界高科技行业的共识，而且这也已经成为高技术企业中的一种普遍现象和必然需求。推动R&D全球化的要素中有一些一般因素，也有一些特殊因素。对于跨国公司跨国界的技术活动起到推动和促成作用的关键性基本因素是：生产的全球化与技术之间的紧密联系，以及由经济全球化以及生产的国际分工所引起的技术本身性质的变化。

一、R&D是创新引导经济增长的关键

R&D有助于创造附加值更高的产品和服务，公司的未来越来越依赖于研究与开发。高科技的快速多变需要所有参与者随时作好充分

的准备，高技术工业时刻面临严峻的挑战。为了生存，为了未来的扩张和加强自己的业务，企业必须站在新技术的最前沿，必须在竞争非常激烈的技术领域不断投入巨大的研发资金，使技术不断进步。R&D是可持续的创新引导的经济增长的一个关键组成部分。

技术进步以许多方式影响外国直接投资的地理分布。飞速的创新为各公司投入国际生产提供了有利条件，创新密集的产业日益倾向于跨国化，而各跨国公司不得不更加锐意创新以维持其竞争力。创新还使得贸易和生产的结构发生变化。研究和发展密集的经济活动比技术不那么密集的经济活动增长得更快，产品技术密集度的增加降低了初级生产活动和简单低技术生产活动在外国直接投资中的重要性，同时提高了技能密集的经济活动的重要性。新的信息技术和通信技术加剧了竞争，同时使各公司能够更加有效地管理分散得很广的国际业务。从前发展中国家不可企及的高技术活动现在可以在这些国家里进行，因为这些活动中的劳动密集环节和技术密集环节可以从经济上分开来并且进行远距离管理。

而研发的巨大投入又要求有更大范围的市场、更多的消费者来使用创新产品，以收回创新成本，并且获得资金用于下一代的技术开发。

由于竞争越来越激烈，技术进步的速度更快，研发投入对工业企业的生存变得更加重要。研发产生新的产品、工艺和服务，使公司在市场上具有竞争优势。一家公司如果持续地相对于其最好的竞争者，在研发方面投资得更少，它会发现自己被迫在附加值更低的产品和服务上更多地利用价格竞争手段，最终它将失去竞争优势。

研究表明，在那些研发投资具有重要意义的行业，研发密度与公司效率正相关，这些指标包括销售额的增长、财富的创造以及股东收益等。①

此外，研究与开发还可间接地推动本企业的发展。例如，公司的研发可以确保本公司购买正确的设备用于生产新产品。如果有两种以上的可供选择的产品加工设备，研发有助于本企业从成本、质量、收益等方面来对此进行衡量，以作出正确的判断，从中选择最好的产品

① 英国贸工部. 2005 年 R&D 排行榜：评论和分析. http：//www. innovation. gov. uk

加工设备用于生产；另外，企业还可以从供应商的研发中得益，例如，软件公司的研发可以为金融公司和零售企业提供新的软件；设备供应商生产更有效率的生产设备、测量仪器或机械工具等，就可以使作为用户的公司改进质量，降低生产成本。有些企业，例如宝洁公司，现在已经把供应商的研发活动作为自身实验室的延伸。

在全球化的经济中，公司的社会角色和责任也日益全球化，因为社会中需要解决的问题正变得更加复杂，更加具有全球性。公司必须通过直接的努力或通过共享已有价值如专利等，对复杂的社会问题提供解决办法，而且，亟待解决的问题本质上来说具有全球性，这些问题存在于广泛的领域，诸如环境、能源、保健、新媒体、消费品、交通、电脑，以及共享知识产权的新途径等。

为了客户和供应商双方的利益，在全世界的范围内将各种规定的和协议的标准在世界范围内统一成为普遍的做法，尤其是针对那些面向客户的规定和协议。这种统一不仅仅表现在消费品中，在电信和软件行业中也同样如此。这种统一主要是通过相关技术领域中主要供应商或客户之间组成各种全球协会，对新产品或新系统的全球标准提出新的建议而实现的。这种新型的全球团队工作方式正在所有技术领域迅速兴起，其中，在电信和多媒体领域更是走在世界前列。①

二、跨国公司创新的需要

跨国公司的动态发展与各个国家的经济发展，这两个方面的需要必须结合起来，合乎逻辑的结果便是跨国公司到国外进行研发。早期，对跨国公司的对外直接投资（FDI）的分析和估价得出，跨国公司研发的地点是这些企业发达的母国，它们经营的国际化围绕着向国外的技术转移进程。那时认为这种跨国公司的技术转让，对于发展中国家发展的直接意义是这种转让技术的相对质量、它的适应性以及当地经济有效吸收和利用这种技术的能力。对于想要摆脱技术依赖地位的较为贫穷的发展中国家的潜在意义，局限于跨国公司在当地迫于竞争的需要对于产品和工艺所作的相对微小的适应性改进。早期研究跨

① Roman Boutellier Oliver Maximilian Von Zedtwitz. 曾忠禄，周建安，朱甫道主译．未来竞争的优势．广东：广东经济出版社，2002

国公司的学者认为，除此之外，少数跨国公司的母国形成的小集团所组成的R&D/创新的霸权，可能在全球经济中形成一种固定不变的等级体制。

但最近30多年来，跨国公司的实际战略行为使我们懂得，以前认为在母国从事产生竞争力的创造性活动将会永远持续下去的理论是不完全的，现在跨国公司倾向于进行全球化的创新和研发项目。这样，我们就可以把跨国公司的组织结构看做是一种动态的网络，它覆盖着具有差异性的广大的地域。因此，有两个要素对于跨国公司全球研究与开发具有决定性意义：一是在形成各不相同的经营活动时，对于不同地点的差异性的反应（这就要考虑各地各不相同的潜力和需要）；二是动态的、演化的、全球的网络结构可能迅速改变，跨国公司需要决定如何在不同的国家和地区（从出口加工区到创造性的以知识为基础的集群）进行经营活动和R&D活动。①

当前，从跨国公司的特征，可以对跨国公司的战略进行定位："跨国公司是寻求利用日益加强的国际转移的自由，对经济全球化从根本上作出反应，而把不同的经济区域的差别作为杠杆的组织。"相对于跨国公司的战略定位，有三种差别要考虑：

第一，在不同的地点，加工成熟产品可利用的标准化投入品的差别。在国家（地区）之间，这些生产要素的比较优势的差别，可能决定跨国公司的产品在哪里生产，因而也决定了集团内的技术转让类型，以及技术的改进程度。

第二，国家之间需求条件有差别（即市场差别）。近年来，对于全球化力量的一个重要的理解是，在许多产业和产品群里，需求并不是在完全走向标准化，而是常常更多地表现为具有当地化色彩的差别。这样，许多成功的跨国公司得益于愿意对当地的品位差异作出反应，而不是为了寻求规模经济而忽视这种当地的品位。事实上，跨国公司有能力从承认、开发和利用市场差异中得益，从而突破只愿意提

---

① Robert Pearce. The Globalization of R&D: Key Features and the Role of TNCs. see Globalization of R&D and Developing Countries. Proceedings of the Expert Meeting. Geneva. 24-26 January 2005. United Nations, New York and Geneva. 2005. http://www.unctad.org

供现有的不同的产品系列的限制。这里，尤其是在那些更大程度上由需求驱动的创新进程的产业中，顾客的未能满足的需要，可能是市场研究时的关键因素。这样，就可能出人意料地出现重要的新产品的创意，也就是说，在任何时间、任何国家、也几乎是在任何收入水平上都能产生关于新产品的创意。

第三，全球化时代的发展模式是系统地深化技术的差异（这也许是全球化时代的一个至关重要的推动力）。有更多的国家为了经济发展寻求产生知识的源泉，其途径是把更多的资源用于研发，建设与众不同的支持性的国家创新体系。其结果是，个别国民经济体强化差异性的方式会在科学技术的某些方面更加强大。这样就增强了以科学为基础的国家专业化，一国在少数重点科学原理上处于领先地位，而在其他方面就可能处于相对弱势。产业群聚的力量，包括非常明显的跨国公司的研发和创新战略，倾向于强化各国（地区）在不断变化的全球经济中的技术和 R&D 的差异性。

在这种背景下，现代跨国公司就面临越来越强大的竞争压力，这种竞争压力从根本上可以分为两个方面。一方面，是战术上的需要，这就是支持公司现有的产品系列的生产，需要使成本最小化，效率最大化，并且尽可能对当地市场的要求作出回应；另一方面，是战略的需要，要补充和增强未来的战略竞争力，这样才能确保公司特有的优势获得新的源泉，帮助企业在无可避免的动态的市场环境下生存发展。这样跨国公司在技术应用和技术的产生上就需要在三个层次上确定竞争的优先事项。

第一个层次是从短期看，跨国公司直接的短期优先目标是要取得最优的效率，从而有竞争力地使用现有的技术，具体表现为在现有产品和服务上取得成功。关键在于，这涉及对于全球经济中特定地点的供应条件作出反应（这就是前文提到的各地的投入具有差异性）。在过去的 50 多年里，贸易越来越自由化，许多原先采用进口替代战略的国家转而采取了出口导向的经济发展战略，这就使跨国公司可以实施全球一体化的全球供应战略，产品（以及产品的零部件）的生产与其销售可以分开（产生了跨国公司的集团内贸易）。

在这一过程中，不同的生产环节需要不同的生产要素，这导致每一种要素可以分配到供应链上某一地点的子公司，该地点能够以效率最高、成本最低的方式提供所要求的投入组合。一旦某一特定子公司被赋予某种生产供应链上的职责，而且这种职责反映东道国的投入潜力，跨国公司随后就可以利用它所需要的全部技术专业化能力（产品特性、制造工艺细节等），积极地发挥这些专业化能力的作用。这样，跨国公司的供应网络的产生，就把集团内部的技术转让、消化和改进的效率机制置于优先地位。

第二个层次是从中期看，无论跨国公司如何精通优化其现有产品系列的供应，也无论它们如何精通从现有产品中获得利润的最大化，它们都深知现有的产品系列对于确保其未来可持续的竞争力是不够的。因而，必须持续地紧盯中期的优先的创新目标，寻求新技术，扩大市场范围，加强其现有的能力，以确保其竞争力的范围得到有意义的发展。

近年来，跨国公司在战略演进中最重要的特点是，它们更多地接受在全球化经营中创新的分散化，这就意味着接受技术和市场的差异性，表明新的科学或是顾客推动的创意可能导致有意义的产品开发，在跨国公司的全球经营中，任何地点都可能出现这类创意。

跨国公司通常通过新型的子公司将创新分散化，新型子公司的目标不仅是生产某类产品，而且还从其母公司获得全权负责开发新产品的权力。要使这类子公司个体的创造更有效率，子公司生产的产品必须装配，因此就必须利用东道国可利用的各种优势，包括一系列功能性的活动。要有研发活动（产生新的技术知识，或是作为中介去获得和利用新技术），进行市场研究（探索未被满足的市场需要，形成以初始顾客为对象的新产品的开发项目，探索完成该项目的方法），从事具有发明性质的工程活动（设计和确定原型产品的生产工艺）以及进行创新型的子公司水平的管理（推动一体化的创新进程，在集团网络中提供持久的作为子公司的相应的支持工作）等。

在生产中允许这类当地的产品开发计划即允许了具有当地特征的差异化。跨国公司本身提供了进入全球分散的技术和利用市场差异的手段，这种差异性推动了其本身在竞争中的进步。在这里，与以成本为基础的供应链中的子公司相比，来自母公司的产品生产的委托要求经过了一种创造性的转换，使得子公司可凭借自身内在化和个体化的技术和能力赢得自己的地位，而不是仅仅使用由母公司所分配的现有的集团内的技术。

第三个层次是从长期看，跨国公司预见到在竞争范围上将会出现更大、更激烈的变化，在服务的提供和技术利用类型上也将有更多的重组。为了在这些变化中保证自身处于更高端的获得利润的领导地位，跨国公司就可能动用更多的资源去进行纯科学原理方面的研究，因为纯科学的研究有可能产生相关的突破。但是，这种研究要包容许多潜在的有关的科学领域，由于各国狭隘的科技的专业化导致了技术的差异，因此雄心勃勃的跨国公司就需要在几个国家进行基础研究项目，这样要获得未来的竞争力就必须进行 R&D 的国际化。

三、R&D 全球化为跨国公司带来新优势

生产全球化程度逐步提高，使得跨国公司从对其总成本最为有利的角度设置生产单位和 R&D 机构。在迅速变化的国际环境下，企业的 R&D 至少要做到：缩短开发时间，降低开发成本，分散风险，把外部的技术资源用于内部和收到协作的效果。因此，企业在世界许多地区设置研究开发机构，利用外国的技术资源，通过全球性的网络极力开发新技术与新产品，就变得日益重要。

许多公司建立了全球化的供应链，起初也许是为了从世界各地购买原材料和零部件，再发展到把公司基础的制造业转移到低成本的海外基地，但现在越来越多的跨国公司把支持性服务和呼叫中心转移到更便宜的地点，也有许多公司把它们的研发中心和产品开发团队分散到了全球各地，这些研发中心关注的焦点之一是可利用的当地知识，以取得杠杆效果。在所谓“卓越的中心”的技术地带，把世界各地互不相同的技术整合起来，这种整合如同公司对于全球供应链的整合，具有如同公司从遥远的地方购买原材料、劳动、零部件、服务等要素一样的功效。

有些公司已经通过良好的管理，使全球的创新链真正实现了一体化，从而这些公司可以利用某一独特的产业集群的知识，出现在竞争对手周围。它们使全球 R&D 网络的各种学习活动成为一种互补的过程，在不同的产业聚集之间传递，超越了国家边界的限制，成为所谓的“超国家的创新者”。这种利用当地的技术知识、营销情报和能力的战略，已经成为一种强大的新的竞争优势之源，而且可以在成本较

低的地方获得价值更高的创新等。那么顺理成章的就是：应该超越所谓的“企业创新”，而拥抱企业外部的创意，这也称之为“开放式创新的时代”，这为跨国公司带来了新的竞争优势。①

1. R&D全球化带来战略优势

通过考察相关产业，可以评估跨国界的创新对跨国公司战略优势的深远影响。例如在移动电话产业中，摩托罗拉公司与诺基亚公司之间的商业竞争。摩托罗拉是移动电话的技术先驱，贝尔实验室进行了电话的突破性研究，用美国的知识来满足美国顾客的需要。摩托罗拉公司又增加了一系列创新，而这些创新全都是基于最初的模拟技术。但是，狭隘的创新进程使摩托罗拉公司没能预见到市场正在转向数字技术和全球的移动通信体系，而这却成了欧洲的移动通信标准。摩托罗拉也错过了为吸引潮流消费者制造时尚手机的机会。摩托罗拉对于正在使用的新的移动通信技术的理解略微慢了一些，因而没能认识到一个更广阔的、分散的顾客基础将会使得“为所有顾客提供一种模式的产品”的商业模式寿终正寝。

与摩托罗拉不同，新来者诺基亚较早进行了跨国界的创新，研究欧洲各国的顾客，意识到在欧洲各国处于各不相同的环境下的消费者有不同的要求。诺基亚公司较早地认识到，数字技术可能迅速地改进移动电话的功能，为客户化的手机开辟道路。在观察了亚洲追求时尚的顾客之后，诺基亚把意大利和加利福尼亚的设计技能结合起来，把移动电话变成了一种时尚产品，公司还把其创新过程扩展到了中国和印度。在那里，诺基亚看到，只要公司能够削减生产移动电话的成本，移动电话网就有代替固定电话网络的潜力。结果，诺基亚公司成了世界移动电话市场上的领导者，而摩托罗拉公司则努力追赶，以免落后。

再如，在飞机制造产业中，波音公司过去使用美国当地的技术成功地为美国市场开发出了一系列飞机产品，然后把这种产品卖到世界市场。但现在波音公司却面临着空中客车公司强有力的竞争，有时还被空中客车超过。

---

① Jose Santos, Yves Doz and Peter Williamson. Is your Innovation Process Global? MIT Sloan Management Review, Summer 2004

在工程设计中，空中客车利用了多样化的专家来源：包括英国的机翼飞行动力学设计、法国的航空控制系统、美国的飞行控制技术。空中客车利用了许多国家由于不同的需要而发展起来的飞机制造的技术知识，并把这些知识结合起来，为不同地区的市场提供服务。

国际计算机联合公司（Computer Association International Inc.）是在软件及其服务行业里处于领先地位的一家公司，而它在全球市场上却输给了一家德国 SAP 公司。SAP 公司除了结合来自全球各地的硬件和软件之外，它的创新进程还充分地利用了来自其早期的外国客户的市场知识，例如英国的帝国化学工业公司、美国的 Deere 公司（Deere & Co.）。这些知识使 SAP 公司能够开发出产品去处理国家间语言、货币和会计规则的差异，满足跨国界的一体化数据的需要，使这种信息很容易在跨国公司内部进行估价和分析。

再如在快餐业中的麦当劳公司，由于公司早期深深地植根于美国市场的狭隘的创新进程，曾出现了困难，而星巴克公司则结合了多样化的知识来源：包括意大利的烤咖啡技术，欧洲的咖啡概念，美国的连锁零售业经验、快餐服务、后勤以及人员培训的知识体系，在美国重新发明了按杯卖咖啡的商业模式等。

对于诺基亚、空客、SAP 以及星巴克这些公司来说，跨国的创新绝不仅仅是开发某种新产品或服务的手段，它还使跨国公司开发了有价值的商业模式、战略和能力，而这些它们的竞争者很难模仿。换句话说，对于这些公司来说，跨国的创新已经成为具有决定意义的竞争战略优势之源。

当然，也有一些企业把它们的创新限制在本国甚至限制在某一个知识的集群内，这类公司也有可能成功，以前的英特尔公司曾是这样一个例子。英特尔公司在全球标准半导体市场上支配性的份额首先是在记忆芯片上，然后是在微处理器上。英特尔公司的创新战略是：主要依赖在加利福尼亚硅谷当地的知识库进行创新，然后把这种创新的产品通过全球的供应链加以配送。这种创新战略显然是有吸引力的，因为创新进程的协调过程可以极大地简化，创新所需要的知识是在人们的头脑中，如果他们讲同样的语言，那么从微妙的责任到可接受的开发周期，都能在当地的环境下互相之间得到充分的理解。

但是，现在即使是英特尔也开始更多地利用海外的知识，它的一些平面印刷晶片技术（Wafer-lithograhy Technology）来自日本，而以色列现在作为公司的创新源泉对于公司也有重要的意义，公司从以色列得益良多。英特尔还建立了全球的创新网络，它的风险基金投资于20多个国家，这样就使英特尔公司能够评估和获得世界各地的新技术。从这一点看，现在英特尔的智力网络更接近于全球化的创新者，例如欧洲的STMicroeletronics集团。

2. 利用全球多样化的技术知识和集成技术需要全球R&D网络

跨国公司需要利用全球多样化的技术知识来增强自身的技术潜力。典型的创新来自于以新的方式把现有的技术与经验结合起来，现在的在线银行产品就来自于不同知识流的汇集，例如金融工具、税法、信息技术和通讯技术、电子安全系统等。在经济全球化推动下，跨国公司内部R&D全球性网络的建立，有助于获得R&D国际化中增长的利益，以及在此基础上不断地改进其技术。

跨国公司设在母公司国外的研究开发机构具有监测功能，可以利用全球各地的技能和国外的技术知识。由于跨国公司在许多产业中已经采用了国际一体化的战略，跨国公司创新网络的各部分间有着积极的交互作用。

以想象的方式把技术结合起来并不一定产生成功的商业创新，公司更需要市场视野，例如协和式的超音速飞机。这种飞机显然是技术上的杰作，但在商业上却不那么成功，因为它对顾客的需要和市场竞争的动力学没有足够的理解。

通过全球化的创新网络，公司就能通过评估技术诀窍和市场技能，努力形成全球范围内潜在的多样化的技术的最佳结合来改进创新流，也能通过更广泛、更深入地观察全球各地的知识，实质性地加强和加快创新进程，而不只是依靠某一企业总部所在地的知识来源。正如一种高保真度的音响系统的整体效果受到其最弱的部件（常常是扬声器）的限制，创新成功的可能性也受制于最为薄弱的知识来源。如果一种创新只是来源于当地现有的知识群集，它成功的可能性就会大大地小于由多样化来源的知识火花的互相撞击而激发的创新。

这样，随着市场的成熟，如何充分地进入多样化的知识源就是一个关键的问题，这要求公司进行更多的差异化的竞争，其中能力就成为公司至关重要的素质。如果一家企业只是与竞争者利用同样的知识源，结果可能就是很难创造具有独创性的产品，公司需要提供完整的解决方案，需要更好地理解顾客无数细微的并且常常是模糊的需要，而不只是提供孤立的产品和服务。

地理环境与知识多样性之间具有重要的关系，尽管这种关系并不总是可以被即时感知的。例如，在芬兰的某些地点，由于人口密度很低，冬季气候非常严酷，安装和维修固定电话线路很困难，因而刺激了无线电话业务取得进展；而在德国，文化和政治因素刺激了强大的“绿色”运动，导致独特的市场和技术知识的积累过程，强调利用循环的和可更新的能源；在日本，由于土地的高成本，公司为使存货最小化而致力于发展“恰值其时”的生产体系。这种由于当地地理特性而产生的技术经过跨国公司的改进、整合，就具有全球的应用价值，因而具有重要的商业价值。

创新进程的全球化是进入这种规模十分宏大而又多样化的知识宝库的重要途径。全球化常常不只是一种渴望而且是一种根本需要。数年前，当计算机产业的关键知识的所在地从美国的128公路转移到波士顿再到硅谷，许多东海岸的公司如王安实验室、Digital Equipment和Data General等公司没能作出必要的调整，其后果十分严重，因此今天有必要将不同地理区域的知识结合起来。

例如在制药业中，像诺华（Novartis）公司和葛兰素史克（GlaxoSmithkline）公司等已认识到它们的公司所需要的知识，除了传统的医药领域外，还包括生物技术和遗传学知识，以及高级计算机和机器人（用于发现药物）。而这种新知识中的很大一部分有多样化的来源，在空间上可能距离设在巴塞尔、布里斯托和新泽西的实验室非常遥远，这些知识可能来自于遥远的加利福尼亚、古巴或是新加坡、印度、中国。目前这些制药巨头们已经认识到，他们的创新全球化不只是一种选择，而已经成为一种绝对必要的行动。

现在在许多产业里，技术知识日益分散，尤其是随着越来越多的公司使用合同制造，从产品的改进到产品工艺知识的新的知识来源也就更加分散化。例如，今天大约60%的笔记本电脑是在中国台湾制造的，这就使中国台湾可能成为这类产品的制造、工程及设计知识的来源。

相似的，跨国公司通过其子公司把知识转让到新的地点，新的能力就在那些分散的地点积累、发展起来，当总部设在硅谷的惠普公司把其计算机制造的工程和工艺技能转移到新加坡，公司就开启了一系列的连锁反应。工程师开始对计算机的设计作一些改动，也许起初只是对键盘进行与整体配套的设计，再到喷墨打印机的设计等等，一套新的能力组合就诞生在世界上的另一个地点。值得注意的是，技术突破可能在很大程度上是非常偶然的，有时重要的技术进展发生在拥有最多技术资源的地点之外。例如，1997 年初，研究人员以一只名为“多莉”的克隆羊羔震惊了世界，这一里程碑式的进展出现在苏格兰的爱丁堡，从基因工程学的观点看，这一地点几乎没有什么明显的特性可以促成这样的突破。

因此，一个必然的结论是，通过利用全球范围内多样化的知识与技术，能够增强跨国公司的技术潜力。

利用国际网络进行创新的优势日益显现，促使跨国公司努力加强研究开发活动的国际化和全球化。例如，日本跨国公司在美国和欧洲当地的研究与开发支出一直增长得很快。日本的日立制作所于 1989 年设立了建在剑桥卡文迪什研究所①一角的剑桥研究所。日立制作所还在美国和欧洲设有其他一些研究机构：在旧金山研究移动通信等项目，在底特律研究汽车和发动机燃烧控制，在普林斯顿研究高清晰度电视，在剑桥研究量子效应器件，在都柏林研究光神经网络，在杜塞尔多夫研究计算机色彩，在米兰研究新干线高速列车设计等。

跨国公司在海外的研究机构，其重要的目的之一是建立国际创新网络，在基础技术研究开发机构方面，大多设在技术处于领先地位的国家和地区，以便试验未曾尝试过的新技术。美国是跨国公司设立科研机构的首选之地。来自日本、英国、德国、法国、瑞士、荷兰、韩国、瑞典等国家的几百家跨国公司，集中在硅谷、洛杉矶、新泽西和北卡罗莱纳、波士顿等地的科技园区，设立了自己的科研机构。② 近年来，日本也成为跨国公司设立实验机构的热门地区。有关材料表明，仅 1991 年就先后有得克萨斯仪器公司、道·科宁公司、IBM 公

① 卡文迪什研究所是现代物理学的世界性研究据点，人才辈出，获诺贝尔奖的学者累计在 20 人以上。

② 跨国公司挟巨资抢滩中国研究开发．世界周刊，1999-11-28

司、杜邦公司等国际知名的美国大公司在日本建立了从事基础研究的大型实验室，而包括柯达公司在内的美国10余家大公司则已在日本的实验室里开始了各自的应用开发研究。美国的许多大公司之所以到日本去设立自己的研究开发机构，重要原因之一就是日本在许多领域的技术水平已经接近或超过美国，美国公司意图利用“取脑”战术来增强自己的竞争实力。

由于发展中国家或地区经济、科技的水平，以及开放政策的实行，一些重要的发展中国家和地区也吸引跨国公司设立研究与开发机构。例如，世界500家最大的跨国公司中已有90多家在中国上海的浦东设立了研究与开发基地，它们的目的是要利用中国丰富的人力资源，以及较强的基础研究与应用研究的能力，为中国市场以至全球市场开发产品。发展中国家或地区的跨国公司近年来也有较为迅猛的发展，这些公司或在发达国家开办研究机构，或是通过兼并获得外国的技术研究力量，或与其他跨国公司建立战略性技术联盟。确切地讲，跨国公司在海外的科研机构和技术联盟是要开辟信息窗口，及时捕捉世界范围内的新信息，从而在对技术信息的收集、整理、加工、运用的基础上，开发出符合母公司战略要求的新技术、新产品，将开发出来的成果输回到母国。很多发展中国家在美国、日本等发达国家建立研究开发机构，都希望利用发达国家的先进技术和研究开发环境，为本土企业和母国研究开发机构服务。

由此可见，竞争的需要促使跨国公司建立国际创新网络，以便利用全球的技术、知识和集成技术。

3. R&D 全球化可以有效利用全球科技人才

世界范围里熟练科技人员出现短缺，跨国公司以研发全球化作为应对之策。

一是不惜重金，利用发达国家的高级技术人员。美国商业部的唐纳德·达尔顿调查了10多家日本电子产品公司在美国选择实验所地址的情况，这些公司都把“是否能够提供科学家和工程师”列为最重要的因素。日本公司设在美国的某些实验所一直在积极地招募美国科研机构的主要科学家。日本电气公司1988年在普林斯顿建立了研究所，它从著名的美国电话电报公司贝尔实验所招募了许多高级研究人员。日立制作所在剑桥柏林设立的两个研究所都是由8到12名研究人员组成的精锐队伍，有从日本国内派遣的研究负责人和骨干研究员，其他是英国、爱尔兰、德国、美国和新西兰等国籍的人员设立这些研究所的目的是使欧洲优秀的基础科学和日立高度发达的制造技术融合，以创造新概念和新技术。

美国公司在日本开办的研究开发机构也采取日本同行的做法，不择手段、不惜代价地网络人才。从日本的日立、东芝、日产等公司以及名牌大学挖走一大批杰出的科学技术人才为其所用，猎取的目标对准 45 岁左右、既有工作经验又年富力强的科研人员，许以高达 14 万美元的年薪。柯达公司在日本建立实验研究中心，就成功地从日本通产省所属的电子技术实验室挖走了国际著名的材料科学权威伊藤羽一。伊藤加盟柯达后，利用其在日本的影响，吸引一大批出类拔萃的日本科技人才投靠到柯达公司门下。

二是利用发展中国家和前苏联、东欧国家廉价的科技人才。据估计，在美国成本为 100 万美元的软件，在印度可能只花 5 万美元就够了，1993 年，美国的计算机公司皮克系统公司在莫斯科雇用了近 60 名软件工程师，占其在莫斯科总人数的 2/3。这些俄国雇员往往比美国总公司雇员的科研能力要强，而所需费用却比在美国低得多。

三是跨国公司的国外科研开发机构招聘当地科研人员和技术人员，利用其一流的人才，开发新材料、新技术、新产品，抢占科技制高点，其重要意义显而易见；而招聘的一般研究人员和技术人员，他们熟悉当地市场特点和当地人民的需求特性，也更有利于公司对已有产品作出适合当地条件的改造，开发出适合当地要求的新产品。

4. 研究与开发全球化能有效降低成本

国际经济的竞争环境迅速变化，技术变化的速度加快，为了在全球市场上进行竞争，一家公司必须达到或超过已有的最高质量标准，达到最新技术水平或创造新的技术。这就必须利用全球资源，有跟上技术革新发展步伐的能力，有成本很低、效率很高的制造能力。例如，日本公司在美国和欧洲就设立或合作开办和资助许多研究机构，以获得最新最好的技术。全球最大的计算机芯片生产厂家英特尔公司，就和全球包括中国在内的许多软件商合作开发新的应用程序。跨国公司往往在全球最具某项技术优势的地点设立研究机构，以最快、最方便地得到技术外溢的好处和在可能的情况下利用最好的技术资源，从而降低研究与开发的成本。

供应链全球化的公司通过在世界各地获得原材料、零部件和服务，一般都能减少其总体经营成本。尽管跨国创新的主要优势是跨国创新的进程会产生更多、更有价值的创新，成本的减少只是第二位的原因，但是跨国创新的利益之一是降低成本，这也是跨国公司追求的一个价值目标。

即便来自海外的知识与国内的知识相似，利用国外的知识也可能更便宜。例如现在许多公司在印度的班加罗尔开发软件程序，在俄罗斯利用航空技术，或是在中国进行芯片设计，以削减创新过程的成本。当然，企业在大多数情况下，不能简单地将其创新活动重新布局到成本更低的地方，因为这些地方一般缺少充分、必要的支持性的知识。作为替代的方法，公司常常不得不转移低成本的技术知识（通过因特网的传输，关键人士的重新布局，并且将其与别处的知识进行整合使之一体化）。历史上，知识转移的成本常常高到企业难以承受，但是，由于信息技术和通讯技术的进步，以及航空业的发展，使得 R&D 全球化在经济上更加可行。

四、垄断和竞争需要跨国公司 R&D 全球化

列宁曾论述过，资本主义竞争造成生产集中，生产集中走向垄断，而垄断并不能消除竞争，反而使竞争在更高层次展开，使竞争更激烈。

我们知道，先进技术大都为跨国公司所垄断，但是与产品生命周期相对应，技术也有寿命周期。技术一经产生，便会有模仿产生。以专利来说，保护期一过，就会成为人人可以利用的公共货物，因此垄断企业要维持对先进技术的垄断地位，就必须不断地开发出新技术，而开发新技术所需费用很高。开发新技术的费用一部分来自使用现有技术生产的产品的销售，也有一部分通过对已开发技术的直接转让来获得。转让技术的费用已成为新技术开发费用的一个重要来源。美国经济学家曼斯菲尔德指出：“如果美国企业不能在国外转让和利用它们的技术，它们就不会进行这么多的研究与发展，其结果将是美国技术地位受到削弱……如果美国企业不能把它们的研究与开发转让给它们在外国的公司，其结果很可能是它们的研究与开发开支下降 10%

~15%。"① 因此很显然，要维持对新技术占有上的优势，就必须不断地开发新技术，就必须有转让技术的机会。

专利持有者所享有的权利除了受时间限制外，还受到其他限制。例如，竞争对手可以自由地生产和销售替代用品，用这种办法使专利所有权者在该产品市场上丧失垄断地位。因此，专利所有者与其让其专利权失效，不如转让而取利。对于其产品易于仿制的部门，专利权的作用比较突出（如制药工业和轻工业部门），至于产品结构复杂（如电子工业）而又难以仿制的部门，则宁愿保守其发明秘密。由于竞争的需要，从20世纪70年代开始，技术专利申请的跨国化有很大的发展，国际专利申请并获得专利权后，所有权者就既可以受到有关法律的保护，又可在适当条件下转让专利使用权。

垄断的需要也可以说明跨国公司为何积极利用公司内部渠道进行许可证贸易，因为这样可以得到一系列好处。向子公司出售技术，技术仍然保留在"康采恩"内部，跨国公司不会因为子公司采用新技术而出现竞争，丧失一部分市场。对许多跨国公司来说，同子公司签订许可协定的另一目的是控制公司收入。如果母公司所在国所得税税率较低，它就会以向子公司支付许可证费用的形式把利润转移到母公司所在国，而向非子公司的外国公司转让技术，尤其是转让较新的技术，技术优势丧失的风险就大得多，可能危及自己的垄断利益。

垄断基础上的竞争更残酷、更激烈。目前的国际市场上，发达国家间技术差距缩小，各国企业间竞争激烈，发展中国家经过几十年的发展，也有了巨大的技术力量，如韩国等国已跻身于高技术竞争的强手之列。因此，为了获得和保持竞争优势，就必须利用国外的先进技术，甚至由几个不同国籍的跨国公司联手开发新技术来与竞争对手对抗。激烈的竞争使许多企业打破了国家界限的考虑，开始进行国际技术合作。对于许多跨国公司来说，生存是第一考虑，国家因素是第二考虑。所以，竞争也需要利用技术的全球化来保持或获得优势。

推动技术国际化的因素也随时间的变化而变化。过去，在国外的技术活动是运用母公司的技术力量，它是为了满足个别国家的需求，

---

① 马丁·费尔德斯坦编．转变中的美国经济（下册）．北京：商务印书馆，1990

在国外对当地的需求条件作出反应，在当地进行技术改进以达到令人满意的供货标准。而今天，对于那些处于领先地位的公司来说，在国外的技术活动的目标更多地是要进入当地特有的专业知识领域，聘用具有技术专长的科学和技术人员，进一步掌控可以在跨国公司的其他国际性业务中加以运用的新技术的源泉，不断地推出新的技术。

正因为如此，新技术推出的时效性已经成为竞争中的一个重要问题。跨国公司的全球研发网络利用不同时区的时间差，可以 24 小时不间断地进行技术研发；可以利用全球各地的科技知识，以收互补之效；可以监测对手的研发活动和技术动向，及时作出反应；可以利用当地产业和技术集聚的知识交流网络，将有用的技术信息纳入自己的企业研发网络之中，以便为我所用。

这样，就可以简单地将对技术研究与开发全球化所作的两种理论解释结合起来了。一种解释是跨国公司把技术看成是一种工具，在国际范围内，公司运用技术来保护和发展自身的市场力量。在这个基础上，研究与开发就需求和市场机制来说，被看做是公司的武器，技术资产的组织和配置因而主要被视为“市场推动”的反应，运用 R&D 能力与技术的最佳方式是捍卫和确保市场力量的最佳方式。

第二种解释是研究与开发的能力是跨国公司竞争的基本要素，这种重点在于强调 R&D 活动和技术本身的需要，把 R&D 能力和技术看成是公司竞争优势的要素，要充分发挥其作用，就需要进入全球范围内某项科学和技术最具优势的地区，进行国际化全球化的技术开发。

五、“市场牵引力”促进 R&D 全球化

1. 全球化条件下，企业可以利用和开发全球的市场

生产全球化要求相适应的 R&D 全球化。R&D 全球化的“市场牵引力”是因为它能够创造巨大的收益。如今越来越多的公司都将视野由一国舞台扩大到国际甚至全球舞台，在如何筹款、进行研究开发、建立企业、生产、销售、采购等各个方面，都着眼于一个更为广阔的地域选择范围。巨大的电讯、石油、化工、汽车、轮船、食品加工等企业遍布全世界，在 45 个国家设有分支机构已不再是件稀罕之事。这些公司为了求得垄断利润而协调不同市场上各个企业和经营活动，并成功地防止另外一些企业通过仿照而新参加进来，它们通过跨

国公司内部的全球性的技术流动以及全球性的技术开发活动来获取垄断利润。此外，包括硬件技术（含成套设备、单机作业流水线、部件、配件、元件等及其使用技术）、贸易和软件技术（含专利权、商标使用权、技术决窍）在内的有偿的国际技术转让，成为国际贸易的一个重要的组成部分。技术贸易中卖方可获得高额利润，买方则可以获得使用技术后的经济利益，这使技术供应方与技术需求方之间的相互吸引力日益强化。

2. 全球市场具有趋同性，跨国公司在某国开发的产品可能具有世界市场价值，一个国家的技术突破可以被全世界采用

例如，主要由英美研究人员绘制的人类基因图谱，对于全世界的生物技术研究同样有价值。互联网源于美国，但它在全世界的利用极大地降低了信息和通信成本，这一成果为每个国家、企业和个人都带来了更多的机会。

跨国公司在海外的科研机构，不仅仅是简单的开发活动，而且正在从改进型的研究开发走向更为基础的和应用的研究，改变不同的研究与开发在不同地点的权重（例如基础研究和应用研究各占多大比重）对于企业来说具有重大的意义。

由于所谓真正的“全球产品”在增加（这种所谓全球产品并不需要为特定国家的需要而改进），需求型的防御式的改进工作可能会减少，尽管这种情况目前还不是十分明显。但实际上，越来越多的产品已经在使用越来越多的通用零部件，由此减少了当地市场的改进工作。例如汽车行业中，尽管有些用户要求汽车采用订制的“汽车外表用部件”，但使用标准化的“车内零部件”却越来越成为一种趋势。越来越多的现实表明，最国际化的公司不是“高技术”产品集团，而是那些其产品为服务于当地市场进行了改进的那些公司集团。也许走向真正的全球性产品的这种转换还需要很长时间，但由于全球市场的趋同性，以及各国存在对同类产品的需求，跨国公司在某国开发的产品更可能具有世界市场价值。

3. 当地市场具有特殊性，需要针对当地市场进行研发

跨国公司生产的全球化要求研究与开发投资的全球化，海外生产的扩大要求提高在国外进行的技术研究和开发的水平。一般而言，跨国公司用于海外研究与开发支出的比例与其分支机构在国外为当地市场生产和服务的程度正相关，跨国公司国外业务的迅猛扩大要求海外工厂的研究与技术能力的强劲发展。几乎不可避免地存在着一种从生产工程到设计和开发的过程，在国外生产能力形成的同时，也要进行日常的技术活动。技术服务、维修和按个别购买者的要求制造产品，常常涉及与之相适应的研究与开发，所以建立一家海外制造业工厂，常常伴随有研究工作、开发技术和工程知识。

20 世纪 70 年代以来，跨国公司的国外业务同其国内业务相比，重要性增加了。随着跨国公司对外直接投资的增加，更多的制造业经营活动转移到国外，设计和管理行业也必定步其后尘，各公司将不可避免地增加国外研究与开发投资，这是世界工商业发展的趋势。从长远看，这将增强国内公司的实力。

全球市场有其趋同的一面，但各国市场又有其差异性。许多产品如果不进行适合当地需要的改进，便难以占领当地市场，因此跨国公司的经营策略很重要的一点就是：“放眼全球、立足当地”。跨国公司在国外设立不同层次的研究开发机构，高级的研究机构着重于开发未来市场的主导产品，另一些机构着重于研制适合当地地区特点的产品，使其符合当地市场的需要。例如，1990 年日本的丰田公司宣布，要大力加强它在美国的研究开发与设计能力。丰田公司加强了它在加利福尼亚的设计中心和技术营业部、在密歇根的技术中心、在亚利桑那的试车场的建设。丰田公司还在美国进行高级的设计和开发工作，增加车型试验，它的目标是要在美国建立一个完整的包括产品设计与开发、制造和营销的经营体系。

跨国公司建立海外研究开发机构的作用之一是“实现技术本地化”。从 20 世纪 60 年代以来，许多跨国公司的研究与开发一直以很强劲的势头向国际扩展。在海外，子公司的研究与开发常常和当地的技术专长相结合，以此作为进入其他主要的科研中心正在创造的与本公司最有关联的新的知识领域的手段。跨国公司的海外研究机构利用母国研究机构已有的科研成果，结合当地市场和用户需求、技术基础差别、材料性能差异等对原有技术进行改良和革新，这是母国科技成果的本地化过程，有时没有这种本地化过程就无法在当地市场站住脚。

另外，不同国家的环境、文化要求产品作出改变。例如，发展中国家需要对发达国家设计的技术进行改造才能适用。发达国家在技术中处于领先的地位，一些技术是按照欧洲、日本或美国的生产者和消费者的愿望和要求设计的，但却未必适合于发展中国家生产者和消费者的需要以及他们面临的条件和制度约束。发达国家的许多产品太过昂贵，到发展中国家销售，降低成本就是十分必要的。有些技术能够为当地所适应，但要经过改进，而另外一些技术可能还需要彻底改造，例如印度的无线因特网接入。因特网接入一般是通过电话线，但在印度安装电话的成本意味着仅仅有2%～3%的人可以用它入网。如果可上网人员从1500万增加到2亿，入网成本将需要下降50%～65%。跨国公司提供的技术难以适应这项挑战，而印度的国内公司对这一问题提供了解决方案。1999年，马德拉斯的印度技术研究所建立了一个低成本的因特网接入系统，它不需要调制解调器，并节省了铜缆。其核心是一个由马德拉斯的迈达斯通信技术公司和总部设在美国的模拟设备厂合作开发的本地无线系统，结果是入网更快更便宜，实现了为印度国内外低收入群体提供入网机会的理想。当授权给印度、巴西、中国和法国的制造商以后，这项技术在国际范围内运用开来——从斐济、也门到尼日利亚和突尼斯。①

汽车必须根据发展中国家路况进行改进，例如发展中国家泥泞的道路就要求汽车底盘不能太低。食品要根据当地口味修改设计。即使是成熟的电子产品，因为发展中国家用电条件的差别，也要修改设计成适应发展中国家电压不稳定、时常断电的环境。跨国公司要在当地市场立住脚，必须要努力考虑到东道国的文化、实际消费需求、潜在需求以及销售市场的政治、经济环境。如果一个企业认为一种技术或产品在某一个市场取得成功，就能在全世界畅销，其在海外经营中注定要为此付出巨大代价。因此，跨国公司需要实现技术开发当地化，要根据当地原材料、零部件工业情况，对已有产品设计适当地加以调整、改造。在比较大的当地市场，为了进一步获得经济利益，还需在当地开发具有特色的新产品，不仅能供应当地市场需要，而且还能够把有关技术用于总公司的全球业务和向其他方面提供当地开发的新

① 联合国开发计划署.2001年人类发展报告.北京：中国财政经济出版社，2002

技术。

跨国公司所有这些本地化的活动和努力，客观上促进了 R&D 的全球化。

第三节　国家利益与竞争加速 R&D 的全球化进程

科学技术是第一生产力，一个国家的经济竞争日益表现为技术和创新能力的竞争，技术进步成为经济增长的关键因素，促使各国政府高度关注本国的技术和竞争优势。国家可以采取多种措施享受成果，同时控制新技术的风险，但全球的积极行动也是至关重要的。因为 R&D 的价值跨越国界，没有几个国家愿意完全依靠自身力量对这种全球公共物品投以足够的资金，更有甚者，技术进步的全球性影响是由整个链条上最薄弱的环节来决定的。比如，最贫穷国家对基因改良作物如果监控不力，最终会影响到最富裕的国家等，在卫生状况最差的地点爆发的传染病也可能对全人类的健康造成灾难。

从国家角度分析，R&D 全球化的原因主要有以下几方面的原因。

一、技术进步成为经济发展中最重要的因素

美国有关的研究报告表明，自 1945 年以来，美国产出劳动力的增加占了 27%，而技术进步则占了增长的 50% 以上。美国经济学家索洛早在 1956 年就发表论文，他独树一帜地设计了一种数学模式，向人们显示长期的经济增长要靠技术的发展、教育和训练水平的提高以及生产组织方法的改进等多种因素，而不是仅仅靠投入资本和劳动力。在经济增长中，技术要比增加资本和劳动力起着更为重要的作用。该论文打破了“资本积累是经济增长的最重要的因素”这一理论，1987 年索洛获得诺贝尔经济学奖。瑞典皇家科学院赞扬索洛的数学模式对于经济分析具有巨大的影响，认为该模式已成为现代宏观经济理论的纲领。

从经济发展的进程看，各国的经济会经历由劳动密集型经济到资本密集型经济，再到知识技术密集型经济的转变。在经济发展的这样一个链条中，技术的重要性不断增加。

开放——货物、资本、人员与知识的流动——可以在国家间传输

技术。科学技术从一国扩散到另一国，为全人类所用，更加充分地发挥了科学技术作为生产力的巨大作用，促进世界经济的增长。近几十年来，世界上很多地区出现前所未有的快速发展，这大多是由于技术上的进步。对这些技术成就，只要用原来发明这些技术所耗工业成本的1/3就能复制使用。世界发展的关键是传播技术，新技术可以使资源利用更有效，使收入有所增加，生活质量得到改善，假若正在发展中的国家能获得工业国的新技术，随着时间的推移，各国的生产率和人均收入可能趋于相同。技术在全球的利用和开发对于后进国家追赶先进国家有重大作用。

索洛指出：发展中国家本国经济的发展不能仅仅依赖于资本和劳动力的增长，发展中国家，特别是起步较晚的国家，要更多地研究如何在现有工业的基础上逐步提高劳动生产率、技术水平和管理能力，要研究观察发达国家的技术水平和教育进程，这样就能有效地跟上世界经济的发展。有人认为，发展中国家和发达国家的主要区别是：前者经济增长的主要原因是外延式的扩大再生产，而不是投入物使用效率的提高。

许多国家已经认识到技术、增长和就业之间的关系，努力提高本国在全球高技术产品市场上的地位，极力保持或是想要加入世界技术领先者的行列。许多发展中国家采取了目的在于取得经济增长和竞争力的技术战略，一方面通过获取其他国家先进的技术弥补自身技术基础的不足，另一方面开发内生的技术资源克服自身在技术方面的缺陷。这些战略常常以正式的国家发展计划作为支撑，因此各国采取措施，引进国外技术，欢迎跨国公司在本国投资于研究与开发，以获得溢出效应，促进本国经济增长。

由于技术对国家经济发展的作用越来越大，各国都十分重视技术的开发与全球的利用。

二、各国科学技术发展的不平衡

各国科学技术发展的不平衡主要表现在三个层面上：

第一个层面是，发达国家之间科技发展不平衡。战后初期，美国在科学技术方面的领先地位是无可争议的，也是世界的主要技术供应者，美国在科技方面的领先地位也是维系其经济霸主地位的关键所在。但近年来，美国的这一领先地位已经受到削弱，而西欧、日本和一些东亚国家却发展了自己的技术实力。以美国与日本的技术实力相比，日本在应用技术研究和民用技术方面具有某些优势，美国在基础科学研究和军事科学技术方面仍然领先，但日本在基础科学研究方面也在积极投资，旨在赶超美国。

第二个层面是，发达国家与发展中国家之间科技发展的不平衡，二者之间存在明显的技术梯度。先进的技术财富主要创造并控制于十几个发达国家的500家大型跨国公司之手，造成发达国家和发展中国家技术力量上的极大悬殊。但发展中国家也并非毫无作为，一些发展中国家经过艰苦努力已经在科技的某些方面取得骄人成绩，这为国际科技交流和技术全球化创造了新的机会。在过去的20年中，一些发展中国家建立了一系列新技术的世界级研究中心，这种运动使发展中国家得以确定研究的优先重点，并产生了地区合作的潜力，建立这些研究中心能从地区联系和全球的合作中双倍受益。①

第三个层面是，一国科技水平总体上的先进并不能保证其一切技术都先进，一国科技水平总体落后也并不说明其一切技术都落后。战后世界各国，尤其是发达国家都投入巨额资金用于研究和开发技术，由于经济情况、历史条件、技术基础等的差异，简言之，由于国情不同，各国技术在迅速发展的过程中具有自己的独到之处，形成了技术上的差异性。而科学技术是人类的共同财富，各国科学技术上的差异性也就蕴含着技术上的互补性，各国资源优势不同，也使技术具有不同的应用条件和前景。国际间进行技术交流与合作，以他国之长补本国之短，或是强强联合，在这种交互作用中，世界各国的科技总体水平得以提高。

据德国学者 Frieder Meyer-krahmer 等人的研究，到20世纪70年代末，研究与开发的特征是一个世界性的研究与开发中心处于支配地位：在技术的基础领域是美国；在某些方面，例如化学方面，是西欧。而现在情况已经变化，一些重要领域里在世界范围内形成了两个或三个研究与开发中心，这些开发中心处在美国、西欧、日本和东

---

① 联合国开发计划署．2001年人类发展报告：让新技术为人类发展服务．北京：中国财政经济出版社，2001

亚。这种发展的结果，一方面使得在 R&D 方面处于领先地位的公司，需要在许多地点从事 R&D 活动，建立一种适当的结构，对不同的中心所出现的相对优势的变化作出尽可能快的反应；① 另一方面，也需要政府作出尽可能快的反应。

三、国际贸易的商品高技术化

国际贸易从供给与需求两个方面促进 R&D 全球化。从供给方面看，它促进新技术的供应。技术是可供贸易的商品，如果没有国际贸易，技术贸易也将难以存在。卷入贸易的范围越大，可供技术也就越多。从需求方面看，它增加了对于新技术的需求。人们不断发现技术有新的应用场所，对技术需求的增加又会对技术供应产生推动力。商品销售量的扩大，要求生产技术的提高，这也增加了对于更为先进的技术的需求。供应和需求共同作用，技术的国际开发和国际利用也就比较顺利。近年来国际贸易的商品呈现出高技术化的趋势，这也促使各国努力寻求开发和利用先进技术，提高本国的国际竞争力。

四、先进国家的消费与生产对于后进国家具有示范效应

先进国家的消费与生产对于后进国家有一种示范效应，因而被后进国家模仿，并通过引进技术和在本国进行技术创新等方式生产先进国家类似产品，实现技术的全球化。

新产品对消费者的吸引力是经济发展中的一项有力因素，而现在这种因素更有力了。这是因为随着现代技术手段的发展，国际联系的扩大和加深，使人们更容易获得外部世界的信息。经济学家早已揭示了，个人在储蓄和支出上的决定并非在互相独立的情况下作出，当人们接触到高级产品或高级消费形式，他们的知识扩大了，想象被激发，产生了新的需求。现在人们很容易了解国际上的消费时尚，也有一种追求倾向。电视、报刊杂志以及因特网等作为传播工具，在塑造全球性消费时尚方面正在并且继续发挥巨大的影响力。许多产品在世界范围内迅速获得广阔的需求和市场，原来没有制造能力的国家先是

---

① Frieder Meyer-krahmer（1999）：National Polices for Research，Technology and the Location of Business in a Global Economy. Economics，Vol. 60. Tubingen

进口这些产品，而后必定要通过引进技术或是本身的科技开发来获得制造技术，以满足国内需求。新技术创造的新产品引起了新需求，新需求扩大到国际范围，促进了 R&D 的全球化。

先进国家的生产技术也对后进国家有一种示范效应。经济史一再证明，经济增长和国际竞争的优势并非主要在于对知识的占有，而是对技术成果的有效利用，谁能有效地利用现有的技术成果，谁就能取得经济增长上的优势，就可以在国际竞争中处于有利地位。美国和日本在一定的意义上，都是靠模仿和修改外国技术跃居世界工业领导地位的。① 正是技术利用的示范效应，使得技术更可能、更容易在全球流动。

五、世界经济调整使国家间技术流动的驱动力增强

目前，发达国家正处于向技术知识密集型经济转变的过程中。高技术密集型经济的典型特征是：具有强大的技术基础和密集的科研活动，生产的技术基础是技术的不断更新和发展。在技术密集型经济中，技术的进步成为推动整个经济增长的关键，对先进技术的占有和利用是取得竞争优势的先决条件。发达国家工业结构趋向高级技术化和新兴工业化，即高级技术工业和新兴工业的比重将迅速上升。

在美国，以前制造业移向海外主要是为了利用廉价的外国劳动力，现在跨国界的研究与开发则是要获得外国的技术。美国公司不仅集中精力于电子技术在国外的转让和销售，而且也努力获得大量可用的外国技术，在美国和全球市场上从事商业化利用。

对于发达国家来说，要维持自己的经济优势，要保持自己在科学技术上的领先地位，必须吸收外来的先进技术。由于高新技术变得越来越复杂，技术开发的难度加深，越来越多的技术开发具备国际特征。在现代经济中，任何一个国家都不可能发展所需要的全部技术，甚至往往无力自己发展一项全面的技术，这使得技术的发明和利用的国际交往、分工和联合变得十分重要。

发展中国家的情况有差别。许多发展中国家仍处于工业化初期阶段，其经济起飞有着现代技术发展的国际环境和影响，技术的利用和

① 世界银行．1987 年世界发展报告．中国财政经济出版社，1987

更新在经济结构转变时期比发达国家处于同一发展阶段时要有大得多的作用。一部分发展中国家已经建立起工业化体系，形成了资本密集型经济占居重要地位、技术密集型经济开始发展的结构。在这类国家中，技术的利用和更新不仅是提高劳动生产率、保持经济持续增长的重要条件，也是促进经济向技术密集型经济结构过渡的原动力，因此，发展中国家尽管对技术要求的层次与发达国家不同，但是技术的开发和利用已成为经济增长、加速经济结构向更高层次过渡的关键因素。

第三章　跨国公司的全球研究与开发

在经济全球化、R&D 全球化的进程中，跨国公司起着十分重要的作用：跨国公司不仅寻求全球化的市场，在全球销售其产品，利用全球各种资源，在全球各地进行生产；而且，它们也在加速利用全球技术资源，建立全球 R&D 网络，进行全球性的技术创新。跨国公司的全球经营业务已深入到全球 R&D 创新网络这一层次。

跨国公司是国际技术创新的主要源泉。跨国公司占全球 R&D 活动的很大比例。2002 年全世界最大的 700 家公司投入 3 110 亿美元用于研发。① 世界上最大的 700 多家工业公司，主要是大型跨国公司，占了用专利来衡量的世界商业性发明的大约一半。这些跨国公司大多数来自于美国、欧盟和日本三大板块，它们的创新活动也集中在这些国家。领先的跨国公司不仅在化学和电力设备等以科学为基础的技术创新中起特别重要的作用，而且在其他机械工业部门的和非工业部门的技术创新中的突出地位也是很显然的。

第一节　跨国公司 R&D 国际化发展的不同阶段

技术是跨国公司进行全球化经营，取得和确立竞争优势的决定性因素。随着全球性竞争的加剧，商品寿命周期日益缩短，技术创新已经成为企业改革中一个最重要的课题。只有技术创新才能创造新材料、新生产方法和新产品，拓展新事业，开拓新市场，飞跃地提高经济效益。

---

① 联合国贸易和发展会议．贸发会议秘书处的说明．外国直接投资对发展的影响：跨国公司研发全球化及其对发展中国家的影响．2004-12-07. http：//www. unctad. org

跨国公司研发国际化经历了不同的发展阶段，海外当地的研究与开发活动随时间的进展而变化。起初是满足东道国的需求，在当地进行技术改进。在国外的技术活动是运用国内的技术力量，在国外对当地的需求条件作出反应，达到令人满意的供货标准。它的作用是从产品的采用到适应当地的特殊要求，直到建立当地的产业，它有助于当地的经济增长。

联合国贸易与发展会议的专家 Prasada Reddy 认为，研发全球化可以分为几个阶段进行分析。这一分析框架帮助我们以更广阔的视野，通过分析每一时期 R&D 走向国际化、全球化的推动力和国外当地 R&D 的类型对于东道国的潜在影响，更加全面地理解 R&D 的全球化。每一个阶段都有不同的特征，但从一个阶段到另一个阶段又具有连续性。时间的分期只是大体而言，不是很精确的划分。①

一、20 世纪 60 年代：跨国公司 R&D 国际化的开始

20 世纪 60 年代以前，研究与开发工作大多数主要留在母国，在国外从事研发的企业极少。在国外从事的研发大多数只是技术转让工作，这一时期的推动力是企业要进入国外的市场。但是，企业要进入国外市场就要求对产品进行适应性的改进，生产工艺也要根据当地的条件进行改动，这就需要持续的技术支持。国外技术转让单位的建立是要处理当地发生的技术问题，之所以这样做，是因为这样做比从总部派遣人员更能节省成本。这一时期所涉及的产业大都是机械、电气和工程、包括汽车业。从 20 世纪 60 年代开始了第一波 R&D 国际化浪潮，在此阶段，主要是利用和开发企业已有的技术资产，目的是对产品进行调整、改进以便在当地市场销售。

二、20 世纪 70 年代：跨国公司国际 R&D 的发展

到 20 世纪 70 年代，跨国公司已经开始在国外进行有意义的研

---

① Prasada Reddy. R&D-related FDI in developing countries: implications for host countries. See. United Nations Conference on Trade and Development. Globalization of R&D and Developing Countries. Proceedings of the Expert Meeting. Geneva, 24-26 January 2005. United Nations. New York and Geneva. 2005. http://www. unctad. org

发。其主要的推动力是要增加在当地市场的份额。这就更加要求对于当地市场与其他市场的差别要有足够的敏感，这样才能增强公司在这一市场上的竞争力。跨国公司的普遍走向是为世界市场提供产品和服务，这在 R&D 方面的反映就是，国外大多数的研发单位是通过兼并国外的公司而建立的。而且，东道国政府利用产业政策刺激增加产品的当地含量，进行再出口或是提出当地工厂的配套要求，开始增加压力，要求跨国公司增加技术转让。这种经营环境触发了第二波的 R&D 国际化，它与前一波 R&D 国际化的不同之处是增加了当地的技术单位，这些技术单位开始为当地市场开发新产品或是改进产品。这类活动的对象主要是那些品牌产品和成套的消费品、化工产品以及系列产品等。20 世纪 70 年代 R&D 全球化的第二波浪潮，主要是为当地市场的特殊需要改造具体的新产品。

三、20 世纪 80 年代：R&D 从国际化到全球化

自从 20 世纪 80 年代以来，跨国公司在国外的 R&D 的性质和范围都已经发生了一些重要的变化。跨国公司在国外增加了更高级的 R&D 单位，例如建立了地区技术 R&D 单位、全球技术 R&D 单位和公司级的技术 R&D 单位，这可以看做是 R&D 全球化的第三波。这种国外的 R&D 成为公司长期战略的一部分，常常通过组织间的合作进行。因此，在词汇上发生了从国际化到全球化的变化，反映了与早前的几个阶段的不同特点。这种现象的主要推动因素是：

第一，竞争日益在全球基础上进行，这种情形由于全球消费者的偏好的集中趋同而强化，创造了学习的需要；

第二，新的技术日益以科学为基础，必须有多种技术来源；

第三，跨国公司经营合理化，要求其国外子公司发挥特定的全球性作用。

这些趋势主要是在微电子产业、制药业、生物技术产业以及新材料等产业中出现。信息和通讯技术的改进以及新的以科学为基础的技术的灵活性，允许 R&D 与制造业活动相分离，大大地加快了这一波全球化进程。

四、20世纪90年代：R&D全球化类型演进

自从20世纪90年代以来，R&D全球化的关键的推动力是，创新活动需要更多的熟练的科学家和R&D成本上升形成的降低成本压力。这些力量激发了第四波的R&D全球化，一些发展中国家和转型国家也加入了这一进程。在大学的技术人才产出与产业的人才需要之间的不匹配，造成了发达国家的研究人员的缺口，尤其是在与电子、自动控制、计算机辅助开发/制造等有关的工程领域，迫使企业拓宽研发网络，以便更好地利用在地理上更加分散的科学技术人才。

一方面，在全球范围内，研究、教育和科学与工程人才分布在许多不同的国家和地区；另一方面，企业为了增强竞争力要有必要的科学知识，这样就存在着一个进行投资的国际市场，由此导致公司直接对于那些能够最好地满足其R&D需求的地区进行R&D投资，包括一些发展中国家。跨国公司对于各国之间不同的R&D成本也很敏感，由于一些发展中国家里有大量的受过科学与技术训练的人员，雇请这些人员的成本又比发达国家低很多。在这一背景下，跨国公司在这些发展中国家的研发投资进一步加强，涉及的产业主要是微电子、生物技术、制药、化学与软件等。

如果说，始于20世纪80年代的第三波研发国际化浪潮，其驱动力是公司需要在海外，特别是在其他发达国家寻求为其提供补充的技术专长，那么，从20世纪90年代开始的第四波研发全球化则使得这一趋势得到进一步加强。第四波浪潮对科学技术专长需求的规模和范围不断扩大，企业只有在国际上扩张才能满足这种需求。在这一阶段，“增扩资产”的研发已经更加重要①。

在经济全球化进程中，越来越多的跨国公司已经不仅仅局限于在海外设立研发机构来保证当地的生产和销售，而是在全球范围内通过一切可能的形式配置研究与开发资源，为公司全球经营活动提供有效的知识与技术支持。在若干发展中国家获得更多研发方面的外国直接

① 联合国贸易和发展会议．贸易和发展理事会．投资、技术和相关的资金问题委员会．外国直接投资对发展的影响问题专家会议的报告．2005-01-24

投资的同时，这种用于研发的外国直接投资的性质正在不断改变，它不再仅仅针对当地市场。

在这一阶段，跨国公司海外研发活动的基本形式是：在海外建立公司的中央研发机构，负责协调全球范围内的研发活动；在海外建立独立的研发机构，从事研发活动；在海外生产机构中建立研发部门，进行技术开发等工作；通过兼并与收购，获取所需的研发设施和研发人员；在海外建立情报站，获得公司所需的技术和市场信息。

目前跨国公司海外 R&D 活动最集中的地区是美国、德国和英国。在这些国家中，最主要的跨国公司 R&D 机构来自欧、美、日等国。新兴工业化国家和地区以及发展中国家正在成为跨国公司海外 R&D 投资的新热点，跨国公司尤其加强了在新加坡、印度和中国等国家的 R&D 投资活动。

相比之下，今天，对于那些处于领先的中心地位的公司来说，在国外的技术活动的目标更多地是要进入当地具有特长的专业领域，聘用具有技术专长的科学和技术人员，利用当地特有的专业技能，以进一步开拓新技术的源泉，并且在跨国公司的国际性的其他业务中加以运用。一方面，跨国公司把技术看成是一种工具，以便在国际范围内，公司运用技术来保护和发展自身的市场力量。在这个基础上，从需求和市场机制来说，研究与开发被看做是公司竞争的武器。技术资产的组织和配置因而主要视为“市场推动”的反应，运用研究与开发能力和技术的最佳方式是捍卫和确保市场力量。另一方面，进行全球的研发是 R&D 活动和技术本身的需要。研究与开发能力和技术是公司竞争优势的要素，要充分发挥其作用，需要进行国际化全球化的技术开发。这是研究和技术活动供应方面的要求，也是组织投入使创新产出及其效率最优化的要求。进入科学和技术专长的蓄水池的能力是这一进程的重要因素。

许多国家的研发支出中，由国外投资的研发已占相当比例。美国有关机构估计了一些国家研发资金来源中国外来源的研发资金所占的份额，而联合国贸发会议估计了外国子公司在有关国家产业研发中所占的份额（见表 3-1）。

表 3-1　　**研发基金来源①**

国　家	产业（%）	政府（%）	学术界及其他（%）	国外（%）	外国子公司占本国产业研发的比重（%）②
阿根廷	——	–	–	–	23.2（2002）
澳大利亚	46.2	45.7	4.8	3.3	41.1（1999）
奥地利	41.5	36.7	0.3	21.5	–
比利时	64.3	21.4	2.5	11.8	–
巴西	38.2	60.2	1.6	–	47.9（2003）
加拿大	46.2	25.4	21.0	7.4	34.8（2003）
中国（大陆）	57.6	33.4	6.3	2.7	23.7（2003）
捷克	–	–	–	–	46.6（2003）
丹麦	61.6	28.0	2.6	7.8	–
芬兰	69.5	26.1	1.3	3.1	15.0（2002）
法国	52.1	38.4	1.5	8.0	19.4（2002）
德国	65.4	31.9	0.4	2.3	22.1（2002）
匈牙利	29.7	58.6	1.3	10.4	62.5（2003）
印度	23.0	74.7	2.3	–	3.4（1999）
爱尔兰	67.2	25.2	1.6	6.0	72.1（2003）
以色列	69.6	24.7	2.9	2.8	20.7（2001）
意大利	43.0	50.8	–	6.2	33.0（2001）
日本	73.9	18.2	7.5	0.4	3.4（2001）
韩国	74.0	23.9	1.7	0.4	1.6（2002）

① Source：R&D Magazine，Battelle，UNESCO，R&D Magazine，2005（9）http：//www.rdmag.com

② 本列数据来源于联合国贸发会议，2005 年世界投资报告。括号中的数字为相关年份。

续表

国　家	产业（%）	政府（%）	学术界及其他（%）	国 外（%）	外国子公司占本国产业研发的比重（%）
马来西亚	51.5	32.1	4.9	11.5	–
墨西哥	30.6	61.0	7.4	1.0	32.5（2001）
荷兰	51.8	36.2	1.0	11.0	24.7（2001）
挪威	51.7	39.8	1.4	7.1	–
波兰	31.0	61.1	3.1	4.8	19.1（2003）
葡萄牙	31.5	61.0	2.4	5.1	30.9（2001）
俄罗斯	30.8	59.6	0.6	9.0	–
新加坡	49.9	41.8	1.1	7.2	59.8（2003）
斯洛伐克	–	–	–	–	19.0（2003）
南非	49.4	33.6	10.0	7.0	–
西班牙	48.9	39.1	5.2	6.8	27.3（2003）
瑞典	71.9	21.0	3.7	3.4	45.3（2003）
瑞士	69.1	23.2	3.4	4.3	–
泰国	–	–	–	–	28.1（2003）
土耳其	41.3	50.6	6.8	1.3	10.6（2000）
英国	46.7	26.9	5.9	20.5	45.0（2003）
美国	61.4	31.3	7.3	–	14.1（2002）

注：“–”表示有关数据暂缺。

联合国贸发会议估计，从20世纪90年代以来，所有类型国家的产业研发中，国外的子公司所占的比重都在增加。1993～2002年，发达国家的这个比重从10.6%上升到了14.9%，发展中国家的这个比重从2.3%上升到了17.7%，而转型国家则从9.3%上升到了41.3%，全世界则从10.3%上升到了15.9%（见图3-1）。

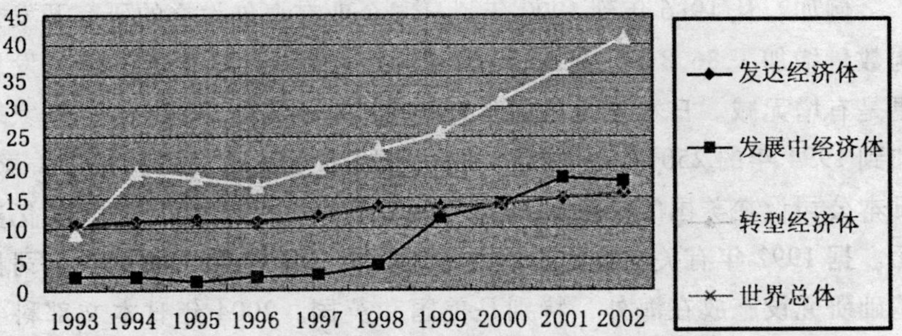

图 3-1　国外子公司在有关经济体的产业研发支出中所占份额①

第二节　跨国公司 R&D 国际化的途径

在过去的 20 年里，跨国公司为获得当地的技能和技术，以及接近顾客和当地市场，不断在母国以外设立研究开发单位。研究开发国际化主要是通过在国外寻找新的研发地点，设立新的研究开发中心，或收购有当地研究开发地点的公司和一般的当地公司来实现。本节着重研究这两个方面。另外，跨国公司的研发全球化还通过广泛的技术战略联盟来实现，技术战略联盟问题将在下一章专门进行研究。

一、跨国公司在国外进行 R&D 投资

以前企业更加注重的是生产和销售的国际化发展，而较少进行深谋远虑的 R&D 的国际化，因为高层管理必须应付更紧迫的问题，而国际 R&D 在一个公司里常常被视为一件较次要的事。现在越来越多的公司把越来越多的 R&D 资金投资于海外，公司越来越关注如何有效地在国际范围分配其 R&D 资源。② 明显的表现之一是目前跨国公司正在努力组织跨国界的公司内部的 R&D 网络。

1. 发达国家跨国公司在海外的 R&D 投资

自 20 世纪 80 年代以来，跨国公司的海外 R&D 投资十分活跃，

---

① 据 World Invesement Report 2005，Annex table A. Ⅳ. 1 绘图。

② Roman Boutellier Oliver Gassmann Maximilian Von Zedtwitz. 曾忠禄，周建安，朱甫道译．未来竞争的优势．广州：广东科技出版社，2002

跨国公司在海外设立 R&D 机构已明显增多（表 3-2）。

例如，从 1986 年到 1990 年，日本企业在海外设立的研究开发机构数量增加了 86.8%；进入 20 世纪 90 年代，日本在这方面的发展更是有增无减。日本公司在欧洲的研究开发机构从 1990 年的 70 家增加到 1994 年的 250 家，1993 年在美国的研究开发机构就达 141 家。日本公司设在美国的子公司 1990 年在研究和开发方面花费了 12 亿美元。据 1992 年有关刊物发表的数据表明，日本有 42.9% 的大公司把基础研究设施放在海外，特别是美国和英国。2004 年日本文部科学省对资本金超过 10 亿日元的企业进行的调查统计，17.7% 的企业在国外设有研究开发机构，其中，资本金超过 500 亿日元的企业有 46.7% 在国外设有研究机构。① 日本的 NEC、松下、佳能、三菱、HOYA、富士斯乐、丰田、本田等大公司都在海外设有不止一家的研究开发机构。

表 3-2　**2004 年外国 R&D 子公司的地域分布②**

区域/经济体	子公司的数量
	数 量
世界总数	2 584
发达国家	2 185
西欧	1 387
美国	552
日本	29
发展中国家	264
非洲	4
拉丁美洲和加勒比	40
亚洲	216
南亚、东亚和东南亚	207

① 赵俊杰．研究开发的全球化．世界科技研究与发展．2006（1）

② 联合国贸易和发展会议．外国直接投资对发展的影响：跨国公司研发全球化及其对发展中国家的影响．贸发会议秘书处的说明．2004-12-07．http：//www.unctad.org

美国跨国公司的研发也在走向全球化。1988 年，美国的汽车公司海外研究与开发的投资为 15 亿美元，占当年研究与开发总投资的 1/6，现在美国汽车制造商在欧洲一年至少花 20 亿美元。在全球，IBM 公司拥有设在美国的纽约、加利福尼亚、得克萨斯，瑞士的苏黎世、印度的新德里，以色列的海法，日本的东京和中国北京等地的 8 大基础研究中心，以及在纽约、加利福尼亚、班加罗尔和上海等地的 25 家应用开发部门。应用开发部门被称为创新中心，主要职能是帮助合作伙伴进行业务开发、测试、应用、实施基于 IBM 开放技术设施的解决方案以及更加细致和更多的应用开发。

欧洲跨国公司在研发全球化方面更加突出。例如，瑞士制药公司诺华制药（Novartis）已在美国设有研究总部，并有一个遍布全球的实验室网络。1996 年，山德士制药同竞争对手瑞士制药公司汽巴（Ciba）合并，成立诺华制药。目前公司在亚洲建立科研设施，在日本设立了筑波（Tsukuba）实验室，致力于关节炎研究，并在新加坡成立了一家新的诺华热带疾病研究所。新加坡的诺华热带疾病研究所致力于药物发明，针对被忽略的一些出现在发展中国家的疾病，先从登革热和肺结核着手。诺华董事会支持创立该研究所，不仅是出于公司造福世人的愿望。该研究所除了能利用东南亚的科学人才以外，对诺华在外界的声誉，乃至对公司员工的士气都非常重要。诺华的欧洲研究中心设在瑞士、奥地利和英国，也不仅是历史的巧合。20 世纪 90 年代，制药业面临两大问题：监管规定严厉多了，且生物学和遗传学突飞猛进，迫使医药公司重新设计整个药物发明的流程和文化。诺华制药的新药可能来自欧洲和北美，也同样可能来自亚洲。世界上最大的移动电话生产商诺基亚在全球移动通信市场的份额已接近 30%。诺基亚公司在包括中国在内的全球 12 个国家建立了 44 个研究与开发中心，其中在美国集中建立了 6 个研究发展中心。这些研究中心的努力工作使它平均一个月就有一个新产品问世。他们从 1996 年就在开发 2005 年的产品。遍布世界各地的研究发展中心形成了一个全球合作网络。借助这个网络，诺基亚可以对技术发展做出快速响应，确保了在技术上的领先地位。飞利浦电子集团每年从营业额中拿出 6% 作为产品研究与发展的经费。公司在欧洲及美国开设了 5 家研究中心，拥有超过 6 万项的专利权。1999 年 11 月 3 日，飞利浦技术服务中心在上海成立。飞利浦电子集团主席总裁布绍昌宣布：飞利浦在未来的发展中将锁定两个国家——美国和中国。美国是技术之源，中国是市场之源。

2. 发展中国家的跨国公司也在扩大国外的研发投资

在发达国家的跨国公司 R&D 走向全球化的同时，发展中国家的许多跨国公司也在走向 R&D 的全球化。来自发展中国家跨国公司的国外研发正在兴起并迅速增长，发展中国家正在与全球知识网络相联系，这种现象是最近才出现的。在世界研发支出最多的公司排行榜上，发展中国家跨国公司尽管相对较少；但是，自从 1990 年代后期以来，有一些发展中国家的跨国公司（几乎全都来自亚洲），在研发支出最多的公司排名中向上移动。而且，2002 ~ 2004 年，其研发扩大的规模相对较大。

有一些发展中国家和地区的跨国公司，例如 IT 公司 Ingenuity Solutions（马来西亚）向国外投资研发，其目标已经是发达国家如美国的知识基础。还有一些发展中国家或地区之间互相进行研发直接投资的例子。许多马来西亚、韩国、新加坡和中国台湾的企业已经在印度开展了研发活动，大都专门致力于软件的研发。2003 年，韩国三星电子公司宣布计划在中国、印度和俄罗斯联邦开办研发中心；韩国的 LG 公司已经扩大了在印度的研发活动；印度尼西亚的 Bogasari 公司（食品加工）选择新加坡开设研发中心。

在海外研发投资方面，中国、印度和韩国的跨国公司最为活跃。到 2004 年末，中国的跨国公司已经管理经营着 77 个研发单位，其中有 37 个国外的研发单位。国外的 37 个研发单位中有 26 个坐落在发达国家，主要是在美国（11 个）和欧洲（11 个），这些研发单位大多数是负责情报收集或产品设计的。另外的 11 个研发单位是在发展中国家，一般规模都很小，例如，设在巴基斯坦和伊朗的小型技术观察站里只有几个人。两家中国跨国公司华为和海尔，表现出主要在发达国家建立研发中心的趋势。其他电子行业的中国企业，例如中兴公司和 UT 斯达康，也在印度建立了研发中心，其目的主要是离岸软件开发。① 海尔仅仅在欧洲就设立了三个设计中心，计划在全球建立

① 联合国贸易与发展会议 . 2005 年世界投资报告 . http：//www. unctad. org

18 个研发中心。① 中国的华为公司除去在北京、深圳、上海、南京、西安以及成都拥有研发中心外，还在美国的硅谷和达拉斯、瑞典、印度、俄罗斯以及英国建立了 6 家研发机构。② 华为每年投入的研发经费在 40 亿元人民币以上。现在华为公司已拥有 8 000 多项专利，其中 800 多项是在中国以外的 20 个国家申请的。华为计划未来每年都要在欧美地区申请 100 余项专利。③

印度跨国公司也在将它们的研发业务全球化，主要是为它们在特定地区市场的顾客服务。印度领先的软件企业都在国外进行了研发投资，主要是在发达国家。例如，信息系统公司（Infosys）、维普罗公司（Wipro）、Birlasoft（Aditya Birla 集团的一部分）以及 HCL Technologies 公司，都在美国有业务。它们也有选择地进入那些有重要的顾客的发展中国家，尤其是中国、东南欧和独联体国家。有一些印度软件研发子公司设在其他发展中地区（例如，塔塔公司在乌拉圭设立研发单位）或是设在新的欧盟成员国（如匈牙利）。④ 印度第四大软件企业萨蒂扬（SATAYM）公司，是一家在全球有影响的软件服务公司，拥有 2 万多名专业技术人员，在印度、美国、英国、中东、日本、新加坡和澳大利亚等地都设有发展中心，为全球 270 多家公司提供服务。2003 年，萨蒂扬开始进入中国，在上海设有 2 百多人的分公司。近年来，印度软件巨头看好中国的市场和人才资源，大规模进入中国。萨蒂扬公司拟在中国境内设立一家大型研发中心，其规模将达到 5 千多人。萨蒂扬公司希望在南京的基地占地面积能达 600 亩，建成花园式，集工作、会议、生活、休闲为一体的世界一流智能化园区⑤。

韩国跨国公司直到 20 世纪 90 年代才开始在国外建立研发单位。2005 年，韩国产业技术联合会（Korea Industrial Technology

---

① 何振红．海尔“走出去”还要“走上去”．经济日报，2006-10-12

② 张芝年．中国企业投资英国前景良好．经济日报，2006-09-12

③ 姚钢．“到中国研发”不是讨来的．EDN 电子设计技术，2005-10-18. http：//www.ednchina.com

④ 联合国贸易与发展会议．2005 年世界投资报告．http：//www.unctad.org

⑤ 陈光明．王振满．印度软件巨头萨蒂扬中国研发中心将落户南京．http：//www.chinannes.com. 2005-12-18

Association）认证了由韩国企业拥有的60家国外的研发中心。美国是这种投资的主要目标（17家研发中心），其次是中国（15家）、日本（7家）、俄罗斯联邦（5家）和德国（5家）。在中国的研发中心大多数（15家中的12家）是在2000年以后开设的。有些在国外建立了研发设施的韩国跨国公司名列世界研发支出最多的700家企业之列，其位置还较为突出，如三星电子公司（世界排名第33位，也是发展中国家最大的研发企业）、现代汽车（第95位）和LG电子（第110位）①。

二、跨国企业在兼并的同时获得海外技术研究机构

跨国公司研发国际化的另一种方式是，公司在进行的跨国界的兼并同时，获取海外技术研究机构。

很大一部分国际研究与开发活动是公司进行跨国界兼并的结果。美国Ronstadt研究发现，在他研究的美国公司中，近1/4的海外研究与开发机构的建立最初是兼并活动的间接结果。而Pearce和Singh的研究发现，他们调查的海外研究与开发单位是通过合并与接管活动获得的。Patel注意到，英国大公司的海外部分在1979～1884年和1985～1990年间提供的专利总数增长的60%是由于兼并活动的结果。

20世纪90年代以来，公司之间的跨国兼并风起云涌。1990年跨国购并额为1 510亿美元，2005年已达7 160亿美元，超过10亿美元的大型跨国兼并占很大比重（见表3-3）。跨国购并是目前跨国投资的最主要的形式。国际上大规模的购并活动多集中在金融、保险、电信等服务领域和石油化工、制药、汽车等高新技术密集产业。

表3-3　**1994～2005年价值超过10亿美元的跨边界购并②**

年份	交易数	总数的百分比（%）	价值（10亿美元）	总量的百分比（%）
1994	24	0.7	50.9	40.1

① 联合国贸易与发展会议．2005年世界投资报告．http：//www. unctad. org

② 联合国贸易与发展会议．2006年世界投资报告．http：//www. unctad. org

续表

年份	交易数	总数的百分比（%）	价值（10亿美元）	总量的百分比（%）
1995	36	0.8	80.4	43.1
1996	43	0.9	94.0	41.4
1997	64	1.3	129.2	42.4
1998	86	1.5	329.7	62.0
1999	114	1.6	522.0	68.1
2000	175	2.2	866.2	75.7
2001	113	1.9	378.1	63.7
2002	81	1.8	213.9	57.8
2003	56	1.2	141.1	47.5
2004	75	1.5	199.8	52.5
2005	141	2.3	454.2	63.4

许多国际性的购并，获取技术是其重要的目标。今天，通过并购来获得技术和人才，已逐渐成为高新技术大企业的常规做法。

由于美国在世界科学技术上的领先地位，许多企业都把目光瞄准了美国，使美国高科技公司成为购并中的抢手货。例如，总部设在瑞士的罗氏制药可能是世界上第8大制药集团，2004年其销售额为295亿瑞士法郎（折合230亿美元），净利润为66亿瑞士法郎。罗氏目前之所以有如此骄人的业绩，最重要的原因，就是罗氏于1990年收购并控股了一家位于美国加利福尼亚州的Genentech公司（一家生物技术公司），该公司提供了罗氏很多重要药品。收购Genentech后，罗氏集团对自身业务进行了清理。它将一些外围业务，比如生产香料、芳香剂、维生素和消费药品的Givaudan公司分拆出去。与此同时，罗氏集团还于2001年与日本一家领先生物技术制药集团“中外制药”（Chugai）结成紧密的企业联盟，从而加强了罗氏的核心制药业务（即“罗氏制药”）。此外，罗氏集团还投资建立了一个大规模的诊断产品业务部（即“罗氏诊断”），生产用于确定病人疾病倾向和治疗合适性的设备，销售额约占整个集团的1/4。对Genentech和“中外制药”的收购，正好解释了罗氏如何通过借助生物技术浪潮，超越其传统“大型制药公司”竞争对手。罗氏已经从单纯的化学“小分子”转型为生物“大分子”。生物技术目前占集团收入的近半壁江山。①

发展中国家的跨国公司走向研发全球化的过程中，也利用购并方式。例如，中国的联想集团，2004年底整体并购IBM的PC业务，一跃成为世界上第三大计算机公司。原IBM的1 500余项专利皆归联想所有，加上以前自主拥有的1 000余项专利，联想现已合计拥有2 500项专利。联想最重要的事情是在此基础上持续创新。原IBM位于美国罗利、日本大和的研发中心并入联想集团。整合之后，新联想分别设立了北京研发中心、大和研发中心和罗利研发中心，形成了遍布全球的研发布局。② 再如中国上汽汽车制造有限公司，2004年12月，上汽完成了对英国罗孚核心知识产权的收购后，在英国雷明顿成立了上汽汽车制造有限公司海外（欧洲）研发中心——Ricardo2010。原罗孚研发团队在这里利用最先进的研发手段，在原罗孚知识产权的基础上继续开发着新车型，不同的是，他们现在是在为上汽汽车工作。依靠自己的工程研究院和设在英国的海外（欧洲）研发中心，还有此前收购的韩国“双龙”的技术资源以及与国内17个院校合作建立的产学研工程中心，上汽在自主创新上迈开了坚实的步伐。

第三节　国际研究开发组织的种类与发展趋势

一、国际研发组织的种类

国际研究开发提供了利用竞争优势的机会，但要充分利用这一机会取决于恰当的组织框架，有些跨国公司已经提供了一些经实践检验过的或新的实现这一潜力的解决办法。

---

① 安德鲁·杰克（Andrew Jack）．罗氏制药向医院“直销”．金融时报（英国），2005-05-27

② 戴卫，赵慕兰．再创新实现跨越式发展．经济日报，2006-04-03

瑞士学者 Roman Boutellier Oliver Gassmann Maximilian Von Zedtwitz 在《未来竞争的优势》一书中考察了在全球规模组织研究开发的结构理论和行为理论，在前人研究的基础上，提出了跨国公司的五种研究开发组织。我们认为，新的发展还有虚拟研发网络形式。因此，目前国际研发的组织形式可以分为六种（见表 3-4）。

表 3-4　　六种国际研究开发组织形式①

定　位	组织结构	行为趋向
民族中心式集中研究开发	集中研究开发	国内趋向
地理中心式集中研究开发	集中研究开发	国际外部趋向
多中心式分散化研究开发	高度分散的研究开发，中心较弱	独立的研究开发单位之间竞争
轴心式研究开发模式	分散研究开发，很强的中心	外国研究开发单位的支持性作用
整合式研究开发网络	高度分散的研究开发，若干竞争力中心	国际研究开发单位协同一体化
虚拟研究开发网络	没有固定的组织结构	任务导向

1. 民族中心式集中研究开发

在民族中心式集中研究开发的组织中，所有研究开发活动都集中在本国。民族中心式集中研发的显著特征是缺乏跨国研发合作，人们假定本国在技术上比在其他国家的子公司和从属公司优越。该观点也界定了本国基地同边缘地点不对称的信息和决策结构。中央的研究开发受到保护，公司的“思想库”创造新的产品，这些产品随后在其他地方生产，并在全世界销售。保证公司长久竞争力的核心技术被视为“国宝”，在本国基地受到保护。

① 资料来源：Roman Boutellier Oliver Gassmann Maximilian Von Zedtwitz. 曾忠禄，周建安，朱甫道译．未来竞争的优势．广州：广东科技出版社，2002。本书作者增加了第六种“虚拟研发网络”。

这样做的优点也许是能有效地防止失去对技术转移的控制，另外似乎还可以获得规模和专业化带来的高效率，这是规模收益递增理论在研究开发中的再现。规模收益递增的结果是更低的研究开发成本和更短的开发时间。一个有效的研究开发单位因此需要在资本和人员上达到一定的临界规模。研究开发人员的地理集中、标准化的管理系统和对研究开发远景和价值观的共同认识，促进了信息在研究开发中心的科学家中的传播，并有助于控制研究开发活动。

但是，这一研究开发模式的主要弱点是：缺乏对来自海外市场和外国技术趋势的敏感性；对东道国当地市场需求关注不够，因而可能患有“非本地发明综合症”；对来自其他公司的研究开发成果不够重视；组织结构较为僵化等。跨国公司只有在开发全球产品，不考虑地区市场差异的情况下才应选择这种结构。如果该市场（全球或国内的市场）传统上是从中心地区提供服务的，那么公司就有不同寻常的动力要把研究开发活动设在公司直接经营的区域之外。

2. 地理中心式集中研究开发

随着公司更加依赖外国市场和当地的能力，民族中心的定位便变得不恰当。地理中心集中化模式努力通过多元化和多国籍的人员队伍来克服民族中心主义的国内基地导向的观点，但同时又保留集中化的效率优势。地理中心研发通过同国际伙伴密切交往而克服缺乏市场敏感的问题，这需要通过对研究开发人员的大量投资以增强他们的国际意识。在中心研究开发地点，全世界的外部技术被积累起来，研究开发人员对国际市场的敏感度增加。这可以通过派研究开发人员到海外合作，并同当地的制造商、供应商和主要的顾客交流来实现。国际意识可以通过招聘有跨文化工作经历的外国工程师而进一步加强。

在20世纪90年代早期，日产成功地实施了地理中心模式。在开发针对欧洲市场的宝利（Primera）汽车的过程中，日产在西欧组建了核心项目小组。在日本，这一小组得到了上百名工程师的支持，这些工程师都参观访问过欧洲，对欧洲文化有所了解。宝利是日产在西欧第一个取得重大市场成功的车型。

地理中心的R&D提供了一个既能将R&D国际化，又不放弃地理集中研究的优势的简单方法。这种方法的实施要求国内的研究开发人员调整自己的价值观和行为。为了推动所有员工的国际导向，有必要在高层管理人员中安排一些有跨文化经历和兴趣的人员。

但民族中心或地理中心的组织也存在其自身的缺陷，主要是常常未能考虑关键的地方需求，如地方法规和市场要求等。

3. 多中心式分散化研究开发

20 世纪 70 ~ 80 年代许多欧洲的跨国公司开始以多中心、分散化的模式进行研究开发，此后，多中心、分散化的模式在那些以地区市场为导向的公司中特别普遍。它们的海外研究开发实验室从当地的配送和制造单位发展起来，主要是对产品当地化的要求做出的反应。

这种模式的组织结构特征是，分散的研究开发地点结成联盟，没有负责监管的公司研究开发中心，多中心分散化研发组织通过母公司融合所有研发活动得以实现。多中心、分散化的研究开发组织中的子公司研究开发主任向当地管理层报告工作。这种组织结构的特征是高度自主，在项目早期阶段没有同中心研究开发机构分享信息的动力。保持独立性和国家特征的努力妨碍了跨国的协调，从而导致研究开发活动的重复和公司层次缺乏效率，因为国外的研究开发地点同国内基地之间信息流动有限，对正在进行的研究开发活动的报告经常很迟才到。

因此，这种研发组织必须面对的主要挑战就是如何克服以往各独立自主的研发单位带来的独立性，并最终将其整合为一个更广泛的研发网络。

利用这种研发模式的典型案例是皇家荷兰/壳牌石油公司，该公司每年对分布在全世界的 12 个研究机构的研究开发活动投资达数亿美元之多。

多中心分散化的研究开发方式的好处是，极端的市场导向。但是，由于降低研究开发成本的压力，这种国际研究开发组织形式成为一个“正在死亡的模式”，一些跨国公司正在改变这种研发模式。

例如，全球最大的汽车制造商美国通用汽车公司（General Motors）以前一直允许每个地区分部行使相当大的自主权，使相同零件、甚至相似车辆的开发工作重复进行。但是，公司 2005 年 3 月 1 日宣布，将对其设计和工程部门进行改组。这是该公司削减成本并加快车辆开发努力的一部分，其策略是在全球运营范围共享专业技术和零部件。这家总部位于底特律的公司正竭力使其汽车业务保持在盈利状态，并已将本 10 年的中期利润目标推迟至 2007 年。一位发言人说，虽然通用已在世界各地用相同平台生产某些车辆，但“我们还有很多事情可做”。根据新的结构安排，通用增设了三个承担全球责任的职位。目前负责北美汽车销售的约翰·史密斯（John Smith）将担任负责产品规划的全球副总裁，主管新市场和新车型的长期识别；目前分别主管北美工程和设计的吉姆·奎恩（Jim Queen）和艾德·韦尔本（Ed Welburn），将分别负责全球领域的工程和设计业务。①

4. 轴心式研究开发模式

轴心式研究开发模式有严格的控制中心，从而降低了资源分配不合理和研究开发重复的成本。在大多数技术领域，跨国公司把本国的研究开发中心都建立成处于全世界的领先地位，是所有研究和高级开发活动的主要实验室，海外的研究开发地点的活动仅限于事先规定的技术领域。它们开始时仅充当技术监测点的作用，研究开发中心通过研究开发框架项目和资源分配，严格协调分散化的研究开发活动。这一模式保证技术的有效转移和长期的技术帮助。研究开发中心可以是一个法律实体，拥有所有的技术知识和知识产权。

轴心式研发模式通常体现为中心公司对国际化研发资源做出回应。当分散的研发机构产生并获得所在技术领域的专业技能后，轴心式研发模式就被网络型组织取而代之。

轴心式研发模式的一个关键成功因素是海外研究开发单位的规模：一方面，每一单位必须足够大，以达到临界规模；另一方面，它不能超过一定的限度，否则重复活动的可能性就很大。所有研究开发地点的管理系统都必须兼容，以保证中心和分散的研究开发单位之间密集的信息流能畅通无阻。中心还必须具备足够的能力才能充当技术领袖和有效地协调全球的活动。

轴心式研发模式的优势在于，它能迅速发现当地的需求，保持全球研究开发投入的一体化。通过利用分散的能力和不同的投入，公司的创新能力将得到加强。主要的弱点是协调成本和时间不断增加。中心的指示压制分散的研究开发地点的创造性、积极性和灵活性的危险也大幅增加。

---

① 詹姆斯．麦金托什（James Mackintosh），伯纳德．西蒙（Bernard Simon）．通用汽车整合全球设计运作．金融时报（英国），2005-03-01

5. 整合式研究开发网络

事实上，通过一个主导中心和各边缘单位之间的一系列双边协议来充分利用分散在全世界不同地方的资源，在一个跨国公司内是不可能的。古典的中心——子公司双边关系在一体化的研究开发网络模式中得到重新解释。国内的研究开发不再是控制所有研究开发活动的中心，而是众多互相依赖的研究开发单位中的一个，这些单位通过灵活的、不同类型的协调机制而紧密地联系在一起。研究开发单位都向中心技术公司销售技术，中心技术公司通过收取技术帮助费、专利费和总费用从生产单位获得收入。

雀巢公司是这一研发模式的典型。至 1997 年雀巢的研究开发网络有 15 个研究中心，21 个研究开发单位。它们分布在 10 个国家，年研究开发预算超过 5 亿瑞士法郎。每一研究中心都在某一特定技术领域专业化。对全球活动的协调、合力的发现和利用是由不到 20 个人组成的称做雀巢技术中心的研究开发公司负责。雀巢技术中心在法律上是个独立的实体，它注意技术和专有能力的转移，管理着对全球分散的生产地点的服务。雀巢技术中心是所有雀巢技术的法律拥有者，约 300 个生产地点都同雀巢公司技术中心签订许可证合同，以得到雀巢技术的服务和对雀巢商标的使用权。

同轴心式模式相比，在一体化的研究开发网络中的海外研究开发单位对整个公司都具有战略作用：一个有能力的中心不仅充当其领域的探测器，随时发现可能的变化，而且也应参与战略的制定和业务开发。尽管多中心、分散化的研究开发机构也可能建立当地能力，但只有研究开发网络才能确保它们的技能和知识能为所有研究开发单位的利益而得到充分利用。

一体化的研究开发网络要求公司从简单的控制结构向一系列复杂的协调结构变化，特别是中心研究开发地点的作用从控制中心向具有同等的职责和某些协调领导作用的普通研究开发单位转化。网络伙伴之间灵活的联系和关系使公司能更好地使用现有的能力，实现专业化规模效率，并减少平行开发的风险。多地点的项目为项目导向的资源提供了一个理想的论坛，而其临时特征又保证其灵活性。尽管协调研究开发项目和管理信息流要求严密的控制，但这一控制不是通过一个中央研究开发单位对所有项目的控制，而是每一项目由一个分散的能力中心控制。

目前，许多公司，包括雀巢、飞利浦等，都从多中心、分散化的组织结构向一体化的研究开发网络结构转化，这种转化提高了它们全球研究开发的效率。

6. 虚拟研究开发组织

(1) 虚拟研发组织及特征。

20 世纪 80 年代以来，随着经济全球化、企业经营全球化的发展，企业为了获得全球的竞争力，研究开发也需要分散化，向全球延伸。此外，电信网络的发展，使企业可以通过网络，更加方便地利用分布在全球的外部技术资源。经济全球化、信息技术的进步和管理理念的变革，不断推动着研究与开发组织的发展，促进了新的研究开发组织——虚拟研究与开发组织的出现。

虚拟组织目前尚无统一的定义。戈尔德曼、内格尔和普莱斯把虚拟组织界定为：分散在一个大公司或公司集团下属一些独特经营实体中的具有核心能力的机会主义联盟。还有的定义视虚拟组织为由信息联系起来，共享技术和成本，能利用彼此的资源的临时性网络。在极端的情况下，它没有中央项目办，没有监督组织，没有等级，也没有纵向一体化。①

可以认为，虚拟 R&D 组织知识管理模式是一种借助于最新的计算机网络和通信技术，超越了时间和空间的限制，对组织内外的知识资源进行整合，促进组织的知识的创造和应用的动态知识管理模式。② 其主要特征是：

首先，虚拟 R&D 组织知识管理模式能对多地点、多样化的研发能力进行整合。一方面，任何 R&D 组织，其自身都有资源和能力的特异禀赋，难以具备所有方面的能力，因而有必要利用外部资源来弥补自身不足，通过虚拟 R&D 网络，形成虚拟技术联盟，可以吸收外部技术能力，加强自身的核心技术能力；另一方面，由于近 20 年来

---

① Roman Boutellier Oliver Gassmann Maximilian Von Zedtwitz. 曾忠禄，周建安，朱甫道译．未来竞争的优势．广州：广东科技出版社，2002

② 田中禾，王斌．虚拟 R&D 组织知识管理模式研究．科技进步与对策，2006（4）

全球化趋势的推动，跨国公司的 R&D 活动和资源趋于分散，而虚拟 R&D 网络组织则可以依然保持公司研发能力的整体竞争力，其原因就在于虚拟 R&D 组织通过知识管理模式的实施对各个参与成员（企业或组织）具备的研发能力进行了整合，使参与成员的优势得到互补，真正做到成员的强强联合。

其次，虚拟 R&D 组织的知识管理模式是一个动态系统。由于虚拟 R&D 组织的动态特征，如组织无边界，合作的动态性等，这就决定了虚拟 R&D 创新模式是一个动态系统，能够不断地对参与成员的行为做出实时的反应，对组织创造的新知识进行实时的应用，实现处于变动状态下的知识资源的动态管理和利用。传统 R&D 组织的知识管理模式强调静态的信息技术系统，如数据库或企业内部互联网。尽管只有极少数组织关注知识的创造，却有很多组织强调通过信息系统来使用知识。这两种情况的一个共同点是，都趋向于静止状态，最终要么陷入对既有知识的依赖，要么就依赖于自然的发展。但虚拟 R&D 组织的知识管理模式作为一个动态系统却能极大地促进知识的创造和应用过程，它能使知识利用与知识开发之间保持动态的平衡，促进知识转化的 4 个过程，即社会化（Socialization）、外部化（Externalization）、结合化（Combination，也称为综合化）和内部化（Internalization）中的螺旋式运动。

最后，虚拟 R&D 组织的知识管理模式是一种针对不连续性创新活动的管理模式。虚拟 R&D 组织的知识创新活动是不连续性的创新活动，相对于传统 R&D 组织的连续性知识创新活动，它基于一种新的知识和技术，在一定程度上是对现有市场的替代，更易产生具有突破性的技术，实现所谓的“创造性破坏”。

(2) 虚拟研发组织的典型。

目前，我们可以总结出三种虚拟研发组织。

一是虚拟项目团队①，这方面的例子有日立的欧洲虚拟研究实验室。

组织分散在各地的知识来完成一个重要的项目，有一个主要的两难困境，这就是项目效率与有效利用分散的知识中心的专业知识之间

---

① Roman Boutellier Oliver Gassmann Maximilian Von Zedtwitz. 曾忠禄，周建安，朱甫道译．未来竞争的优势．广州：广东科技出版社，2002

的冲突。为了应付这些挑战，可以组成虚拟项目团队。这些团队分散在几个地方，它们的规模随项目的变化而扩大或缩小，得到现代信息技术的有力支持，可以减少把项目活动集中在一个地方的必要性。但是研发工作需要在研发人员之间建立信任关系、团队精神和转移缄默知识有关的问题，仅仅依靠信息技术解决不了这一问题。这就需要找到一种恰当的方式。虚拟研发队伍被认为是这些问题的解决方案。

日立在欧洲进行的研究开发方式同在美国或日本进行的研究开发方式不一样。由于当时没有主要的地方制造业务存在，日立便积极努力同大学和研究所合作研究。日立首先在剑桥大学和都柏林大学建立了研究中心，然后又在慕尼黑和米兰建立了研究中心，雇用研究人员超过 80 人。行政管理总部设在英国梅登赫德的欧洲研究总部。

1997 年日立建立了被称做日立欧洲通信实验室的虚拟研究实验室，其目标是从事通讯系统的研究和开发网络系统软件。研究在 4 个最适合的区位进行：英国的剑桥、爱尔兰的都柏林、法国的索非亚—安提普勒斯和美国的达拉斯。这些地方的实验室动态地组合和实施研究项目，区位和参加伙伴可根据需要随时变动。该网络包括了都柏林（因为都柏林在多媒体内容软件方面有优势），剑桥大学的通信系统研究中心（因为它在安全方面和未来网络结构方面有优势），而达拉斯的实验室则提供网络设计和网络管理能力。研究的行政管理则留在梅登赫德。

研究工作由这 5 个地方的 10 位科学家进行。各个科学家都通过整体管理得到导引，整体管理能使个人释放出最大的能量和得到最多的自由，同时又确保研究人员理解和执行研究实验室的总目标，知道他们的工作对自己的研究和对其同事的研究的影响。如果产品模块能相对彼此独立地开发出来，自我协调的队伍只需实现模块界面的多边整合就行了。团队的地区经理负责对整个模块开发的控制。指导委员会对整个项目实施监管，它审批和分配项目预算。

二是虚拟研究开发队伍，例如戴姆勒一奔驰的科学网络和虚拟员工。①

---

① Roman Boutellier Oliver Gassmann Maximilian Von Zedtwitz. 曾忠禄，周建安，朱甫道译．未来竞争的优势．广州：广东科技出版社，2002

交通运输设备公司戴姆勒—奔驰建立了一支由国际领先专家构成的国际网络，这些专家为戴姆勒—奔驰的研究和技术工作提供咨询和意见。这一网络的名称叫成员圈小组（CMC），由 20 位来自欧洲、美国、日本和中国各大学知名的微电子、材料科学、信息技术、自动系统、生产、交通系统和环境方面的教授和研究人员组成。

每一成员圈小组的成员由戴姆勒—奔驰的一个研究技术单位的科学代表联络。该代表负责向成员圈小组推荐新的成员，并负责在成员和研究技术之间的人际联系和科学联系。成员圈小组成员除了能得到戴姆勒—奔驰的研究技术资源和联系而外，也能从工作中得到补偿。

在成员圈小组年度会议上，所有成员圈小组的成员和戴姆勒—奔驰研究所的高级代表碰到一起，了解学术界和产业界的新趋势，并彼此建立新的个人或职业联系。成员圈小组的许多正式的协调是由公司的研究与技术部的战略与审计部提供的。该部也为“圈子”的成员选择、资格审查和行政服务提供支持。成员圈小组的成员得到戴姆勒—奔驰的研究与技术部的资助。

除了帮助戴姆勒公司了解新的技术发展以外，成员圈小组成员也联合进行项目研究，并帮助戴姆勒公司从名牌大学招聘具有高潜质的毕业生。成员圈小组是保持学术界和产业界长期关系的一个框架结构，其成员一般在成员圈小组服务三年，并可能延长他们的伙伴关系。

戴姆勒从这一虚拟员工队伍得到的好处是：可以进行技术预测，而且还可以从合作项目和招收第一流的科学家中得到的更多的、更实际的好处。通过适当的组织框架，大学的科学家和研究开发专家能在非正式的环境下合作和交流，成员圈小组成员不受组织边界或研究领域的限制，能够将他们在相关的重要技术领域的见解和经验带到一起。

三是虚拟研发网络，可以宝洁的开放式创新模式为例。

宝洁公司已有 170 年的历史，最初它只是制造湿抹布和洗发精，其总部设在美国俄亥俄州辛辛那提市，与作为新技术温床的加州或麻省相距甚远。宝洁公司由于建立了虚拟研发网络——开放式创新模式，竟意想不到地成为创新旗手。

宝洁的虚拟研发网络经历了从“向内看”到“联系与开发”的

发展。2000年之前，宝洁对公司外的创意一贯闭门拒之，但从2000年起，宝洁集团一直在削减其销售额中的研发开支比例（见表3-5），并将资源集中在少数几个大品牌上。而与此同时，宝洁更重视利用外部的创意，因为现在产品周期越来越短，宝洁估计，近年日用消费品领域中的创新速度翻了一番。依靠企业内部创意的旧模式已经有了极大的局限。

表3-5 **2001～2005年宝洁集团研发开支占净销售额的比例①**

年份	2001	2002	2003	2004	2005
比例	4.51%	3.98%	3.84%	3.51%	3.42%

据宝洁公司估计，全球学术界及工业界约有150万名科学家拥有与宝洁公司相关的专门知识或技术。由此，宝洁认为，研究与开发应改为“联系与开发”，与公司内外的这些科学家联手，群策群力，迸发创意。现在，宝洁公司拥有40名“技术企业家”，他们的工作就是借助复杂的搜索工具查看上亿网页、全球专利数据库和科学文献，以大海捞针的方式，找到宝洁可以利用的重大技术突破。

宝洁公司还在互联网上加入三个科学家网络。一个是NineSigma.com，它将50多万名研究人员联结在一起。宝洁公司可以在上面发帖子，提出技术问题，从世界各地得到各种建议性的解决方案。如果觉得某个方案合适，它就和方案的提出者谈判买下方案的条件，NineSigma从中提成。

第二个网是InnoCentive.com，该网是美国礼来制药公司（Eli Lilly）的下属公司，联结了7万名科学家，他们也为技术问题提供解决方案。

宝洁公司还与礼来公司一起创办YourEncore.com，该网联结的是已经退休的科学家，他们可提供咨询。②

宝洁公司通过开放式的创新，充分利用外部创意，现在约有1/3

① 资料来源：P&G：Balance and Leadership，2005 Annual Report

② 尼尔·巴克利（Neil Buckley）．宝洁外包创新．金融时报（英国），2005-01-20

的产品创意来自外部。伯克利加州大学管理学教授亨利·切斯布洛说："宝洁是最积极采用开放式创新模式的公司之一。"

宝洁公司还重新定义了与供应商之间的关系。过去，宝洁公司好像是把合同扔出墙给它们，现在宝洁公司努力让它们成为宝洁实验室的延伸。

宝洁公司对待知识产权的态度也已发生了非常重大的转变。公司董事长兼首席执行官雷富礼坚称，公司应该始终保留一群由内部人员组成的核心技术队伍来推动创新进程。最重要的是，宝洁不再拒绝外部的创意，而要准备买进外部的创意和技术，同时，公司将自己开发但不能利用的技术出卖或授权给别人。宝洁现在有个部门专门做这些事。①

(3) 虚拟研发组织面临的困难。

虚拟组织知识创新的突破性、不规则性,使虚拟 R&D 组织针对不连续性活动的管理更加困难,面临传统 R&D 组织未曾有过的管理风险。针对不连续性知识创新活动的管理,组织在构建知识管理模式时,需要新的技术和市场知识、需要不同的技术路线和基础设施,需要将不同学科的知识进行融合。虚拟 R&D 的知识管理模式需要进一步改变对 R&D 和创新的管理,将虚拟 R&D 组织的 R&D 与组织的经营环境相融合,实现技术与客户之间的一体化。同时,虚拟 R&D 组织管理模式的运行效果不仅要靠财务指标来评价,还需要用 R&D 活动产生的智力资产和组织获得的在不断变化环境中的学习创新能力来衡量。

开放式的创新模式提出了一些棘手的管理问题：一个具体项目要有什么样的开放程度才合适？知识产权将如何受到保护？要协调一个由合作者组成的大型网络需要什么技巧？不要指望旧式企业研究实验室在不久的将来就会消失。秘密开发的专利产品还会有其价值，但在一个教育程度较高的网络世界中，要管理好创新并非如此简单。

二、国际研究开发组织的发展趋势

研究开发的组织形式不是刻板的，而是经常变化的，其变化呈现

---

① 尼尔·巴克利（Neil Buckley）. 雷富礼. 平静的宝洁再造者. 金融时报（英国），2005-02-02

出五大趋势。

1. 外部导向：研究开发方向向国际市场和知识中心发展

许多集中研究开发的公司以产品当地化的方式开始国际化发展，它们意识到，它们的研究开发过程需要同国际市场的需求（销售和采购）更好地协调。为了将海外创新中心的技能融合进公司，研究开发中心对外部的信息和反馈保持开放。培育对海外市场的敏感性的趋势在汽车工业特别强。我们现在在制药业也可见到这种情形。最近，中国和印度成为全球研发投资的热点就是例证。

2. 建立监测站：建立高度协调的技术跟踪点

公司在全世界具有技术能力的地区建立监测点，利用外国技术和知识基础已成为重要的技术竞争力资源。许多大的日本公司在欧洲建立基本的研究实验室的目的之一，就是为了建立严密控制的研究开发单位网络。这种趋势的一个例子是日立在都柏林建立信息科学研究中心，在剑桥建立微电子研究中心，利用协调一致的研究开发基地产业的合力已成为十分关键的任务。现在许多发展中国家的跨国公司在世界上科研集中的地点也在建立自己的研发设施。

3. 对国外研究开发单位授权：扩大海外研究开发地点的自主性和权力

由于分散的研究开发单位日益增强的能力和技术实力，直到前不久还对研究开发地点施加十分严密的中央控制的公司，现在都给予研究开发地点更多的自主和授权。研究开发单位在研究开发网络中起一种战略作用时（如索尼公司的情况），它们的能力和技术实力会增加。这增加了灵活性并在当地单位培养创造精神。信息自由流动，每一地点都遵循一个预定的研究开发使命。

4. 将分散化的研究开发地点一体化：增强分散的研究开发地点的一体化

公司的发展如果是以兼并、收购和很强的当地研究开发能力为基础的，则常会导致相对自主的研究开发单位的存在。如果它们意识到研究开发活动一体化和相互联系的好处，专门技术能力的中心便形成了，国际研究开发活动协调的机制便建立起来。比如，通用汽车公司为每一部件群体创建了能力中心，如其在汝塞尔舍姆的引擎开发。结果，重复研究开发的情形减少了，一个清晰的技术重点确定了。

5. 新集中化：为改善全球效率，进一步协调研究开发活动，将研究开发活动集中在少数主要中心内进行

在一些真正的全球化公司里，一体化的研究开发网络得到实施，集中目标和降低成本的压力迫使有一体化研究开发网络的公司将重点集中在少数主要研究中心上，并把决策权集中在几个能力中心。这一合并的目标是通过减少平行的研究开发数量，强化网络内部的跨国技术转移，更好地利用规模经济，并协调全球分散的研究开发活动。

如何解释公司的国际研究开发组织中所出现的一体化研究开发网络发展趋势？对此几种新制度经济学中已有讨论，如科斯的产权理论、罗斯的代理原理、威廉姆森的交易成本理论以及各种新的综合理论等。这些理论都有助于解释一体化研究开发网络的趋势。

这些趋势进一步加强了跨国研究开发项目的重要性。它们是解决多地点协调、减少研究开发中的重复活动、实现协同效应的一种宝贵工具。随着新的信息和通信技术的迅速发展，可以预期，协调分散的研究开发活动的成本会进一步降低。对于技术密集的跨国公司而言，知识创造过程对竞争优势的重要性将进一步增加。①

第四节　跨国公司研发全球化的特征

一、产业集中程度明显

在跨国公司研究开发全球化的过程中，并不是所有产业的研发全球化都有相同的程度，研究表明，跨国公司研发全球化主要集中在一些重要的产业。

世界上研发开支最大的公司集中于少数产业，主要是信息技术硬件、汽车、制药和生物技术产业。② 美国国家科学基金会的研究表明，有三个制造业部门在美国公司的海外研发活动中占支配地位：运输设备、计算机和电子产品以及化学和制药业，这也是大多数外国公司在美国研发投资的三个重点产业。这说明在这些产业中有更高程度

---

① Roman Boutellier Oliver Gassmann Maximilian Von Zedtwitz. 曾忠禄，周建安，朱甫道译．未来竞争的优势．广州：广东科技出版社 2002

② 联合国贸易与发展会议．2005 年世界投资报告．http：//www. unctad. org

的研发活动的国际化。① 由此可以看出，研发投资最多的产业，也是研发全球化发展最集中的产业。

联合国贸发会议于 2004 年 11 月到 2005 年 3 月对世界上研发支出最多的一些公司进行了调查，这些公司中的大多数也是世界上最大的跨国公司。调查表明，化学和制药业国际化程度最高。由于联合国贸发会议跨国公司研发调查样本的有限性，有关产业范围内的一些变量只能尝试性地得出一些假设性的结论。就研发来说，化学和制药产业的研发是最为国际化的（见图 3-2）。电子和电器产业的研发国际化水平相对次之，部分原因是日本企业在这一产业中具有强大的地位。有意思的是，信息技术硬件产业研发国际化水平，其海外雇员所占比例比其研发支出所占比例要高出许多，也许这说明了这类跨国公司国外的研发重在降低研发成本（见表 3-6）。与之相反的是汽车产业，也许这说明了汽车业的跨国公司在国外的研发更加着重于寻求市场。②

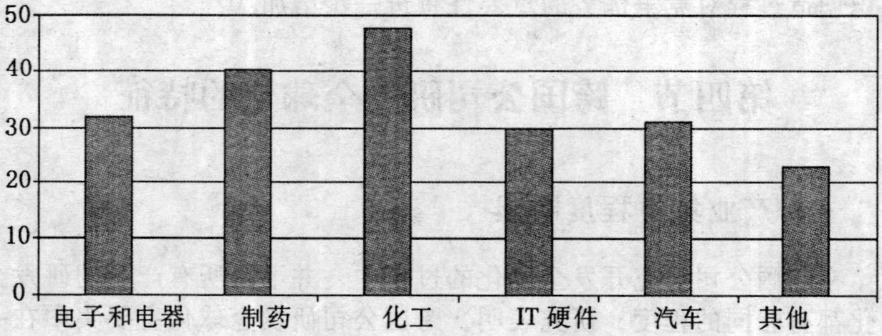

图 3-2　联合国贸发会议调查结果：不同产业国外研发所占比例（%）③

---

① 美国国家科学基金会 . 2006 年科学与工程指标 . http：//www. nsf. gov

② United Nations Conference on Trade and Development：Survey on the Internationalization of R&D：Current Patterns and Prospects on the Internationalization of R&D. http：//www. unctad. org. 2005-12-12

③ United Nations Conference on Trade and Development：Survey on the Internationalization of R&D：Current Patterns and Prospects on the Internationalization of R&D. http：//www. unctad. org. 2005-12-12

表 3-6 联合国贸发会议调查结果：研发国际化的程度＊按产业分类（%）

产业＊＊	总支出内国外支出所占份额	总雇员内国外雇员所占份额
IT 硬件	29.8	37.5
汽车	31.0	23.2
制药/生物技术	40.3	39.5
化工	47.7	45.4
其他	23.1	26.7

注：＊ 以外国研发支出和国外研发雇员为基础。

＊＊ 不可能对国外支出份额与国外雇员份额进行比较，因为有些企业仅仅回答了两个问题中的一个。

二、西欧跨国公司的研发国际化水平最高

跨国公司的研发活动日趋国际化，这一趋势对于所有母国来说都是显而易见的，但它们的起始水平不同。就美国跨国公司而言，其拥有多数股权的外国子公司在这些跨国公司全部研发中所占的份额从1994 年的 11% 增长到了 2002 年的 13%。在 20 世纪 90 年代，德国跨国公司建立的国外研发单位比过去 50 年都多。2003 年，联合国贸易与发展会议调查的企业显示，接受调查的跨国公司在国外支出的研发平均占了研发预算的 28%，包括国外子公司的公司内支出和对公司外的其他国家的研发合同支出，国外的研发人员在总的研发人员中的份额与之相似（见图 3-3）。

在这幅全球研发的图景中，如果考察国外的研发占总研发支出的比率，不同国家的跨国公司的研发国际化程度有较大的不同。日本和韩国的跨国公司国外的研发份额最低（分别是 15% 和 2%），美国跨国公司也低于平均数（24%）。与之形成对照的是，西欧跨国公司有最高的研发国际化水平（平均 41%）。在西欧内部，来自英国和瑞士的公司研发活动国际化程度最高，分别是 66% 和 61%。瑞典跨国公司全部研发中的国外份额在 1995 年到 2003 年期间从 22% 增加到了 43%。①

---

① 联合国贸易与发展会议 . 2005 年世界投资报告. http://www.unctad.org

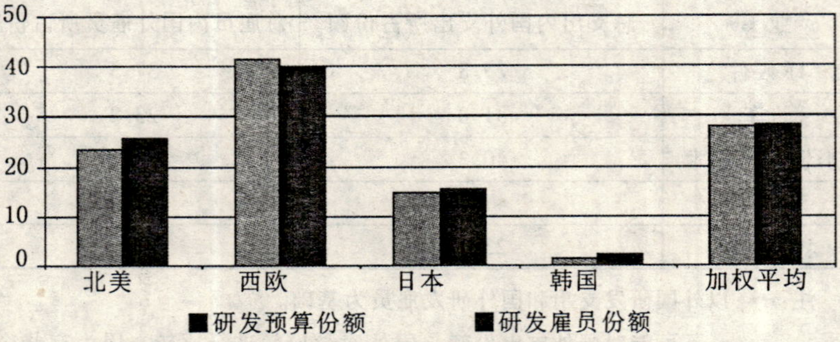

图 3-3　联合国贸发会议调查：各国企业国外研究与开发支出占公司总研发支出的份额（%）①

参与调查的企业在本国之外进行研发的国家（地区）数目的范围在 0～29 之间，平均为 6.3 个国家（地区）。此外，韩国和日本的跨国公司实施研发范围较小（分别是 4.6 个和 2.2 个），美国跨国公司与全球平均数相似（6.0 个），相反，西欧跨国公司所涉及的范围较大，达 7.9 个国家（地区）。

三、研发投资活动正在向发展中国家扩展

跨国公司在海外设立研究开发机构的地点不仅仅是技术先进的发达国家，在一些科技实力较强的发展中国家也设立了众多的科研机构。跨国公司在海外研究机构，尤其是基础技术研究开发机构，大多设在技术处于领先地位的国家和地区，以便试验未曾尝试过的新技术。美国是跨国公司设立科研机构的首选之地。来自日本、英国、德国、法国、瑞士、荷兰、韩国和瑞典等国家的几百家跨国公司，集中在硅谷、洛杉矶、新泽西和北卡罗来纳、波士顿等地的科技园区，它们都设立了自己的科研机构。近些年来，日本也成为跨国公司设立实验机构的热门地区。

但是种种迹象表明，企业研发集中在技术领先的国家的同时，研

① United Nations Conference on Trade and Development: Survey on the Internationalization of R&D: Current Patterns and Prospects on the Internationalization of R&D, http://www. unctad. org. 2005-12-12

发投资也正在出现向发展中国家扩展的趋势，特别是向中国和印度扩展，中国和印度成为全球研发投资的新亮点。据统计，2005 年，在南亚、东亚和东南亚有 315 个新的对外直接投资的 R&D 项目，五分之四是在中国和印度。到 2005 年末，外资在中国设立的研发中心已有 750 个。①

英国经济学家情报社（Economist Intelligence Unit）2004 年的调查显示，中国与印度将作为当今 R&D 热点，可与美国相提并论。另外，麦肯锡公司 2004 年面向跨国企业的高层管理人员进行的调查表明，在欧美企业的高层管理人员中间，作为 R&D 的投资地，印度获得了较高评价，而在亚洲太平洋地区的企业则更青睐中国。也就是说，欧美企业比日本企业更愿意在印度及中国开展尖端的研究开发活动。

四、欧洲对于国际研发投资的吸引力相对下降

欧盟承诺要将其研发投资在 2010 年增加到占国内生产总值 3% 的水平，与美国和日本的水平相当。虽然有些进展，但这方面的进展与欧洲人的希望相距甚远，大多数人已经觉得欧洲 2010 年的目标将会落空。

2005 年的最后一个星期，欧盟国家的领导人在首脑会议上制定了新的欧盟 2007～2013 年的欧盟预算。最初欧盟委员会在其“第七个研究与技术开发计划框架”中，建议欧盟对科学研究工作的资助增加一倍，但这一建议没能得到接受，最后达成的长期预算协议同意到 2013 年使欧盟对研究工作的资助增加 75%。

2005 年版的欧盟产业研究与开发投资排行榜对 1400 家公司进行了分析，700 家公司的注册地在欧盟，另外 700 家公司的注册地在欧盟之外，这 1400 家公司在研发方面投资达 3150 亿欧元。以截至 2005 年 8 月 1 日的数据为基础，排行榜表明，欧盟公司对于研发的投资从上一年下降 2% 转变为上升 0.7%。这表明，欧盟公司准备像它们欧盟之外的竞争者那样投资于研发。世界上研发投资最多的 25 家公司之中，有 9 家是欧盟公司，2005 年，欧盟 700 家最大的公司中，有

① 联合国贸易与发展会议．2006 年世界投资报告．http：//www.unctad.org

45%的公司的研发投资增加了5%以上。但是，差距仍然在扩大。欧盟之外的公司研发投资一年里增长7%，欧盟公司研发投资的增长与之比较，只能算是温和的增长。平均来看，欧盟公司在研发方面的投资所占销售额的比例更小。可以解释这一差异的因素是，产业活动有所不同——在那些研发投资超过销售额5%以上的产业部门里，包括那些研发投资增长最快的部门，欧盟的企业较少。欧盟公司在那些研发占销售比率处于中等水平的产业里较为强大（例如汽车及其零部件产业），而在那些研发占销售比率更高的产业，例如，生物技术、医疗保健和信息技术产业，进入排行榜的欧洲公司较少。个别欧盟企业，例如，德国的戴姆勒—克莱斯勒和芬兰的诺基亚像美国的微软和日本的丰田公司一样在所在行业里取得了巨大成功。

欧洲比其主要竞争对手较少地得益于日益增强的研究与开发的全球化。在1997~2002年，就实际情形而论，欧洲公司在美国的研发支出比美国公司在欧洲的研发支出增加得更快。欧洲公司在美国的研究与开发支出增加了54%，而美国公司在欧洲的研究与开发支出增加了38%。这种发展的结果是，美国在研发方面从欧洲的净所得从1997年的约3亿欧元上升到了约20亿欧元。而且美国近年来对全世界所有重要地区的研发投资都在增长，但增长最快的是在欧盟15国之外，尤其是对于新兴国家如中国的研发投资增长更快。

这样，从20世纪90年代后期起，原欧盟15个成员国在美国总的对外研发投资中的份额就处于下降过程中。这种趋势预期还会继续，直到新的欧盟成员国建立起它们的科学和技术基础设施并对外国投资者开放市场，这种趋势才有可能改变。欧盟委员会认为最近的这种发展令人忧虑，因为它反映了美国的研究与创新体系相对于欧盟来说，对于研究与开发有更大的吸引力，新近进入全球科学和技术体系的新兴经济体的吸引力也在增强。如果没有强有力的措施扭转这一趋势，欧洲就可能进入一种令人忧虑的恶性循环：损失高增加值的研发活动，科研的就业岗位减少，进一步地使欧盟难以从事高增值的研发活动。①

---

① European Commission Research Directorate-eneral: Key Figures 2005 on Science, Technology and Innovation, Towards a European Knowledge Area, 2005-07-19

第四章　跨国公司的技术战略联盟

20世纪80年代以后，市场竞争结构的重大变化之一，就是公司之间业务边界的逐渐消失。这种消失不仅发生在供应链上，更重要的是发生在向顾客提供的最终产品上。原来是竞争对手的企业之间纷纷掀起了合作的浪潮，跨国公司纷纷以各种形式走向联合。在世界经济全球化、一体化的过程中，这种联合成为不可抵挡的潮流，跨国公司战略联盟已成为这种联合的主流模式之一。战略联盟作为一种全新的现代组织形式，已被众多的当代企业家视为企业实现全球战略最迅速、最经济的方法，已成为现代企业提高国际竞争力的有效形式，被称为“20世纪末最重要的组织创新”。

跨国公司的技术战略联盟属于战略联盟中最重要的一类。许多跨国公司与其他公司或机构组成合作开发技术的联盟，这些联盟或是作为对于竞争的反应，或是作为竞争的手段，使竞争在更高层次上展开。全球竞争的态势正对科技开发方式产生重大而直接的影响，企业国际的科技合作开发方式越来越成为一种趋势。这种国际合作型的技术开发目前主要由发达国家的跨国公司进行，既合作又竞争是当代国际科技与国际经济的重要特点之一。

本章首先讨论跨国公司技术战略联盟的定义及其特征，进而研究跨国公司技术战略联盟发展的动因，再研究对于跨国公司技术战略联盟的理论解释，最后分析跨国公司技术战略联盟的发展趋势。

第一节　跨国公司技术战略联盟及其特征

一、跨国公司战略联盟的定义及分类

1. 跨国公司战略联盟的定义

从20世纪80年代起，公司伙伴关系爆炸般增长，从全球性的航空业联盟到小型生物技术研究公司与大型制药公司之间的许可证伙伴

关系，各种联盟不断增长。现在作为公司战略一部分的联盟已经越来越重要，并且越来越复杂。荷兰发表的一项研究表明，2002年世界范围内全部公司收益的35%是联盟的直接结果，而1980年这个数字仅仅是2%。20世纪90年代末网络泡沫的破灭曾使新联盟的形成趋于停滞，而现在建立联盟的企业又在增多，虽然比过去的速度有所放慢，这不论是对工人、对投资者，还是对政策制定者都有重要的意义。① 显然，联盟已经成为公司整体财务的一部分，并且已经成为公司发展的工具。

对于战略联盟的定义，学术界尚无一致公认的定义。

迈克尔·波特认为，跨国战略联盟是企业获得其他国家优势条件的一种机制。联盟是不同国家的企业所许下的长期协定。这类协定超过一般正常的交易活动，但尚未达到合并的程度。联盟的种类很多，合作投资、收付权利金、相互授权、销售协议、供应协议等都是②。

按照这种观点，战略联盟是不同国家的公司之间的长期联合，它超出了正常的市场关系，但又没有达到兼并的地步。依此观点，战略联盟也是公司之间的某种交易方式③（见图4-1）。

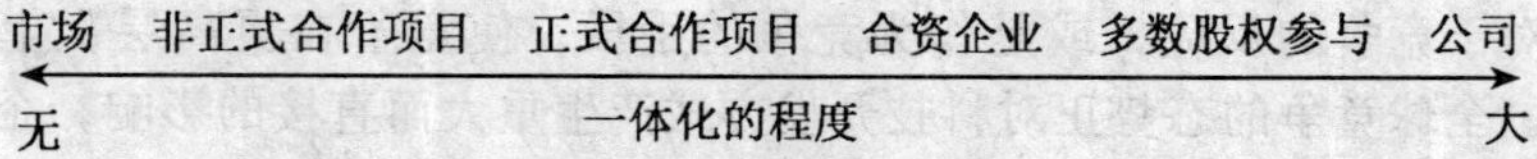

图4-1 战略联盟与公司之间的交易方式

图4-1的右边是公司，它代表生产某一商品（或服务）的所有交易活动都在内部一体化进行的组织形式；左边是市场，这是公司只从事生产某一产品的所有活动中的一部分，其他活动都依靠外部的公司进行。而战略联盟是介于市场和公司之间的所有各种安排。按这种定

---

① Kees Cools and Alexander Roos. After a pause, the return of business alliances. The Christian Science Monitor, 2006-01-30

② 迈克尔·波特著. 李明轩，邱如美译. 国家竞争优势. 北京：华夏出版社，2002

③ 迈克尔·波特著. 夏忠华主译. 竞争优势. 北京：中国财政经济出版社，1988

义，战略联盟的范围十分广泛，包括所有介于市场和企业之间的交易关系。

另外有人提出的定义是：战略联盟是一种组织间或企业间正式的合作关系和合作协议。一般的商业契约通常有一个特定的、短期的目标，契约双方对于达成这个目标有特定的义务，而参与战略联盟的企业或组织通常是为了中长期的战略性目标而进行合作。企业与各种非营利性组织签订合作协议，有合资、购并、授权协议、供应协定、产学研合作的研究中心等各种形态，这些不同模式的跨组织协议通称为战略联盟。战略联盟在信息技术和生物技术等高技术产业尤为重要①。

按上述定义，战略联盟是企业之间的合作，例如两家进行汽车制造的公司之间的合作。

因此可以认为，跨国公司战略联盟（Strategic Alliance of International Enterprises），又称为国际性战略联盟（International Strategic Alliance），是指两个或两个以上的企业（或特定事业和职能部门），跨越国界，为达到共同拥有市场、共同使用资源等战略目标，在保持自身独立性的同时通过各种协议、契约以及股权参与而结成的优势互补、风险共担、要素双向或多向流动的合作伙伴关系（或松散的组织形式）。

20 世纪 80 年代后期以来，全球范围内战略联盟取得了较快的发展，企业之间在各领域以相互参股或联合的方式进行广泛合作。战略联盟这种新型的组织形式已成为跨国公司谋求国际竞争实力，实现全球战略目标的重要工具。

联盟是一种有显著特点的公司控制类型。虽然在许多方面，联盟提出的管理挑战与其他形式的公司控制相类似，但是联盟也有需要特别加以考虑的显著特征。

企业的国际性战略联盟，是由不同国家的两家或两家以上的企业、或一家企业与其他机构在互相需要的基础上建立合作、协作关系，各方互利，分担风险，以达到共同目标。

由此可见，跨国公司战略联盟应包括以下一些主要内容：

---

① 中国科学院．2001 高技术发展报告．北京：科学出版社，2001

（1）跨国公司战略联盟的建立有相对明确的战略目标，双方的合作更多地是出于战略层面上的考虑，也就是说合作的基础是建立在双方未来的“共同愿景”上，而不是仅仅为了谋求眼前的短期或局部利益。

（2）联盟中的跨国公司之间是一种合作伙伴关系，超越一般的交易关系，同时也不存在控制与被控制的隶属关系，双方在密切合作的同时，仍保持各自的独立性和平等地位；一个伙伴的弱点由另一个伙伴的优点弥补；独家企业达到目标将花费太大代价，花费太多时间，或者风险太大。

（3）战略联盟关系的建立和维持主要有两种方式，即股权参与和契约联结。股权参与就是通过相互持股或共同出资建立一家新企业（如合资）等方式，使联盟各方紧密结合在一起；契约联结则是通过签订各种协议来保护各成员企业间的利益或约束彼此的行为。另外，双方虽不一定签署正式协议，但在承诺和信任的基础上通过“默契合约”的方式来维系双方的合作行为，这种方式也可视为契约联结。

（4）联盟跨国公司之间的合作并不一定是全方位的，可能在某些领域进行合作，而在其他领域又进行竞争，即联盟双方的合作在大多数情况下是在有限的领域内进行的。

（5）跨国公司联盟的出发点是为了“双赢”，需要通过合作获取大于各自“独立”或“对立”行动所获取的利益。结合各自的力量才可能达到目标，否则就不能达到目标。

2. 跨国公司战略联盟的分类

跨国公司的战略联盟可以从不同的角度进行分类。

（1）以实现的战略目标划分。

① 战略研究开发（R&D）联盟。主要是集合各自的技术优势，以专项技术为突破口的联合及委托研究，目标在于缩短技术开发周期，分担技术开发成本，共享技术领先优势。

② 战略生产联盟。以行业为依托，集合各自的产品生产优势形成联合制造网络，目标在于集合联盟各方的生产技术优势，降低开辟新的生产线和改装生产线时的风险。

③ 战略营销联盟。主要是有关供应与外部销售方面的协议，目标在于集中联盟各方的市场销售力量，保持市场地位或降低进入新市

场的成本与风险。

其中，研究开发战略联盟是一种普遍的形式，半数以上的战略联盟属于研究开发战略联盟，在高技术行业，特别是信息技术业与生物技术业更是如此。

（2）以战略合作的内容划分。①

① 合资企业型的合作联盟。传统上的竞争者之间共同出力组建的合资企业型的合作联盟，目的是达到关键的大批量的生产，例如，在汽车产业中的共同研究与开发。

② 准购并联盟（M&A-like Alliances）。这类联盟属于竞争者之间的伙伴关系，作为竞争者，一家企业宁愿购并另一家同一产业内的企业，但由于合并的交易遇到法律和管制的障碍或是股票市场上的不利条件的限制而不能完成。例如，多家航空公司之间的联盟——明星（Star）、一个世界（One World）以及天空团队（Sky Team）。由不同的航空公司组成的这三个联盟占了2005年世界航空业旅客运输的约49%。以明星航空联盟（Star Alliance）为例，加入这个联盟的有12家的航空公司，包括了加拿大航空（Air Canada）、新西兰航空（Air New Zealand）、日本ANA（Japan's ANA）、波兰航空（LOT Polish Airlines）、斯堪地那维亚航空（Scandinavian Airlines）、新加坡航空（Singapore Airlines）、联合航空（United）以及美国航空（US Airways）等。这些航空公司通过建立伙伴关系，能够给旅客提供更多的飞行选择，在目的地之间进行更好的连接，使人们更多地乘飞机旅行。这不仅仅使乘飞机旅行者得到实惠，也帮助许多伙伴航空公司越过了对于国际合并的现有的法律管制限制，有助于增加这一产业迫切需要的收入。德国汉莎航空公司（Germany's Lufthansa airline）参与明星联盟后，在1999年和2001年间每年增加了2.5亿美元的利润。②

③ 新商业联盟。一家企业与非竞争者之间建立新商业联盟，目

① 波士顿咨询集团．联盟在公司战略中的作用，2005年11月．http://www.bcg.org

② Kees Cools and Alexander Roos, After a pause, the return of business alliances, The Christian Science Monitor, Jan 30, 2006

的是共同进入一种新的商业活动或新市场。例如，微软和爱立信之间的联盟，目的是创造能够使用互联网的移动电话；再比如日本移动电话公司 NTT DoCoMo 与日本信用卡公司 Sumitomo Mitsui Card 之间的联盟。

④ 专业技术联盟。把非竞争者结合到一起的专业技术联盟，这类联盟希望分享特定的专业技术和能力。例如，一家小型生物研究公司进入一家大型制药企业的许可证安排，以利用其全球销售与营销能力的优势。

以战略合作内容划分的各类联盟如图 4-2 所示。

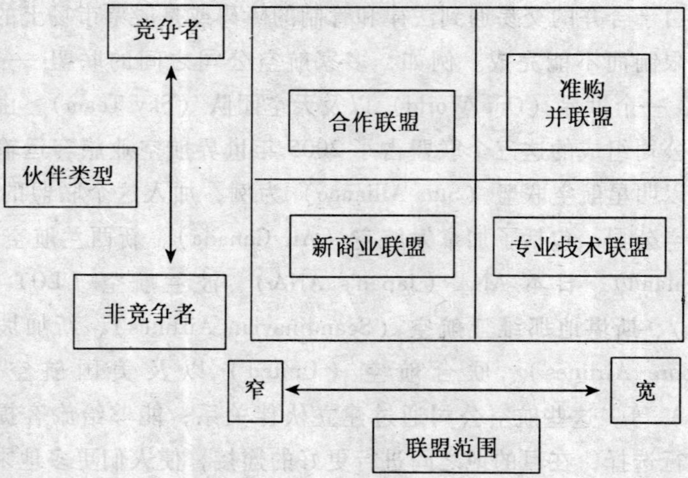

图 4-2　联盟的类型①

二、跨国公司技术战略联盟及其分类、特点

1. 跨国公司技术战略联盟及其分类

跨国公司技术战略联盟，是跨国公司战略联盟的重要形式和主要内容，是战略联盟的参与者基于某个或某几个战略技术目标而进行的

---

① 资料来源：波士顿咨询集团．联盟在公司战略中的作用．2005 年 11 月．http：/www. bcg. org

联盟。

技术联盟可以被定义为，在法律上不同的各方之间涉及研究与开发或技术开发活动的合作或伙伴关系。从理论上讲，技术联盟不同于利用企业外部现有的技术资源，例如专利许可或是合同研发。技术联盟涉及某些共同的研发活动。在实践中，一个技术项目可能涉及广义上的专利授权或合同研发等联系。技术联盟允许企业分担研究与开发成本，共享技术并承担市场风险，优势互补和进一步发展内部能力。

在技术战略联盟的具体操作时，由于技术战略联盟的参与者的合伙关系形式的不同而存在诸多的差异性。各个不同的跨国公司因为各自生产的产品的特点、行业的性质、竞争程度、企业的目标以及自身优势等因素的差异，他们在采取和实施企业之间的技术战略联盟时，其形式也存在着多元性。可以按照几个标准对技术联盟进行分类。

(1) 根据股权参与的差异分类，可以分为股权联盟和非股权联盟。

在股权联盟或者研究型合资企业中，来自不同的商业实体的两个或更多的伙伴有着长期的目标。与之形成对照的是非股权联盟，大多数是合同协议支配着短期目标。具体又可分为以下几种：

① 非正式性的合作。在这一种类型中，跨国公司之间的合作并没有一个具有约束力的协议和规定，而是处于一种非正式性的合作的状态。非正式合作的具体形式比较多，跨国公司之间既可以采取相互访问、交流信息的形式，也可以采取在一定的时间内交换人员的形式来实现公司之间的互动。这种联盟是以公司之间的相互信任为前提和基础的，一般而言，这种合作不会对参与联盟的各个跨国公司自身的市场构成威胁。这种非正式性的合作的延续将是形成正式的协议，以进一步推动跨国公司之间的合作与联盟。

② 契约性协议。在这一种类型中，参与战略联盟的跨国公司以伙伴的角色共同投入力量进行联合，联合进行生产和经营销售等活动。

③ 合资合作。这是目前跨国公司之间较常采用的一种战略合作联盟的方式，它是两个或者两个以上的跨国公司共同出资、共同承担风险并共同分享利润的一种合作方式。

④ 股权参与型。在目前，不少的跨国公司都是在其他的企业中

掌握有一定的股权，这种掌握其他公司股权的行为的战略目的在于确保供应商的能力和建立非正式的工作关系。也就是说，处于战略联盟之中的合作人仍然能够继续以独立的实体来经营，但与此同时，处于战略联盟之中的每一方都能够分享到对方优势所提供的好处。美国的福特汽车公司拥有日本马自达公司25%的股权，其结果是在小型汽车的设计与生产上得到了日本马自达公司的大力支持，而后者也依靠美国的福特汽车公司迅速进入国际市场。

（2）从参与技术战略联盟的成员的角度分类，可以分为私营企业之间的联盟和私营企业与公共机构之间的联盟。

私营企业之间的联盟，仅仅涉及商业伙伴，如供应商、顾客或是竞争者；而私营企业与公共机构之间的联盟则是指公共机构（例如政府实验室或大学）与私营组织之间的联盟。

（3）按长期或短期来进行分类，可以分为长期的技术战略联盟与短期的技术战略联盟。

长期的技术联盟的目标包括学习和能力建设等，而短期的技术联盟的目标则更接近于商业化目的。这些不同的目的，与特定的公司特征和潜在的技术及市场特征等结合在一起。公司的特征包括企业规模、企业已建立的年限、内部的组织、研发能力等，这些因素都会影响战略伙伴的选择和联盟的组织结构。①

不同的技术联盟的重点也有差别，有的联盟涉及一些与创新有关的活动，涉及产业方面的问题，如基础研究或竞争前的研究，还有的涉及标准的制定或者特定公司项目的管制问题等。

2. 跨国公司技术战略联盟的特点

跨国公司技术战略联盟作为跨国公司在全球经营战略的新发展和全球化背景推动下跨国公司合作的新产物，具有自身的特征，突出地表现在以下几个方面：

（1）技术战略联盟可以表现为一种非资本参与型的国际经营方式。

技术战略联盟所形成的并非是一家企业对另一家企业进行控制和支配的纵向从属关系，而是以协商产生的契约或协定为基础的一种合

① 美国国家科学基金会.2006科学与工程指标.http：//www.nsf.gov

作关系。因此，跨国公司的战略联盟并不是强调其在所经营和管理各个方面的相通、相融，而是仅仅重视跨国公司对于某些经营资源的共同的运用，其可以根据公司自身的需求做出不同的选择，可以组成各种不同类型的合作同盟，而不必形成具有法律约束的经营实体。

(2) 合作伙伴拥有特殊竞争优势并愿意与对方分享。

合作的形式是交换技术、聚集资源或其他“软”方式，它拥有一个共同的长期战略，并围绕这一战略目标建立取长补短、优势叠加的合作，但在合作范围以外的市场上仍然有激烈的竞争。

(3) 技术战略联盟以技术联盟为主要内容。

技术联盟的战略目标指向高技术领域。如果说以往跨国公司建立独资企业、合资企业重在防止技术扩散，企图以垄断技术优势获取最大利润，那么，技术战略联盟则是一种积极的保持技术领先的开放做法。跨国公司缔结的技术战略联盟主要是高技术的联盟，因为这些领域的技术进步迅速，技术的专有性很强，科研开发需要大量投资，为了尽快开发出新产品和新技术，占据有利的竞争地位，暂时相互竞争的对手也会变成合作伙伴。

(4) 技术战略联盟以大型跨国公司为主体，形成规模庞大的国际合作网络。

战略联盟的中心和主体是西方大型跨国公司，公司规模越大越能寻求和发现缔结联盟的机会，越能有效地构建合作网络。这是因为：①大公司多样化经营的程度和水平高，具有联盟的广泛基础；②大公司更能解决共同开发及其他合作所需的资本和其他资源；③在国际技术开发联盟占主导地位的情况下，大公司由于生产和研究地点分布广泛，更能发现合作机会。跨国公司广泛结盟，它们之间的竞争有可能缓和，但是，它对未参加联盟的跨国公司却产生重大威胁。

(5) 跨国公司的技术战略联盟充分地表现了跨国公司全球化、国际化、无国界发展的本性。

跨国公司作为面向全球视野的经营者，强调放弃狭隘的民族利益观念，着眼于全球竞争，力图充分利用全球人才、技术、资本和自然资源，占领全球每一个市场，最大限度地获取全球性利润。因此，跨国公司可以落实在世界各地生产、销售和开发网点的布局，形成价值增值链条和经营发展网络。跨国公司把跨国界并购分支机构作为有力的杠杆，有选择、有目的地与海外企业联合，突破国界建立起庞大的产业集团。

企业之间的技术战略联盟与企业之间的购并不同，表 4-2 是一个简单的比较。

表 4-2　　**购并与联盟的比较①**

	购　并	联　盟
协同程度	互相协调	取决于组合模式和程度
控制程度	高	低
	全部所有权控制	灵活与快速的互补
	明确的公司治理	一个或多个伙伴
		从网络效应中获得好处
		文化沟通很重要
资源	“硬”资源，因而容易估价	“软”资源，因而很难估价
	人员、财物等冗余度较高	人员、财物等冗余度较低
	有较大的规模经济潜力	削减成本的潜力不大
风险与不确定性	低	高
		取决于资产组合是否得当
管制	没有巩固障碍	因为法律或管制的原因，合并不可能

第二节　国际技术战略联盟的发展动因

一、技术集成的需要与推动

由于经济全球化的进展，国际分工与技术分工向纵深发展，许多

① 资料来源：波士顿咨询集团．联盟在公司战略中的作用．2005 年 11 月．http：//www. bcg. org

产品成为一种集成的产品。以汽车和飞机等产品为例，富有竞争力的飞机和汽车，其零部件可能是在不同的国家生产的。要生产出一架完整的飞机或一辆完整的汽车，就必须有不同国家的厂商的合作，这就必须建立企业之间的战略联盟。再以当今技术变化最快的信息技术为例，现在企业信息系统的多样化、多元化、异构性越来越显著，一个企业的信息系统中可能包括不同厂商的软件、硬件和应用。一个厂商的产品再丰富，也难以涵盖企业信息系统的各个方面，所以，集成各种异构产品成为企业信息主管们所关心的问题，能够为客户提供集成能力的厂商及其解决方案的企业就能赢得市场。再以具有近百年历史的国际商用机器公司为例，尽管它是信息技术产业中处于领先地位的企业，但它也同样感悟到开发和集成的重要。它的宗旨是：为客户集成硬件，集成软件，集成应用，集成解决方案，进而为客户集成未来。

二、分担研发成本，共享资源

推动跨国公司合作研究与开发的最重要的因素之一是分担成本。经济全球化和科技的迅速进步，使产品和技术迅速更新换代，全球性行业的技术和资金密集性要求新产品开发要有巨额的产品开发费用和固定资产投资，开发新产品的费用迅速攀升，对技术基础的要求也越来越高。在灵活性与创新占主导地位的形势下，完全独立地从事研究和开发会出现很大的问题。任何一个企业都不可能单独承担巨额研究开发成本和开发所有技术，必须寻找技术开发的分担者。

结盟可以实现研究与开发合作，形成成本分担机制，分担巨额的新技术、新产品开发费用，降低本企业负担的开发成本和固定资产投资，建立技术战略联盟因而成为实现技术创新的重要方式。

伴随着科技革命步伐的加快，新技术的研发成本变得越来越高。据估计，开发一架新型民用客机的科研和设计费用约为 10 亿美元；微处理器生产厂的投资通常也要超过 10 亿美元。任何一个企业很难在这样的行业里单枪匹马地发展。摩托罗拉与日本东芝结盟的动机之一便是分担建立微处理器制造厂的高额固定成本开支。

随着技术的日益复杂化和外部环境的变化，新产品的生命周期不断缩短，合作研发缩短了研发时间，降低了研究与开发成本，分散了研究开发的风险。

例如，欧洲汽车业联盟调查的结果显示，世界上著名的汽车厂商近几年开发的环保型汽车，几乎都是通过合作手段降低成本研制成功的。以美国为例，研发费用在不同行业占销售收入的比重分别是：生物工程及制药类企业20%～30%，微电子领域15%～20%，新能源领域10%，航天航空领域20%①。不断增长的高昂的研发费用成为制约企业，尤其是高新技术企业发展的固定成本瓶颈。组建战略联盟有助于各联盟的参与公司分担负担。再例如，作为全球最大的客机生产厂家的波音公司面对西欧的“空中巴士”公司的挑战，决定开发波音777型喷气式客机，而这一项计划需要投资40亿美元。为了能够减轻企业自身所需要支付的高额成本，波音公司与日本的富士、三菱、川崎重工建立了联盟，共同投资开发，各个参与联盟的公司一起分担成本支出，于1995年8月，推出了波音777型喷气客机，达到了预期的目的。

另外，全世界各个地方的资源差异性很大，不同的国家、地区，资源的价格，特别是人力资源的价格存在很大的差异，各个跨国公司组建战略联盟有助于各个公司能够合理地组合利用资源，降低企业支付的生产成本，合作伙伴可集中各自所拥有的资源，在联盟内扩大活动规模并提高学习速度，利用和分享其他成员企业的优势和能力，实现信息共享与资源互补。特别是对那些规模较小的公司来说，技术战略联盟可使他们通过合作更有效地对付竞争对手。消费者越来越倾向于选购按不同爱好设计出来的汽车，而中小公司联合起来最适合进行这样的生产。日本富士通计算机公司经理也曾明确表示，他们的战略目标就是要建立强大的联盟来抗衡国际商用机器公司。而对一些大的企业来说，建立技术战略联盟，同样也是必要的。例如，瑞士雀巢公司和美国通用米勒公司之间达成的战略协议，雀巢公司的某些产品可以在米勒公司的美国生产基地中生产加工，然后成批地运回欧洲，由雀巢公司以雀巢的产品包装在法国、西班牙和葡萄牙销售。这样双方都能够享受对方的资源，共同降低生产的成本，获得丰厚的利润。

① 陈耀．跨国技术与研发战略联盟．学海，2002（1）

三、实现优势要素互补，增强企业竞争力

在传统的企业竞争模式下，企业要采取一切可能的手段，击败竞争对手，把它们逐出市场，竞争对手之间的关系是你死我活，势不两立。在技术日益分散化的今天，已经没有哪个企业能长期实行技术垄断，企业单纯依靠自己的能力已经无法掌握竞争主动权。为此，跨国公司都尽量采用外部技术资源，与其他企业结成战略联盟，使传统的竞争方式发生了根本变化，即企业为保持和提高自身竞争力，与某些竞争对手进行合作，借助与联盟内企业科研人员的相互合作，相互传递技术，加快研究与开发的进程，并积极创造条件实现内外资源的优势相长。特别是近年来，技术突破和重大创新打破原来那种有明确边界的学科划分和产业部门，技术创新越来越依靠学科间和产业间的交流与合作，企业仅靠内部的研究与开发工作很难进行有效竞争。跨国公司通过结盟互相学习，实现联合开发和技术优势互补，大多数成功的战略联盟都是为了实现双方优势要素的互补而签订的平等互利的协议。

例如，拥有奔驰等著名品牌车的德国戴姆勒—克莱斯勒股份公司与日本三菱自动车工业公司结成联盟，以组建一个年产量高达650万辆汽车的全球第三大汽车制造集团，其目的是在亚洲立足，赶超已在亚洲国家捷足先登的两大汽车工业巨头——美国的通用和福特公司，从而使戴姆勒—克莱斯勒公司在亚洲的汽车销售比例大大增加，进而提高其在世界汽车市场上的竞争能力。

再例如，福特公司与马自达公司联盟始于1979年，通过20多年的合作，福特和马自达彼此教会了对方不少“绝活”，福特学到了重要的制造技术，同时，它向马自达提供了发动机废气排放电脑控制系统的技术以及用于测量噪音和振幅的精密计算机程序。在日本汽车市场上，福特汽车是销售最好的外国车，这一点充分说明了双方的合作成果。

实践证明，跨国技术战略联盟有利于优势要素互补，开辟新市场或进入新行业，因而能使企业具有更强的国际市场竞争力。

四、突破贸易壁垒，实现全球竞争战略

由于各国之间贸易摩擦的日益增多以及各国贸易保护主义浪潮的兴起，跨国公司的发展空间和利润空间受到了极大的阻碍，这种制度性的阻碍因素客观上推动了跨国公司组建战略联盟，而且为了追求利润、争取获取更大的发展空间，各个跨国公司自身也意识到只有加入战略联盟才有可能获得更大的市场空间。因此，结成技术战略联盟是克服市场进入壁垒的有效途径。

发达国家之间由贸易摩擦引起的各种商品贸易大战此起彼伏，它们在工业制成品特别是高新技术领域开展了争夺市场的斗争。世界贸易组织要求各国降低工矿业制品关税，农产品关税，并对消除非关税壁垒、出口补助、报复关税等问题做出了具体的规定。但是执行的结果却是：在各国的关税率下降的同时，非关税壁垒大幅度增加。正是由于贸易壁垒，尤其是非关税壁垒，限制密度加大，加上人为因素越来越多，致使跨国公司不得不寻求新的对策。借助跨国合作，进行技术战略联盟，可以使跨国公司左右逢源，贸易条件亦得到极大改善。日本三菱公司与德国戴姆勒—奔驰公司的技术战略联盟便是日本避开贸易壁垒，通向欧洲市场的有效途径。

随着经济全球化的迅速发展，世界各国之间的经贸关系越来越密切，那种单靠公司自身的力量去打通各国经贸关系的做法显然是不经济的。例如，在20世纪80年代中期，摩托罗拉开始进入日本的移动电话市场时，由于日本市场存在大量正式、非正式的贸易壁垒，使得摩托罗拉公司举步维艰。到1987年，它与东芝结盟制造微处理器，并由东芝提供市场营销帮助，此举大大提高了摩托罗拉与日本政府谈判的地位，最终获准进入日本的移动通信市场，成功地克服了日本市场的进入壁垒。与此类似，日本的几家规模较小的汽车公司，如马自达、铃木和五十铃在进入美国市场时都采取了与美国汽车企业联营的办法，来克服进入壁垒。

五、缩短产品创新周期，规避技术风险

近年来，由于技术变革速度日益加快，技术和产品的生命周期迅速缩短，这成为了企业在技术创新过程中不得不思考的一个问题。在

新的技术、新的产品研发过程中，消费者的偏好发生变化，市场不再需要类似的技术、类似的产品；或者竞争对手率先开发出了相似的技术和产品，这些都将会使企业担当巨大的损失。时间上的落后和商业运用过程中的缓慢都将意味着企业不仅难以获得技术垄断带来的高额利润，甚至难以收回投资成本。在这种情况之下，如果能够和竞争对手组成战略联盟共同开发新技术、新产品，不但能够避免直接的相互竞争，也可以节约开发成本，分担开发风险。

任何一个企业都不可能单独长期垄断某种技术，必须寻找“可控制”的技术共享者。一个企业如果单独开发新技术和新产品，就会付出较大的时间成本，因此，为了缩短产品的创新周期，许多公司进入技术战略联盟，技术战略联盟主要在产品生命周期较短的产业出现较多，如在信息技术、生物技术和新材料领域的高科技公司中。

企业跨国界的研究与开发合作的发展在某些情况下是与全球化和分担随之而来的风险的需要并存的。高技术的开发费用已达到天文数字，企业独自承担有太多的风险，迫使企业寻找合作伙伴，以收互补双赢之效，这也是一种新的竞争手段，把非合作伙伴置于竞争劣势。

另外，国际政治经济环境的复杂多变也增加了企业的经营风险，包括政治、金融、技术等各个方面的风险。由几个企业组建战略联盟，“共同投资，共担风险，共享成果”是一条减少重复投资、降低经营风险的有效途径。

六、建立行业技术标准

大企业间的战略联盟不但形成技术垄断优势，而且还形成行业标准，行业标准可以形成较高的准入门槛，从而能够阻止后来者的进入，阻止竞争对手的产生和成长。在一些行业中，谁能首先把产业做起来，谁就成为事实上的标准制定者。标准既是一种技术方案，更是一种产业和经济秩序。标准对内意味着产业链的利益分配，对外则是技术和产业壁垒。本企业的技术标准能否成为行业标准，对企业的竞争成败起着关键性作用。例如，飞利浦与松下结盟，共同制造和销售飞利浦的数字式高密磁盒（DCC），在松下的帮助下，使系统成为新的行业技术标准。与此同时，索尼公司也正在开发高密磁盒技术，并努力使其成为新的行业标准。而这两种技术相互替代，最终只能有一种得以普及，成为全行业的技术标准，另一种必然要被逐出市场，约10亿美元的巨额投资也就化为乌有。因此，飞利浦与松下结盟的战略意义非常重大，大大增强了企业在这场激烈竞争中的地位。

第三节　跨国公司技术战略联盟的理论解释

近年来，西方公司间各种形式的技术战略联盟增长迅速，已成为绝大多数公司主要的扩张手段。技术战略联盟作为一种复杂的组织安排不同于传统企业的管理，它的产生引起了理论界的广泛关注。为什么会形成技术战略联盟？虽然技术战略联盟的形成动因无法从大量现有的理论框架中寻找到满意的解释，但是理论研究者还是努力将已有的各种研究成果与战略联盟联系在一起，希望获得一个较为合理的解释。到目前为止，已有几种理论，如基于资源观的战略管理理论、价值链理论、交易费用理论等从不同的角度来解释形形色色的战略联盟出现的原因。此外，非零和合作博弈、网络利益理论等其他理论也对战略联盟进行了一定的理论解释。这里，我们主要介绍价值链理论、网络理论、交易成本理论、资源依附学说以及战略合作和以知识为基础的网络寡占理论等理论。

一、价值链理论的解释

任何一个企业都是一个包含着研发、设计、生产、销售、运输和管理等活动的综合体。按照美国学者迈克尔·波特（Michael Porter）于1985年提出的“价值链理论”分析，一个企业众多的价值活动中企业所创造的价值实际上是来自于企业价值链上的某一个特定环节的价值活动，即企业创造价值的过程可分解为一系列互不相同但又相互关联的增值活动，其总和构成“价值系统”。企业的价值系统具体包括供应商价值链、生产单位价值链、销售渠道价值链和买方价值链等。价值链由两种价值活动构成，即基本价值活动和辅助价值活动。基本价值活动是指一般意义上的生产经营环节，包括物料储运、生产加工、成品储运、市场营销和售后服务等，这些活动与产品的实体流转直接相关。辅助价值活动包括管理基础工作、人力资源管理、科技管理和采购管理等。“价值链”各环节之间相互联系、相互影响，一个环节的运行质量直接影响着其他环节的成本和效益，各环节对其他环节的影响程度与其在价值链上的位置有很大的关系。①

从国际经营的角度来看，跨国公司的企业技术战略联盟的构建，实际上就是公司将其在国内外的价值增值过程紧密地联结为一体，形成一个全球化的生产经营网络体系，它涉及跨国公司的整个价值链在全球范围内的分解与重塑。在当今世界，没有任何一家企业占据全部的优势，它们都只能在“价值链”的某些环节上拥有优势，而在另外的一些环节上其他企业具有优势。为达到“双赢”的协同效应，各个在价值链上拥有不同价值的增值优势企业，应该在各自的价值链的核心环节基础上开展合作，从而发挥企业的专长，彼此得到互补，在整个价值链上创造更大的价值，求得整体收益的最大化，这是各个跨国公司建立技术战略联盟的源动力。

二、网络理论的解释

网络理论认为，企业具有网络型组织，对于增加企业组织的活力和形成企业之间的价值连锁起着很大的作用。网络理论并不要求形成严格的层级结构，而是将组织的各部分松散地结合起来。这样有利于保持组织的灵活性，能够较好地适应市场因产品和技术周期缩短、竞争激烈所导致的动态发展要求。网络结构在协作群体企业的共同防御和相互配合中发挥重要作用。网络组织既有利于提高各成员企业的自律性，又有利于在相互协调、共同运作的基础上促进彼此的交流，从而不断提高企业对环境、技术和市场急剧变化的适应能力。

威廉姆森在他的企业理论中用不确定性、交易频率、资产专用性解释了经济活动的规则结构。② 他认为在一般的情况下，当这些变量处于较低的水平时，市场是有效的调节手段，企业的出现则是不确定性大、交易频率和资产专业性程度高的结果，处于这两者之间的则是双边、多边和杂交的“中介组织形态”。战略联盟就是这种连接市场与企业的“中介组织形态”，发挥着“组织化市场”的功能，因而较

① 迈克尔·波特著．陈小悦译．竞争战略．北京：华夏出版社，1997

② 奥利弗·E. 威廉姆森著．段毅才，王伟译．资本主义经济制度．北京：商务印书馆，2004

好地体现了信息时代把市场竞争和组织管理关联一体、综合运作的要求。传统的市场机制往往根据竞争者之间的相互关系分配资源，而传统的组织则是根据企业组织管理的目标来配置资源，两者都不能使资源的获取成本降至最低。而战略联盟能发挥乘数效应，通过对战略联盟内部资源进行有效组织，实现要素的共享，从而保证从投入到产出全过程的“节约”。当这种多主体和多组织相结合的战略联盟形式跨越行业界限时，战略联盟的出现有可能改变竞争的性质，产生更为复杂而难以预见的多行业综合竞争，这意味着企业必须从工业化时代的预测系统走向网络化时代的学习系统。

战略联盟作为企业间的网络化系统，其最大着眼点是在经营活动中积极地利用外部规模经济。当企业不能充分利用已积累的经验、技术和人才，或者缺乏这些资源时，可以通过建立战略联盟实现企业间的资源共享，相互弥补资源的不足。战略联盟的建立，一方面可提高本企业资源的使用效率，另一方面又可节约企业在可获得资源方面的新的投入，从而降低企业的进入和退出壁垒，提高企业战略调整的灵活性。

三、交易成本理论的解释

交易成本概念由诺贝尔经济学奖得主科斯教授提出，① 经威廉姆森教授发展成为现代经济学的一个分支——交易成本经济学。交易成本包括寻找贸易伙伴、讨价还价、订立合同、执行交易、监督违约行为并对之制裁等方面的费用支出。这一概念为我们分析战略联盟产生或存在提供了理论依据。

交易成本包括市场搜寻的成本、谈判的成本、拟定合同和监督合同执行的成本，它是市场机制运行的“摩擦力”。在交易成本经济学中，交易成本概念总是和市场失灵联系在一起，即市场中存在不完全竞争、信息不对称、不确定性和机会主义行为等。这些因素的存在，迫使企业试图以内部组织替代外部市场，以行政安排替代市场交易来配置资源，进而提高交易的确定性，降低交易成本。战略联盟具有稳

① 罗纳德·哈里·科斯著．盛洪，陈郁译校．企业、市场与法律．上海：三联书店，1990

定交易关系和便于监督的特点，能够自主地解决市场的内部化问题。尤其在高技术领域和中间产品市场上，为满足高技术领域的保密性要求，克服中间产品市场的不完全，战略联盟是一种理性的选择。

四、资源依赖学说的解释

资源依赖理论与以资源为基础的资源观理论是两种不同的理论。资源依赖理论强调企业要生存，就必须从外部来获得资源，而资源观理论更注重企业的内部资源与能力。资源依赖理论的核心在于企业是处在开放的系统中，它必须通过与外界环境进行交换来获取资源，资源的收购需求造成了组织对其环境组织的依赖性。这些组织可能是供应商、竞争对手、顾客、政府机构以及环境中其他相关的机构。为了能够管理这种依赖性，一方面企业必须获得一些重要资源的控制力来减少对其他组织的依赖性，另一方面要通过获得一些资源的控制权来增加其他组织对企业的依赖性。企业加入战略联盟可以实现上述的目标。一般而言，企业总是存在资源短缺性，企业加入技术战略联盟可以解决资源短缺的问题，从而增强其自身的力量。企业和其他的企业结成联盟，也是为了获得足够的市场力，以打消其他企业的竞争动机，同时还能填补资源的空隙。

用资源依赖理论来解释战略联盟，最常见的是，战略联盟可以利用伙伴的互补性资源。只有当资源是稀缺的，在市场上有价值，不能完全流动，又是不可替代的时，这种资源才能形成持续的竞争优势。战略联盟至少有两条途径实现它，首先，战略联盟能够积聚联盟伙伴的智慧；其次，战略联盟可以把伙伴公司不同寻常的市场威望结合起来，从而创造稀缺的不可流动的资源。这样，它就能够通过独特的资源来形成持续的竞争优势。

五、战略合作和以知识为基础的网络寡占理论解释①

企业总是关注其势均力敌的竞争对手，这在竞争中非常重要。但是，寡占市场理论认为，当企业在多种产品市场上彼此相遇时，研究

① 联合国贸易与发展会议．1999年世界投资报告．北京：中国财政经济出版社，2000

对方战略的机会增加了，串谋的刺激也加强了。以此类推，如果在许多市场上相遇有助于串谋，那么在多种战略合作中会产生类似的后果。目前主要是在美国、欧盟、日本的跨国企业之间形成技术战略联盟。理解这一点是确认全球范围内寡占市场结构新形式的关键因素之一。

确认全球范围内寡占市场结构新形式的第二个关键因素是考察行业界限和行业内部竞争规则变化的性质。传统寡占的形成基于三个相对稳固的支柱：可以识别的少数竞争对手，这些竞争对手主要是国内的其他企业，在这些企业间实行相互依存和相互克制；一组存在寡占竞争的产品或行业；这些产品的技术轨迹。以知识为基础的竞争的全球化，使得识别远距离市场中的潜在竞争对手越来越困难。而更加困难的是在技术迅速变化的时期预见到，由于技术突变或将至今还不相关的一些一般技术结合在一起，从而可能从其他行业产生的竞争者。

数据处理行业的数字化产生了信息技术以及后来的信息和通信技术行业就是这方面的例子。所有的计算机生产厂商最初都是垂直一体化的公司，它们自己生产硬件，拥有产权的操作系统（软件）和半导体。IBM 控制着这一领域，当数字设备公司出售第一台没有捆绑软件的微型计算机时，它打破了这个传统，并为软件制造商出现在这个新的水平细分市场创造了机会。主机替代产品的新的市场缝隙也开放了。在随后 10 年中，半导体制成品成为数据处理行业的第二个水平细分市场。在信息技术行业内部，各种以知识为基础的网络寡占开始形成。它们都具有以下四个主要特点：

（1）它们是以知识为基础的，亦即涉及对新知识的生产和使用以及对新知识发展的控制进行合作。

新的以知识为基础的寡占是动态的，它们试图组织、管理和监控知识的变化，而不是维持现状不变。

（2）它们并不致力于建立静态的规模进入壁垒，而是致力于建立一个行业未来的界限以及技术轨迹和它们内部的竞争标准和规则。

这些规则本身就是动态进入壁垒的来源，在 20 世纪 90 年代这些新的规则包括：

以创新为基础的竞争，伴随着性能—成本曲线的迅速下移；

制造学习曲线同样迅速的下移以保证增加收益，迅速提高产量以降低成本；

产品生命周期缩短，因而要转向快速和灵活推出新产品；

更多地采用并购方式以增加产品种类，保证对基本功能相同的产品品牌的认同，并获得全球各主要市场的市场份额；

更多地采用战略合作以降低为保持创新速度所需的研究与开发的高成本和风险，加快创新进程并建立新兴产业或细分产业部门内部的技术轨迹；

努力维持在以知识为基础的网络寡占中核心企业集团内部的地位，而这种寡占正在日益塑造该行业的未来。

（3）他们由企业网络构成而不是由单个企业构成，因而联盟成为全球寡占的基本结构和组成部分。

（4）在组织方面，新的寡占是在行业分支内部或跨行业分支部门形成的，有时则二者兼而有之。

新寡占不断变动并重新进行构造，当新企业带来的资产对网络具有互补性时，则将其吸收进来，而那些资源不再重要的企业，则被淘汰出去。电气和信息技术行业是说明传统寡占和以知识为基础的网络寡占之间区别的典型（见表 4-3）。

传统寡占和以知识为基础的网络寡占之间的比较：

表 4-3　　**电力行业和信息技术行业①**

	传统寡占	以知识为基础的网络寡占
基　础	规　模	知　识
竞争基础	成本和国内及全球的市场份额。	全球范围的不断创新，尽管行业内各部门和比较封闭的国内市场可能存在更多的传统寡头垄断竞争。

① 联合国贸易与发展会议．1999 年世界投资报告．北京：中国财政经济出版社，2000

续表

	传统寡占	以知识为基础的网络寡占
管理基础	能管理包含在专利中的能力存量，这种存量是根据公司在寡头垄断中的地位积累和分配的。	能通过利用新知识、合作研发、生产和销售等诸多方法控制知识的流动。
管理方法	协商安排，包括“技术卡特尔”领导企业间的交叉许可，通过合作项目的专利共享，在地理上瓜分市场。专利共享使领导企业迫使被许可人购买整个专利，这样就形成了阻止进入的成本壁垒，确保垄断企业可以选择被许可人，并在专利的使用上强加一些限制性条款，通过法律制度保证这些企业不再为获得更优惠的专利使用条件而寻找其他技术来源，因此减少了被许可人成为未来竞争对手的可能性。	正式和非正式的安排，包括合作研究，设置进入的研究屏障，协调行业内的多样化布局，确定将会影响新产品标准的研发方向，选择商业化的时机和市场出售价格。例如竞争者之间的合作研发可以将未来的竞争对手排除在外，而与使用者合作研发可以锁定未来的大客户，与垂直一体化一样能有效地垄断上游或下游市场。另外，在未来的机会和技术变化的限制方面，实行技术封锁，福利效应将是巨大的。

20世纪90年代半导体行业中出现的以知识为基础的网络寡占的特点是：合作伙伴遍及全球并利用并购和战略技术合作予以加强。

对传统寡占企业和潜在的新加入者来说，电信、信息技术和传媒行业界限的模糊，使得辨认竞争对手和相关的竞争市场产生了新的困难。在此过程中，战略合作在建立竞争性的以知识为基础的企业网络方面起了决定性的作用，这些企业网络跨越了以前并不相同的行业，并使它们自己定位于这些竞争性的市场。在这些网络各自的内部，较大的企业正试图通过制定标准、选择核心技术、建立其内部的新竞争规则来确立新市场的界限。

与信息和通信技术行业相反，汽车行业的界限仍是相对稳定的，并已从国内扩展到全球。但是，该行业内部竞争性质的变化正在加速两个主要水平专业部门，即汽车部件和组装部门的集中步伐，并创造了二者之间新的合作方式。这些变化已为新的汽车部件系统整合，厂家进入世界各主要市场发展出进攻性的市场进入战略，加强了该行业的全球化，并改变了该行业内部的竞争环境。

汽车行业的竞争规则与上述信息技术行业几乎平行发展。竞争日益以创新为基础，通过不断的创新以及使汽车组装企业能够将自己定位于各种最终市场产品的并购，来实现产品的差异化。在20世纪90年代，为了分担设计主要部件和子系统的风险与成本，与优先的“第一级”供应商形成了战略合作。由于减少了供应商和各种零部件的数量，这些战略合作加快了新产品设计的速度。共享平台、模块化生产、全球范围的长期合作以及将第一级供应商纳入自己的组装厂，都进一步降低了成本和与不断变化的进程相联系的不确定性。

汽车行业在模块化生产和购买数量中隐含着规模壁垒，由于将设计转移给汽车部件生产商又产生了知识壁垒以及它们与汽车组装企业签署的长期性和全球性合同，正在成为潜在的新来者难以逾越的壁垒，并且也成为世界各国当地的独立供应商继续生存所难以克服的障碍。

第四节　跨国公司技术战略联盟的发展趋势

战略联盟起源于日本企业界成立合资企业的热潮中，但真正大规模的兴起是在美国，美国的企业运用战略联盟最多，目前美国企业运用战略联盟处于领先水平。20世纪60年代的企业联盟主要是一些生产型联盟，20世纪80年代以后，技术合作成为一种潮流，许多企业开始缔结知识联盟，技术知识的相互学习成为加强战略联盟的首要动机。20世纪90年代以来的战略联盟则主要是技术和学习型联盟，而与供应商和经销商的合作则更多的是企业网络化成长的表现，它是企业适应全球竞争和网络经济环境挑战而做出的战略反应。当今企业已将寻找战略合作伙伴视为寻求生存与持续发展必不可少的手段，企业之间纷纷建立广泛的战略联盟已变成一股不可抗拒的潮流。

当今企业的竞争模式已逐渐从过去单纯的追求生产效率和低成本而转向灵活性（适应当地的、多样化的迅速变动的需求）、效率（规模与成本）以及知识学习（创新），企业要求同时在这几方面具有竞争优势并非是一件容易的事。要在这相互冲突的目标之间求得平衡或有重点的发展，企业的组织结构与战略行为都面临着挑战，战略联盟可能是解决这一挑战性任务的一种好的解决方法。而当愈来愈多的企业走向联盟时，孤立而行的企业往往将面临被遗弃的命运。21 世纪将是一个全球企业联盟的时代，我们必须以新的眼光看待市场、竞争、产业发展以及民族经济。

在 90 年代中后期，随着世界经济一体化程度的进一步加剧，以及科学知识的迅猛发展和互联网的广泛运用，跨国公司战略联盟又有了新的发展。

一、企业技术战略联盟发展的趋势

1. 企业更多地使用技术战略联盟

自从 20 世纪 80 年代以来，研发国际化不断增长，反映在指标上则是国际合作安排的扩大，例如，在研发方面的战略联盟，公司更多地寻求通过合作的努力，进行研发活动，这可由来自 MERIT/CATI 数据库（MERIT/CATI database）的信息所证明①，其中包括了 1960～1998 年这一时期由3 500家母公司所组成的近10 000个技术战略联盟的数据。这一时期起初是稳定的增长，但自 1980 年以来开始加速。虽然研发方面的合作活动不是新的做法，但它已经不可避免地发展成为具有直接战略的目的。

同一时期，非股权（合同式）伙伴的相对份额在战略联盟总体中有了相当多的增加。在地理上，首先是北美内部的伙伴关系在战略联盟中占大多数，其次是欧盟—北美和欧盟内部的联盟。

而 1991～2001 年的数据表明，新的国际技术联盟增加了近一倍，从 339 个增加到了 602 个，在联盟内部，非股权的联盟在数量上更加

---

① 联合国贸易与发展会议．2005 年世界投资报告．http：//www.unctad.org

占有优势。实际上，非股权的联盟从1991年的265个增加到了2001年的545个（也就是说超过了联盟总数的90%）。以股权为基础的联盟从74个下降到了57个。美国企业继续参与大多数战略联盟，虽然它们在这类联盟中的总的份额从1991年的80%下降到了2001年的73%，但同时，北美、欧洲和日本以外的地区的企业参与的联盟从4%增加到了14%。

2. 企业由产品联盟发展为知识联盟

早期的联盟主要围绕产品进行，所以常称为产品联盟，其目的在于降低投资费用和投资风险。通常情况是，某个企业与一个较小的有产品或生产设想却没有足够资金投资的小公司一起共同承担投资费用或组建一个较大的公司以筹措足够的资金开展投资。特别在产品风险较大、收益不确定时，产品联盟就会出现。所以早期的联盟更多地存在于石油勘探、天然气开采以及化工等领域。如菲利普石油公司与美国国家蒸馏公司在聚丙烯生产方面的合作，海湾石油公司与固得里奇橡胶公司为了生产S形橡胶而进行的联营等。

随着市场竞争的激烈，便于减少未来竞争的威胁而通过结盟将潜在的对手纳入部下或防止合作伙伴的资源被竞争对手利用，推动了产品联盟的进一步发展。飞利浦公司就是通过与松下公司的联盟开发数字卡带，既利用松下公司的全球销售专长销售其产品，又消除了其与索尼公司联合开发数字卡带替代品的可能。通过产品联盟不仅可以减少竞争对手，而且可以拓宽市场。

总体来说，产品联盟比较单纯，参与者都不太关注学习的能力或者产品的突破。相比较而言，得到产品或广泛销售现存产品是联盟各方所追求的重要目标。

20世纪80年代以来，信息革命揭开了跨国公司战略联盟的新篇章。由于科学技术的迅猛发展，产品的技术化程度越来越高，复杂化倾向也愈加突出，同时全球性资源短缺现象也越来越明显，因而此时的联盟更多地表现为以技术开发和成果共享为特征的知识联盟，突出从战略上保持、更新或创建新的核心能力。

此后，知识联盟发展迅速，从产品联盟转向以技术合作和能力创造为目标的知识联盟，成为战略联盟的一大趋势。在近20年里，许多公司通过知识的联盟，获得了竞争力。如IBM通过与世界百余个在特殊领域里具有专长的公司结成知识联盟，使自己获得了对方所具有的技术和能力，并逐渐由传统的计算机主机供应商转化为现代国际信息技术服务提供商。①

3. 战略联盟日益向某些产业和地区集中

近 20 年来，伴随着全球经济一体化的发展与技术进步的加快，跨国战略联盟在数量上增加迅猛，国际战略联盟涉及的领域非常广泛，包括汽车业、航空业、信息业、采矿业、建筑业、家电业、金融业、文化业等诸多行业。但同时，又有明显的产业倾向，向行业与地区的集中也越发引人关注。根据英国学者 1997 年的统计，1970～1988 年间的3 946个战略联盟中 40% 集中于信息技术产业，20% 在生物制品领域，10% 集中于新材料与化工领域，只有 20% 居于制造业。联合国贸发会的统计也表明，1980～1996 年，在技术密集领域共建立了8 260个战略联盟，大多数都集中于信息、制药、生物工程和汽车等产业。另据有关资料显示，1980～1994 年期间，美、日、欧在信息技术产业的联盟高达2 800多家，生物工程领域的技术联盟占 560 多家。

美国的研究表明，20 世纪 90 年代，信息技术在联盟活动中处于支配地位。在 1990～2001 年，大多数联盟都以信息技术作为主要的焦点。但是，生物技术联盟在近 10 年里稳步增加。从 2000 年开始，生物技术联盟的数量已超过信息技术联盟。现在，信息技术与生物技术结合的新的技术联盟开始增多。②

在这样一些行业，企业的竞争是高度的全球竞争，竞争实力在很大程度上取决于进行大规模集中研究开发并向全球出口标准产品的能力。由于许多企业只在某些技术方面有独到的优势，在某些市场上有独特的营销能力，因而它们有与其他企业合作、充分发挥技术优势、扩展营销市场的内在动力。

不仅向行业的集中表现明显，而且向地区的集中也同样引人关

---

① 陈建南．经济全球化中跨国公司战略联盟的新趋势及启示．世界经济，2001（10）

② 美国科学委员会．2006 科学与工程指标．http：//www.nsf.gov. 参见本书第六章，美国的国际研究与开发

注。大多数联盟是由所谓的“三大地区”（Triad Regions）即美国、西欧、日本的研究与开发伙伴拥有，或有三大区的研发伙伴参加。

4. 既竞争又合作的强强联盟逐渐增多

传统的战略联盟常常是在强、弱公司之间的合作，其目的主要是具有强大实力的跨国公司利用弱势企业已有的销售渠道或资源优势，扩大市场份额。产品联盟作为减少资本投资和进入新市场时降低风险的手段，更多体现为强弱互补型。20 世纪 80 年代以后，技术变革的加速以及全球市场竞争的迅速增强改变了伙伴实力的对比关系。新的联盟伙伴大多实力较强，彼此之间在联盟领域内进行合作，但在协议之外的领域以及公司活动整体态势仍保持着竞争对手的关系。例如，IBM 在 20 世纪 80 年代的联盟比较接近产品联盟，而到了 20 世纪 90 年代，IBM 追求更高层次的联盟形式，它与西门子公司的结盟就是一个强强联盟的范例，在联盟内部双方都集中于知识和技术的创新，并在设计、制造以及电脑晶片测试方面获得与共享新的技术。但在开发芯片之外，双方仍然保持竞争对手的关系。

5. 战略联盟由联盟链发展为联盟网络

跨国公司战略联盟的另一变化趋势是联盟网络的出现。所谓联盟网络，指联盟各方围绕在具有主导影响力的某一方（联盟中心）周围，根据各自的核心专长，以及所处研发或生产的不同环节而形成的距离不等、错综复杂的网络。联盟伙伴不仅包括了跨国公司，同时也包括了大学、研究机构，甚至企业工会等。联盟的目标指向不再局限于单一产品或产品系列，而更多地集中于知识的创造。通过联盟网络分享信息、实现能力互补、提供战略柔性，促进知识的创造是联盟网络的特征。联盟网络在信息、生物工程、航空航天、运输工具等产业十分常见。像福特、东芝、飞利浦、丰田、日产、三菱这样的公司都属于紧密交织的网络联盟的中心。如三菱和克莱斯勒有着长期的合作关系，同样，同马自达有密切关系的福特公司也同大众和日产等公司进行合作。

随着全球竞争的加剧，竞争不仅发生在公司之间，也经常发生在不同的联盟之间，从而促使相当比例的战略联盟通过一定方式（如相互持股）凝聚到一起构成联盟网络。目前，几乎每一家大型的跨国公司都在自己的周围积聚了一大批合作伙伴。

当今企业之间的合作已不再限于传统的两个公司之间的结盟，而是由双边关系发展到多边关系，形成一种新的竞争方式——网络联盟。网络联盟是由几家或十几家公司为达到某一共同目标而组成的虚拟集团。

但是，联盟网络的出现并未改变跨国公司之间在联盟之外的竞争本质。相反，由于发展目标的日益复杂以及取得支配地位战略企图的存在，使这种竞争—合作的伙伴关系从本质上看是不稳定的。而且联盟的日益复杂化也增加了管理成本，因而真实的联盟正在向“虚拟联盟”发展。

6. 虚拟 R&D 战略联盟逐渐兴起①

研发战略联盟和网络关系的建立，是 R&D 全球化进程的重要环节和标志。但由于发展目标的日益复杂化以及取得支配地位战略企图的存在，跨国公司之间的研发合作关系从本质上看是松散的，因而不能适应日益激烈的新经济竞争的需求，而且 R&D 战略联盟的日益复杂化也增加了管理成本和风险。因此目前的趋势是，真实的 R&D 战略联盟正向虚拟 R&D 战略联盟发展，成为一种新的研发组织模式。

“虚拟联盟”是指不涉及所有权的、没有法律约束力的、彼此相互依存的“联盟”关系。因此，虚拟联盟中合作各方的伙伴关系不再是权宜之计，而是追求长期的合作与发展。

虚拟联盟的维系更多是靠对行业法制、法规的塑造，对知识产权的控制以及对产品或技术标准的掌握实现的，通过“软约束”协调联盟各方的产品和服务。由于联盟各方的利益通常是互不相容的，一个公司若能组建并领导以相同或相关产品为目标的企业联盟，就能在将来占有支配地位，就能获利。比尔·盖茨的微软以 Windows 控制着操作系统标准，使同类厂家必须唯其“马首是瞻”，因而形成了以其为中心的虚拟联盟。

例如，在德国、奥地利和瑞士接壤的莱茵河—博登湖地区，由来自三国的 11 家机构设备制造公司发起，在虚拟企业的框架下建立了一个虚拟 R&D 战略联盟网络（同时还包括设计、生产和销售等）。

---

① 沈玉芳，张浩，张之超．外商投资 R&D 中心建设——区域政策环境和管理机制研究．北京：机械工业出版社，2004

该网络到目前为止已发展到近100个成员，主要是机械制造企业。①按照战略联盟组建规则，该虚拟R&D战略联盟应满足三个条件：能积极参与产品创新和开发工作；拥有的开发能力、生产技术等是对网络的有益补充；支付1万瑞士法郎的入网费。

与此相类似的还有，许多软件开发商都基于Windows平台开发其他软件，而微软公司也通过这些基于Windows的软件确立其操作系统的垄断地位。

虚拟R&D战略联盟的意义在于，它让企业将注意力和精力集中于各自的核心技术和独特优势，并将其提供给联盟网络，形成结构合理的联盟系统，增强组合竞争能力。虚拟R&D战略联盟的建立是基于共同的利益和信任，而不只是法律制度，其主要目标是捕捉市场机会，通过“软约束”及“核心R&D能力”实现联盟各方的利益。从理论和实践上看，虚拟R&D战略联盟彻底改变了原有研发组织的概念、界限和形式，带来了研发组织的一场大变革。

与传统研发组织相比，虚拟研发战略联盟具有以下特点：

(1) 它从组织结构上突破了地域和空间的限制，从而可以跨行业跨地域地引入外部资源。在虚拟研发战略联盟中，通过研究开发组与市场任务组的交互作业，一方面可以不断改进产品的工艺及性能，另一方面可以扩大产品的市场存在空间。

(2) 由于市场的牵引力作用，虚拟研发战略联盟将进一步缩短研究与开发周期，加快产品的商品化步伐。虚拟研发战略联盟与传统的合作课题组工作方式有些相似，但比传统的课题组更加紧密，并具备类似研究的功能。

(3) 虚拟研发战略联盟不是临时性集体，而是根据共同的信任和对研究目标的共识，通过共享知识和研究条件，真正达到有限资源的优化组合，以生产高水平的研究成果和成果推广为目标的长期联盟。所以，虚拟研发战略联盟，这种R&D新模式是一种组织创新，是高新技术产业发展的必然要求和趋势。它在资金来源、人才、技术和市场保证以及管理效率上都具有比较明显的优势，并能在产品研究

---

① 方世建，郭志军．虚拟研发组织．高新技术R&D的新模式．科学管理研究，2000 (8)

与开发中降低研发风险，缩短开发周期，降低研发费用，提高研发效率。组建虚拟研发战略联盟进行联合研发，是高新技术企业谋求发展的现实，是未来 R&D 全球化的主要趋势。

值得指出的是，上述各种趋势并非意味着时间上的前后更迭或后者对前者的必然替代。相反它们可能在同一时点的不同联盟中同时存在，只不过表现侧重不同而已。

二、参与技术战略联盟可能出现的问题

西方跨国公司战略联盟大多集中于高新技术领域，其核心在于对创造性资产的追求，寻求全球增值链中技术资源和市场资源的最佳配置，建立在相关领域的垄断等。但是企业参与战略联盟可能会产生一些问题。

1. 联盟各方目标上的差异

国际联盟是两个或两个以上不同国别的企业或公司围绕着共同的战略目标建立相互补充、相互发展的合作关系，但在合作过程中，相互利益目标发生矛盾屡见不鲜，一些动机和利益上的矛盾，必然会削弱其生命力。

2. 技术优势的消失

一个跨国公司与其他跨国公司在国际竞争中结成联盟，是因为联盟一方拥有技术优势，而另一方想获取技术，处于劣势的企业掌握了生产诀窍，可能脱离联合体而单独经营，以获取更大利益。

3. 不平等结盟

在中小企业与大企业结成的联盟中，中小企业由于资本、技术的实力无法与大企业相比，如果联盟组织不能正确处理它们力量之间的关系，那么，中小企业无形之中受制于大企业，这种不和谐、对立的状况最终会导致战略联盟的解体。如何在参与战略联盟的同时，避免对于跨国公司的依附，是我们必须面对和处理的重大问题。

当今世界一些联盟在解体，但另外一些联盟正在产生。战略联盟作为企业的一种竞争战略，有利也有弊。企业想通过结盟来增强自身的竞争实力，就要注意发挥结盟带来的各种有利因素，限制结盟可能造成的种种弊端，趋利避害，扬长避短。

第五章　R&D全球化的效应、影响和前景

技术的研究和开发、扩散和利用，正越来越多地在全球范围内进行，更加具有“全球的”特征，旨在获取技术的投资、技术贸易的形式和包含这种技术的投资、对于技术的利用也更加具有全球性，这说明世界许多国家科技发展同步性的增强。这种你中有我、我中有你、互相依赖、共同发展的局面对于世界科技和世界经济的未来必将产生深远的影响。虽然这种合作趋势并没有消除国际竞争，但确实是在加强国际之间的科学技术与经济的联系。这反过来对于国家创新体系的形成、形式和特征又产生深远的影响，也深刻地影响当地的增长前景。

第一节　R&D全球化的效应

一、“飞镖效应”还是“喷泉效应”

在经济全球化的环境下，经济的发展与技术进步，必然伴随着各国产业的升级换代和全球产业分工格局的重新排列与组合。在这一过程中，科学技术的不断发展和国际经济的比较利益是关键的因素。发达国家不断发展高新技术产业，逐步淘汰劳动密集型产业，把劳动密集型产业转移到工业化比其落后、工资较低的地区，使其自身的产业升级换代，不断优化产业结构。这样，随着国际技术的转移就形成了国际经济比较利益的变化和国际产业的重新配置。

在经济全球化、R&D全球化、国际经济技术合作取得积极进展的同时，有一股暗流不利于国际合作，那就是所谓的“飞镖效应”论。这种理论所称的技术转让上的“飞镖效应”，是指技术拥有者将技术转让给他人后会产生一种自身反受其害（即技术引进者反过来

向原技术提供者出口技术和商品并成为技术转让者的竞争对手）的现象。按照这种理论，发达国家向发展中国家转让技术、进行R&D投资，会造成发达国家技术优势的失去。

我们认为，“飞镖效应”的理论乃是一种陈旧的狭隘的国家至上主义观点，它对当今世界经济全球化、区域集团化的趋势视而不见，过分夸大了发展中国家经济增长对于发达国家经济可能产生的消极影响，而没有看到发展中国家经济增长给周围国家甚至世界各国带来的积极作用。

害怕“飞镖效应”是不必要的。人类社会总是不断向前发展，当今世界，后进国家学习先进国家的技术，使自身产业技术升级，促进经济发展，这种现象是先进国牵引后进国发展。发展中国家经济发展、国民收入增加，至少会带来扩大世界市场的好处，它将有利于美国和日本等发达国家的商品出口，这是显而易见的。后进国家学习先进的技术，制造出较新商品推向世界市场，甚至进入（逆向出口）先进国市场，同先进国的“夕阳商品”进行竞争，促使先进国开发新产品。这一现象可称之为后进国迫使和推动先进国向前发展。

上述先进国家和后进国家产业技术不断开发和转移的过程，是地球村（或某一地区）各国经济相互牵引与推动的良性循环发展过程。从这里我们可以得出结论：应将“飞镖效应”看做后浪推前浪的动力，是国际社会发展的积极因素之一。因此，害怕“飞镖效应”是不必要的。

韩国经济学家，日本东京大学教授金泳镐对国家间的技术转移与开发，提出了“喷泉效应”理论。他认为先进国家将本国的“夕阳技术”转移到后进国，更有利于自己研究开发新技术，因为先进国家在技术转移的同时，向后进国家出口有关技术设备和中间产品，扩大出口，把扩大出口的盈利用于研究开发新产品。而后进国家通过发展本国经济，也逐渐扩大自身的研究与开发。这就促进了世界各国的科技研究与开发。这种研究开发会使新技术像喷泉一样源源不断地涌现出来，可称为“喷泉效应”。①

我们认为，对于每个国家来说，融入世界经济总是意味着在商品

---

① 沈圣英．东北亚区域经济合作．北京：中国对外经济贸易出版社，1994

供应和商品需求方面日益紧密地结合在一起。一个迅速成长的发展中国家不仅会增加出口，而且也会增加进口。例如，日本在其经济崛起的过程中就成为西方国家产品的重要的进口国。从长远观点看，无法设想一个国家会长期抑制自己的进口增长，在市场上排除外国竞争。更加可能的情况是，这个国家的消费者由于福利的增长，也会对来自国外的、花样繁多的产品产生需求。而该国的生产者由于其生产实践的技术水平日益提高，也需要越来越多地使用发达国家提供的生产资料。

经济史上，我们常常看到的是，经济赶超过程和相应的后起国家加入国际分工的一体化，并没有导致原来领先的那些国家的贫困化和大规模失业。例如，第二次世界大战以后，西欧再度崛起过程曾促成整个国际贸易的繁荣，使所有参与国实现了经济结构转变，而在新的国际分工中找到自己的位置。当然，这对于当时的主要工业强国美国来说，意味着它对于后起国家的优势地位相对下降，这可能从政治上和心理上导致美国的某种危机感。但西欧国家迅速地赶超时代，也是一个经济增长的黄金时代，即使对于美国也是如此。

一大批国家加速进行经济赶超的时代，同时也是典型的世界经济一体化时代。由于日益增加的竞争压力，所有参与竞争的国家都努力在国际分工中寻找自己的新位置，或者更准确地说，所有参与竞争的国家的企业都要对自己的生产潜力进行新的结构组合，使自己在正在出现的新的国际分工中长期保持最佳的市场前景，而在今天自然需要发达工业国家提供的技术知识，有关的技术知识可以是严格意义上的技术工艺性知识，也可以是由于“文化经验”而产生的知识，例如管理知识。①

二、“挤出”效应和“挤入”效应

跨国公司拥有庞大的规模，并且在世界上许多国家进行经营活动。由于外资的进入，国内企业可能被外国子公司“挤出”，发展中国家尤其关注这一问题。被 FDI“挤出”可能发生在两个领域：一是在产品市场，跨国公司进入东道国市场，对竞争性产业中当地企业的

---

① 张世鹏等编译．全球化时代的资本主义．北京：中央编译出版社，1998

学习和成长产生不利影响，造成当地企业被“挤出”；二是在金融和其他要素市场，通过减少当地企业可以获得的资金或其他要素，或提高当地企业获得这些资金和要素的成本，或二者兼而有之，从而使当地企业被“挤出”。

把前一方面的问题反映为由于保护“幼稚产业”的考虑，但这并不包含通常保护新产业不受进口竞争的含义。它所关心的是如何促进当地企业向外国企业学习。当跨国公司与当地企业竞争，使当地企业直接与外来的跨国公司竞争，当地企业不能承受长期和成本很高的学习过程时，FDI 能够阻止或扭曲国内竞争性企业能力的增长。因为当地企业也许在没有成功之前就已经破产，或者当地企业质量不高的产品为跨国公司质量更高而且价格也更便宜的产品所取代。而当地企业要使自己的产品能够与跨国公司的产品竞争，需要很高的研发投入，很高超的营销技能。这种学习的成本是当地企业难以承受的。因此，当地企业放弃自己的研发努力和营销努力。虽然外国子公司也要在当地进行学习，以掌握和调整技术，并培训雇员掌握新的技能，但是，它们拥有多得多的资源来从事这种学习，并且对在不同国家的不同条件下如何进行学习已有相当多的经验。在这些情况下，如果在某个给定的时点，拥有潜在竞争力的当地企业不能同外国子公司进行竞争，就可以说外资企业将内资企业“挤出”了。

主张防止“挤出”以保护国内企业的理由不同于幼稚产业的贸易保护论。在取消贸易保护时，消费者可以获得便宜的投入和产品多样性的好处，但某些国内生产和就业可能会遭受损失。相比之下，在实行当地企业保护的情况下，即使没有这样的免受 FDI 竞争的保护，也不会导致以牺牲国内生产来换取消费者利益的增加，但本国企业家才能的发展将受到妨碍，特别是在尖端复杂的活动领域。其净成本使当地企业与 FDI 的关联可能被削弱，技术深化可能被抑制。

正如所有“幼稚产业”论所表明的那样，如果以下三个条件被满足，“挤出”在经济上对本国企业是非常不利的。首先，如果当地幼稚企业被保护而不受 FDI 带来的外来竞争，能够成熟到拥有充分的竞争力；其次，幼稚企业的成熟过程无需很长的时间，不至于使折成现值的社会成本超过社会收益；最后，即使存在社会成本，必定有超过这些成本的外部收益。

如果“挤出”阻碍了国内能力的发展或延缓了当地创新基础的成长，“挤出”就会造成东道国经济的长期成本。这样本国技术的提升和深化则取决于跨国公司的决策，并在某些情况下妨碍东道国达到原本应能达到的较高技术水平。

然而，重要的是区分两种不同的“挤出”情况：一是外国子公司“挤出”拥有潜在效率的国内企业；二是外资企业在竞争中挤垮未能获得充分竞争力的低效率的当地企业。引进 FDI 的收益之一是能够注入新的技术和竞争活力，从而导致低效率企业退出并提高其他企业的效率。没有这样一个过程，经济就会缺乏活力和弹性，就会随着时间的推移而丧失竞争力，除非国内市场上当地企业之间的竞争十分激烈，或它们已经面对国际竞争（如在出口市场上）。

以上是跨国公司排挤东道国当地企业的一面。然而，跨国公司的进入也有可能促进东道国“挤入”国际市场和新的产业。如果跨国公司和国内供应商、分包商和机构建立有力的联系，跨国公司也能使当地企业“挤入”新的产业。当外资的进入增加了商业机会和当地联系，增加了可用于投资的资源或提高了要素市场的效率，“挤入”就会发生。当 FDI 集中于东道国未经发展的或新的产业时，上述促进效果是最有可能产生的。在当地企业已有一定发展，但在与外国子公司竞争仍面临种种困难时，就会产生有害的“挤出”。但是，当地企业也能够成为跨国公司的供应商，或被跨国公司所接管。

第二种“挤出”反映了由于当地市场分割而使国内市场产生的不平衡的竞争条件。由于跨国公司所拥有的声誉和规模，它们可能拥有获得诸如资金（这可以使跨国公司拥有特别是对于当地企业的特殊优势）和熟练人才等要素的特权。跨国公司因此能够提高当地企业的进入成本，或只是使它们不能得到最好的要素投入。但是，跨国公司的这种种实践也有东道国“挤入”的可能性，例如，跨国公司所雇用的人才可能回流至本土企业。

这两种挤出都引起了政策关注。大多数国家政府都希望促进当地企业，特别是促进在技术复杂和具有活力的产业活动中当地企业的发展和成长。许多国家政府认为，当地企业能力的深化所产生的收益要大于从跨国公司得到同样的技术，因为当地企业可以加强和当地供应商的联系，增加和当地机构的互动，而且在创新活动领域，企业内部开发的知识不再“出口”到母公司并在国外加以利用，等等。已经发展了先进的本地技术能力的发展中国家几乎普遍不限制 FDI，或仅限制 FDI 进入某些特定的活动。

事实证明，拥有雄厚的当地技术基础不仅对建立当地企业的竞争力是极为重要的，对吸引高技术 FDI 和跨国公司的研究与开发投资也是极为重要的。跨国公司投资于研发，需要利用当地的人才和技术的基础设施，也需要利用当地的技术知识，以整合到自己的知识池中，产生创新或是促进创新的产生和完善。因此，发展中国家应该采取的战略最重要的应该是“以技术换技术”。

与此同时，为促进当地企业而限制 FDI 是有风险的。在实践中很难区分“挤出”和合法竞争。如果政策制订者不能做出这种区分，他们可能会长期以牺牲国内消费者和经济增长的沉重代价来支持那些不经济的当地企业。如果现在某个国家要把跨国公司排除在尖端复杂的活动之外，那么，技术落后的危险要比几十年以前大得多。对于产品差别大并且生产过程已经国际一体化的活动来说，未能进入出口市场的风险就是这样。然而，重要的是在 FDI 进入后，通过建立当地的技术开发能力和建立一批有实力的能够发展与外国子公司的联系的国内中小企业，以增加国内企业“挤入”的机会。而且，国内企业在跨国竞争中，会激发出前所未有的活力，加速研发投入，从而“挤入”高技术产业。

在管制外资进入和允许竞争之间，政策的恰当平衡取决于环境。只有几个发展中国家和地区在限制跨国公司进入的同时建立了卓越的国内能力和世界一流的创新体系。其他国家虽然限制外资进入，但并没有成功地促进高技术制造业内有竞争力的国内企业成长。除了对学习过程进行保护以外，成功显然还取决于其他很多因素，其中包括可以获得的互补性资源和投入、国内市场的规模以及学习过程所发生的竞争性环境。总之，虽然保护幼稚企业的理论仍然有效，并能够为促进当地技术能力的发展而实施的政策干预提供理由，但干预却必须谨慎和有选择性地加以使用和监督，并在必要时扭转过来。

同样的考虑也适用于跨国公司对当地企业的并购，其中包括将国有企业出售给外国投资者的私有化，这是外国企业进入拉丁美洲和中东欧以及亚洲发展中国家和地区时普遍采用的方式。有些仅需改变所有权的并购和证券投资很相似，这类并购对发展没有多大价值。有些收购导致资产剥离，当投资变现时，与并购有关的巨额资金流入又会变成巨额流出，因此，有可能导致汇率变动并抑制生产性投资。正如跨国公司对巴西汽车和电信工业企业的收购所表明的那样，这也可能对当地创新能力和贸易竞争力产生不利影响。这些收购导致被收购企业研究与开发活动的规模被削减。被跨国公司收购的巴西企业对当地生产的高技术投入的依赖减少了，这也导致巴西汽车零部件、信息技术和电信产品等领域进口的增加。许多国家，其中包括发达国家也都关心并购对就业的不利影响。特别是对大多数非贸易服务产品来说，如果并购使国内市场竞争者的数目大幅度减少，并购也能产生反竞争效果。

不过，并购也可能带来经济收益。当投资者对被收购企业做出长期承诺，投资提升被收购企业的技术和管理并进行重组，其影响就和新建投资非常相似。例如，在最近发生的金融危机中，泰国汽车工业的许多起并购正导致竞争力的重组和提高，这已由泰国商用车出口的增长得到证明。在使私有化的电信和公用事业现代化的过程中，与并购有关的 FDI 能够发挥重要的作用，拉丁美洲的一些情况就是这样。外资收购可以防止当地企业在用资产的消失，这在转型国家和出现金融问题的发展中国家是特别重要的。

并购（包括在私有化的情况下）的收益取决于一个国家的环境以及企业被收购和随后经营的条件。然而，重要的也许是对并购实行监督，建立有效竞争政策以及在宏观经济形势许可时对并购施加限制。

这提出了 FDI 对东道国市场结构的影响的问题。人们长期关注的一个问题是，大型跨国公司的进入提高了一个国家内部的集中水平，可能导致市场力量的滥用。跨国公司倾向于聚集在集中的行业。这是否会导致市场力量的滥用是一个需要进一步研究的经验性问题。如果东道国拥有自由化的贸易制度，在这种结构中反竞争行为的危险就在很大程度上被降低了。然而，在一个大跨国公司可以轻而易举地控制东道国某个产业的世界上，有效竞争政策已越来越重要了，这一点也仍然是正确的。

FDI 对东道国的积极动态效应要求适宜的技能和政策。关于 FDI

在获得技术、建立技术能力、技能开发和竞争力等方面的利益，有很多重要的问题，这些问题都涉及FDI的静态和动态效应。跨国公司可以成为转让适合东道国现有要素禀赋的技术和技能的有效工具。它们在不同的地点提供等级和复杂程度截然不同的技术，这取决于市场取向和规模、可获得的劳动力技能、技术能力和供应商网络。在东道国（以及母国）的贸易制度是有帮助的（基础设施是适当的）的情况下，它们可以有效地利用当地要素禀赋扩大东道国的出口。这可以为东道国创造出新的能力，并能够产生有利的溢出效应。在低技术的组装工业，技能和关联的收益也可能很低，但在高技术领域，这些收益可能是相当大的。除非跨国公司在高度保护的制度下经营，支付特别低的工资（正如在某些低技术组装工业的出口加工区），或是从昂贵的基础设施中获益同时又不纳税，否则，仍会有强烈的理由认为，FDI为有效率地、生产性地使用东道国的资源做出了积极的贡献。

在这种情况下，跨国公司对出口增长的主要贡献并不仅仅是提供与当地资源或劳动力互补的技术和技能以生产出口产品，而且还可以提供进入国外市场的途径。跨国公司在世界贸易中的作用日益重要。它们拥有某些最活跃的技术最密集产品的内部（企业内部）市场，只有子公司才能进入这个市场。它们已建立了公司标志和供应设施分布在好几个国家的区位分销网络。它们能够影响本国市场（或在第三国市场）贸易特权的授予。所有这些因素意味着，在为新进入者创造最初的出口基地方面，跨国公司可以提供相当多的优势。①

三、资源配置效应与利益分配效应

1. 知识资产在全球的分布极不均衡

1991～1996年，全球研发支出从4 380亿美元增加到了5 760亿美元（平均年增长率是4.4%）。从20世纪90年代后期到新千年开始，研发支出继续增加。到2002年，研发支出已经上升到了6 770亿美元，从1996年以来，相应的每年增长率是2.8%。

研发支出地理上高度集中。从1996～2002年，10个最大的研发

① 联合国贸易与发展会议.1999年世界投资报告. 北京：中国财政经济出版社，2000

支出国占了世界研发总量的 86%，它们所占的份额在这一时期有所增加。其中 8 个是发达国家，美国在这两年都是世界上研发支出最多的国家。只有两个发展中国家名列研发支出最多的 10 个国家之列：中国和韩国。

1998 年，29 个经济合作与发展组织（OECD）国家在研究与开发上投入了5 200亿美元，这超过了世界 30 个最贫穷国家的经济产量之和。OECD 国家拥有全世界 19% 的人口。在 1998 年全世界新颁的 34.7 万个专利权中，OECD 国家占去了 91%。①

全球研发增长的一部分原因是最大的研发支出者增加了研发支出。从 1996 年到 2002 年，美国的研发支出每年增长 5.8%，是世界平均增长率的两倍。加拿大和英国的研发支出在这一时期也有快速的增加。

发达国家之外的研发集中度很高而且集中度还在上升。发展中国家、东南欧国家以及独联体国家作为整体，在全球总的研发中的份额在上升，但它们是从非常低的起点开始。1991 年它们仅仅占了世界总研发的 2.5%，1996 年，它们所占的份额达到 7.7%，2002 年，进一步增加到了 8.4%。这种增加主要集中在南亚、东亚和东南亚，这些地区在发达国家之外的研发中占有优势和越来越多的份额（2002 年超过 2/3）。最为显著的是拉丁美洲和加勒比地区的研发所占份额的下降，从 21% 下降到了 16%，非洲也从 2.2% 下降到了 1.9%。在发展中国家、东南欧国家、独联体国家中，10 个支出最多的国家占了所有这些经济研发支出的 97%。②

知识资产具有不同的形式。西方发达国家的大企业的许多知识资产是采取了得到法律保护的形式，例如，专利、商标等。而发展中国家由于各种原因，很多知识资产处于一种得不到保护的状态。例如，我们国家大量的科技成果，就没有申报专利。如果没有专利保护，很可能为他人所用。而且，与贸易有关的知识产权协定对传统知识的保

① 联合国开发计划署．2001 年人类发展报告．北京：中国财政经济出版社，2002

② 联合国贸易与发展会议．2005 年世界投资报告．http：//www. unctad. org

护力度不够，如何以恰当形式保护传统知识，目前，各国还没有好办法。发展中国家的许多传统的知识资产，还是处于经验状态的东西，例如，中国中药的一些处方。由于中国的中药处方未能获得适当的保护形式，现在就流失得很厉害。一些动植物的种源也可能流失，西方国家的生物技术公司可能用之于申请基因专利。发展中国家的这些资产很容易流失，甚至被西方发达国家用来获得专利后向发展中国家收取专利费用。

当前，国际贸易商品的技术含量提高，高技术产品所占比重不断增大，贸易手段高技术化。除了包含在商品中的知识资产之外，国际间纯知识资产（表现为各国国际收支表上的专利使用费和特许费的收支）的国际贸易增长十分迅猛，这成为目前全球化进程中的一个突出现象。这种贸易主要在发达国家之间进行，说明发达国家的技术交流有迅猛的发展，更增强了发达国家的技术优势地位。1990 年，高收入国家占全球专利与许可证收入总额的比重达 96% 以上，1999 年这个比重进一步上升到 98%，1998 年仅美国就占了全球该项收入的 57% 以上，1999 年，美国占该项收入的 54%。① 我们都知道美国的经常项目有大量的赤字，但美国的专利与许可证贸易项的贸易盈余却可以弥补约 15% 的经常项目赤字。

2. 知识资产的价格形成了一种垄断价格

知识资产的定价原则并不是根据成本加上合理的利润。拥有知识产权的知识资产未经授权不能使用，仿制专利产品和未经授权使用他人商标也属非法，因而，拥有知识产权的知识资产的价格可以是一种垄断价格。

世界贸易组织与贸易有关的知识产权协议要求所有的世界贸易组织成员国制定保护知识产权（包括专利、版权和商标）的最低标准，并建立责任体系以使权利得以实现。与贸易有关的知识产权协议的争端受到世界贸易组织综合争端解决机制的约束。工业化国家是与贸易有关的知识产权协议的坚决倡导者。发展中国家如果未经授权使用专利技术，就构成侵权，面临遭受商业报复的局面。

---

① 世界银行．世界发展指标 1997．世界发展指标 2000．世界发展指标 2001．北京：中国财政经济出版社，2002

技术带来的利益的分配是不均等的，某些国际规则为这种利益分配机制提供制度保证。这种利益分布的不均等，在目前以及今后很长时期内其重要的原因之一，都将是由于发达国家与发展中国家的知识和技术差距所造成的。全球化中的这种利益分配的不平等又可能扭曲其资源配置功能，例如，技术人才的流动可能并不是完全合理的，从发展中国家流向发达国家的某些技术人才在发展中国家可能发挥更大的作用。

3.《与贸易有关的知识产权协议》的实施对发展中国家的财政产生很大影响

该协议将导致租金从发展中国家转移到拥有大量专利和版权的工业化国家，要想估计这种转移的规模是不可能的。Maskus 的研究提供了对这一规模的看法。他估计：如果与贸易有关的知识产权协议 1988 年就签署的话，转移到前 6 个工业国家的租金可能达到 83 亿美元（以 1995 年的美元价格计算），其中近一半是从研究样本中的发展中国家转移过去的。该协议在财政上对发展中国家的影响还包括管理知识产权所带来的高昂费用，特别是对更穷一些的发展中国家而言，另外，发展中国家由于成本方面的原因，可能不会从最先进的技术中受益。①

显而易见，世界贸易组织的《与贸易有关的知识产权协议》为目前不尽合理的全球利益分配机制提供了制度保证，可能加剧发达国家与发展中国家之间的这种不平等，这是问题的一个方面。中国属于发展中国家，也会深受其害。但是，另一方面，中国要利用这一规则在全球化过程中获得利益也还大有空间。

第二节 R&D 全球化与当地技术和生产的发展

一、R&D 全球化对当地技术发展的意义

引进技术可以使本国技术发展站到新起点上，因而促进本国技术

---

① 世界银行．全球经济展望与发展中国家．北京：中国财政经济出版社，2001

发展，这已经在理论上和实践上得到证明。一般认为，吸收外国直接投资是引进外国先进技术的最重要手段之一。跨国公司的大多数研究与开发是在国内进行的，但也有日益增多的研究与开发在国外子公司进行，包括在发展中国家进行。它们也在全球范围内建立国际技术战略联盟。跨国公司在海外的研究与开发和技术联盟在技术扩散方面有助于东道国的技术水平上升。

1. 跨国公司在母国之外投入巨资的 R&D 中心以及与当地企业和机构的技术合作具有溢出效应

外国公司的存在增加了技术的传播，并且对于提高当地公司的效率可能产生积极作用。其主要表现在：

第一，推动当地企业、大学、科研机构与外国企业的科技合作，当地企业可以利用外国企业的一部分资金和技术力量，共同开发新技术和新产品。

第二，外资科研机构在培训本地技术力量和转让技术方面也有一定作用。

第三，跨国公司的研究与开发机构的运作模式、管理方式也会对当地科研机构的改革产生重要影响。当地科研机构可以模仿外资研发机构的管理模式，结合自身特点，发展本国的科研事业。

第四，除了工艺技术的交流之外，通过人员流动等途径，也有大量的管理技术的交流，这对像中国这样的发展中国家尤其重要。

跨国公司在国外的分支机构的活动涉及资本营运、技术、管理和营销技能的流动，这样，技术转让就通过对外直接投资而发生。美国学者的研究发现，美国子公司在某国的 R&D 的密集度越高，该国总出口中高技术出口份额就越高，技术水平较低的产品出口份额的比率就较低，这一点即使在考虑东道国的人均收入水平和熟练劳动力的禀赋之后也是如此。

第五，推动当地高科技的产业聚集区的形成。这一点对于发展中国家尤其具有重要的意义。例如，跨国公司在中国的研发活动是在原来对中国制造业投资的基础上发展起来。中国的珠江三角洲、长江三角洲、京津唐环渤海湾经济区是外商投资的重点，现在这些地区又成为外商研发投资的热点，形成研发中心与制造基地的结合，使中国“世界工厂”的作用得以实现并且为产业升级提供了一定的条件，发挥了积极作用。外资研发中心与当地科研机构、企业研发中心的互相作用，成为促进中国经济进步的最为积极的力量。

对于发展中国家来说，管理和市场销售技能的传播可能与产品和工艺的转让同等重要。对东道国来说，外国投资能够节约进入世界市场所需的费用，从而产生积极的派生效果。由于外国公司已经拥有市场销售体系、知识和生产经验，一些东道国和地区积极鼓励外国投资者在它们的国家里建立生产企业以至于建立研究与开发机构。

跨国公司在海外的科研机构，具有重要意义的不仅仅是简单的开发活动，从改进型的研究开发走向更为基础的和应用的研究，对于改变不同的研究与开发在不同地点的权重也有重大的意义。同样，需求型的改进工作可能减少，因为所谓真正的“全球产品”在增加，这种所谓的全球产品并不需要为特定国家的需要而改进。例如，汽车行业正在更多地使用标准化的“车内零部件”。这种情况目前虽然还不是很明显，但实际上，越来越多的产品使用越来越多的通用零部件，减少了当地市场的改进工作。

跨国公司在海外的研究机构在东道国的劳动力市场上招募高技能的劳动者并提供优厚的待遇，这使劳动者看到学习技能可以得到现实的利益，因而是一种很好的投资，促进劳动者学习和提高技能。这对于重视教育、重视技能的风气的形成是有益的。

2. 跨国公司在海外的 R&D 可能给东道国带来消极影响

跨国公司在海外的 R&D 投资，对于发展中国家来说，可能产生消极影响，主要表现在：

第一，信息与能力不对称。外国企业拥有更为强大的技术吸收能力和技术整合能力，发展中国家的企业的一些核心技术可能更容易为外国企业所利用。

第二，跨国公司对技术资源的使用是从跨国公司整体利益出发，而并不总是与东道国的国家利益相吻合，跨国公司可能并没有向发展中国家转让当地真正需要的适当的技术和诀窍。

第三，跨国公司在国外研究与开发活动的增加，利用当地人力资源和创新能力，开发为本公司所用的技术，造成当地科研人员的流失，甚至使当地科研机构因无法维持因而消失。这会削弱本土科研实力。跨国公司在东道国引起收入分配差距的扩大。由于其技术优势，较高的劳动生产率，再加上东道国为了吸引外资提供各种优惠政策，如减免税待遇等，跨国公司可以提供更高的工资，从而拉大本土企业就业人员与跨国公司当地就业人员之间的分配差距。这种分配差距如果不能妥善地处理，就可能造成社会问题，也不利于本土工业的发展，这也会间接地影响本土科研的进行。因此，跨国公司在东道国的研发活动、技术创新活动在产生溢出效应的同时，也会产生消极的影响，可能会削弱本土科研的人才基础，从而削弱本土科研的优势。

第四，跨国公司在东道国的研发活动可能造成对于东道国本国企业研发的“替代效应”，也就是说，东道国原有的技术研究开发活动可能在跨国公司强大的研发竞争中败下阵来，或是由于跨国公司在本国的研发活动，而使得本国企业无法进入相应的研发领域或是退出相应的研发领域。这种“替代”效应将使东道国在某些方面形成对于跨国公司的技术依赖，也不利于东道国发展相应的技术能力。

二、R&D 全球化对某些国家或某些产业技术层次产生重要影响

目前，R&D 全球化由发达国家以及发达国家的跨国公司所主导，R&D 全球化的主要推动者是跨国公司。理论分析和实际经验都说明，东道国不是被动地接受从跨国公司流入的技能和技术。它们吸收知识和技术的能力，由于它们在跨国公司业务之外的技术投资和其他投资程度的不同而有所不同，同时也受到本身技术基础结构的限制。在宏观水平上的观察说明，对发展中国家的外国直接投资更多地流向那些拥有廉价而熟练的劳动力和丰富的自然资源、人均收入水平较高、市场规模较大的那部分国家，外国直接投资的流入对这些国家的经济增长产生了积极效果。从增长到直接投资和从直接投资到增长存在着双向的因果性，而后者的影响是主要的。一些最贫穷的发展中国家所获得的外国直接投资则非常之少。这说明全球化的作用是不均衡的。有些国家可能获益较多，而另一些国家则可能获益很少，甚至反受其害。

对跨国公司子公司的技术进口的研究说明，东道国的政策对技术转让有重要的影响。某国的固定投资水平越高，劳动力教育水平越高，跨国公司子公司的技术进口就越多。

跨国公司业务的影响在产业层次上比国家层次更强，因为跨国公司的业务集中于某些产业，其比较优势如同它们在世界范围的出口构成所揭示的那样，与高度密集的产业研究和开发、人力资本等技能相联系。在垄断性产业里，外国公司在购买技术方面的花费相对不多；产业内竞争越激烈，外国子公司进口技术就越多。某些产业部门技术力量的集中，加剧了产业之间发展的不平衡，传统工业与高新技术产业之间的发展更加不平衡，尤其在发展中国家，这种发展不平衡的校正并非轻而易举。

跨国公司无论是科技开发，还是科技利用，都是从自己的全球战略需要和经济利益出发，而跨国公司的战略需要和经济利益不一定符合东道国的利益。对于发展中国家来说尤其如此。

正像经济全球化那样，R&D 的全球化对于某些国家来说有积极的影响，而对于某些国家则有消极影响。技术开发的全球化，也并非均衡地分布于每个国家。实际上全球科技在分散化的同时，也有一种集中化的趋势。首先，技术力量相对地集中于某些国家，这些国家吸引全球的科技人才，成为全球科技中心，向全球输出知识产权，获得巨大经济收益。例如，全球科技人才向美国的集中就是如此。目前，其他发达国家也加大了吸引科技人才的力度。其次，某些国家的某些地区，成为本国的以至全球性的 R&D 中心，而其他地区的技术精英可能集中到这些技术中心，这可能使得在一国之内某些地区的技术发展更快。而其他地区的技术和经济发展则会放缓，使地区经济发展不平衡加剧，例如，一些国家的科技人才向沿海和经济科技发达的中心城市集中，就对其他地区的经济发展造成不利影响。

三、R&D 全球化形成了全球—当地交错的创新体系

R&D 全球化条件下的技术专业化对当地经济的意义，还需要特别提出来的是：一般的假设是某些地区和地点已经是某些技术的“卓越的中心”，这些地区和地点将进一步发展这些专业能力、累积知识，这又形成进一步发展的原因。这可以与过去有关创新的聚集优势的争论联系起来。那些从 20 世纪 50 年代以来试图发展和实施“增长极”理论的经济地理学家和计划工作者对这些题目是很熟悉的。后来，他们寻求采取措施加强当地企业之间的联系和在当地获得利

益。最近，又有关于工业区和中小企业发展机会的讨论，以便从长期的地区经济增长过程中产生密集的网络和产业与技术的联系。

毫无疑问，知识的产生和分享，知识和信息的流动存在着高度当地化的一面，这又反映为在某种类型的技术空间上向某一地点集中，在这一地点这类研究的联系不断加强。同样，技术扩散内部有很强的空间因素。然而，这不应该等同于在整个创新过程中都有高度当地化的和紧密的技术体系。需要对当地特定创新的发展路径进行研究。创新需要广泛地吸收技术知识和信息资源，其范围也许是全球性的，而基础和应用研究也许仍然是高度当地化的。但是，开发、检验、生产和形成规模（所有这些环节也都涉及关键的研究、技术、工程和设计技能），可能在一个更广大的、有时是全球的地理基础上进行。从学术和科学的观点看，基础研究代表的最高级的研究活动可能在空间上是集中的，但一种创新的最终产品所要求的广泛分散的“较低水平的”设计、工程和技术活动不应被忽视。这种较低水平的技能的及时性、质量性、精确性、再生产性及其效率对产品最终成功的重要性不亚于导致最初发明的基础研究。

对发达经济最近进行的研究结果表明，关于技术聚集及其对于生产率和效率的溢出效应，是有争议的。Anderson（1995）对加拿大航空业的研究发现，紧密的技术联系并不是在地区之内发展，而是在地区和国家之间把各自当地的经济互相联系起来。相似地，Angel 和 Engstorm 在 1995 年就已经注意到，美国个人计算机产业里，制造商与零部件供应商之间的联系，居于支配地位的是地区内和国际间的联系，而很少见到美国装配商与供应商当地的紧密的聚集。在高效率的亚洲经济体里有一些这种装配商和供应商聚集在一起的证据。

这里重要的问题仍然是在什么样的情况下才是全球与当地的良好配合。虽然空间和区位因素在研究与技术活动中是重要的，但它们肯定比过去我们所感知的要更微妙、更复杂。如果在技术全球化的进程中，虽然进程是缓慢的，但却实际地增强了国家技术专业化，那么这种情况也可能在地区水平上发生。而且，全球经济是对人力、物力、金融资本“空间流动”的重新配置。跨国公司仍然寻求在技术条件特别优越的中心配置其关键的技术资源，这样跨国公司让其在这些中心当地的子公司起到“战略领导者”的作用或“全球创新者”的作用。

然而，有一些证据说明跨国公司促进当地的学习和技术积累，形成良性循环；也有一些证据说明，跨国公司在东道国的出现，使当地企业发生重组，使东道国本国的技术和竞争力恶化，形成恶性循环。与之相联系的是吸收跨国公司投资与本国公司在该部门增强其技术和竞争地位之间动态的交互作用。这里需要在国家和地区两个层次上进行更详细的研究。中心的问题是，什么因素造成了“恶性”与“良性”之间的差别。

四、跨国公司 R&D 活动与产业聚集互动

波特认为，产业簇群的形成，是经济发展的基本因素之一。产业簇群是指企业、供应商、相关产业和专业化机构集中于某一地理区位，这种地理区位可以是国家、州（省）或城市的特定地区。所有先进的经济体中，都可明显地看到存在着产业簇群。但是，地点的竞争力，主要植根于商业环境的本质。能够取得劳工、资本和自然资源并不能决定繁荣，因为在全球化的世界上，取得这些资源并非难事；相反地，竞争力来自于企业以当地资源生产出更具价值的商品和服务的生产力。进一步观察，某个特定地点的生产力与繁荣，通常并不取决于企业在哪些产业中竞争，而是视企业的竞争方式而定。传统上将经济体区分为高科技与低科技、或制造业与服务业，并没有太多意义，因为所有产业都能以最先进的技术和熟练的技能，达到更高水平的生产力。①

跨国公司在国外的研发，集中在某些地点，如美国的硅谷、英国的剑桥、中国的上海、印度的班加罗尔等地，而且对于这些地点产业聚集区的形成和发展，起到了推波助澜的作用，从而使这些地点具有了全球的竞争力。

一方面是跨国公司研发活动向全球的分散化，另一方面是多个跨国公司的研发活动向某些地点聚集。单个跨国公司以分散化的研发活动聚集自身所需要的技术知识，增强跨国公司的竞争力；而由多个跨国公司的研发活动强化了现有的产业聚集区，形成某个国家竞争力的基

---

① 迈克尔·波特．竞争论．北京：中信出版社，2003

石,全球经济中的亮点。跨国公司的全球化研发一方面利用全球各个产业群聚的知识,另一方面又对加强产业群聚的知识优势做出贡献。

第三节 R&D 全球化的未来

一、各国技术走向同质化还是专业化

有人提出，R&D 全球化导致技术生产和使用的均衡化，最终结果是巨大的、无国籍的公司在全球范围内，在它们所要求的任何地方生产技术，信息和通信技术使得地理位置无关紧要，技术可以跨越国界自由流动。这种公司和市场，没有明显的国家基础，其中心是真正的全球性公司，从而成为真正的全球化经济。随着信息通信技术的发展和信息高速公路的建设，使每家公司都进入全球市场，废除了各国官僚等级的束缚，形成一种全球生产和市场开放的新世界。

我们认为拥有技术能力的国家和地区的差别将继续存在，实际上，随着时间的进展还有增强的倾向。引导技术走向全球化的主要跨国公司的竞争优势，是为了公司的特定利益而利用这种国家和地区间的技术差别的能力。国家创新体系和地区创新体系将继续为公司的技术竞争提供关键的、制度的、经济的和文化的框架。通过协调，假以时日，不同的国家创新体系之间可能会更加相似，尤其是走向一个影响技术创新的更为全球化的管理模式。但是，国家创新体系和地区创新体系仍然有显著不同的其他一些要素，别的国家和地区很难成功地加以复制。

许多研究人员认为，如国家创新体系模型所说明的那样，在技术全球化的形势下，会走向国家技术专业化，很明显，这与比较优势的规律相符合。比较优势学说是贸易理论模式的基础。随着国际贸易的增长，贸易进一步自由化，比较优势的原理将会使生产和贸易更为专业化，而不是更为同一化，对于技术的影响也与之类似。经济制度的国际一体化导致国家在工业生产的特定领域专业化的出现，全球竞争促使各国集中于本国在国际上具有优势的领域。可以设想，对于技术也是这样。有的经济和技术全球化的最热烈的拥护者宣称，国家的技术专业化将会随着经济和技术全球化而减弱，为某种重新布局的世界

范围内同一技术的产生和扩散所代替。我们认为，更确切的说法应当是，国家创新体系将更加开放，但却仍然在其特有的力量及其专业领域方面进行“贸易和交换”。

但是，国家技术专业化像比较优势规律存在的问题一样，其预测功能只能是非常有限的。例如，日本在1950年的贸易优势是纺织品(占出口的1/4)，10年以后是纺织机械。根据比较优势法则，关于日本贸易增长和专业化的预测将是日本会继续加强和巩固在纺织及其相关产品方面的优势。但是事实上，日本自20世纪50年代以来贸易和产业专业化所走过的道路与比较优势的概念没有多大关系，它真正在世界上处于优势地位的是消费电器、电气工程和汽车。这也同样适应于对于国家技术专业化的预测。目前，许多国家选定了一些相似的技术领域，如信息技术领域等，通过国家政策等多种手段扶持，力图缩小本国在一些重要技术领域的差距，这又会促进各国技术水平的均衡化。

二、跨国公司的R&D全球创新网络与现有的国际分工模式

在全球R&D网络的形成中，进行R&D活动的地点或是集中化，或是分散化。一方面，有些R&D中心建立在跨国公司总部所在国，由于该地点是重要的，在R&D方面具有优势的中心，能够吸引更多的R&D机构，例如，美国的硅谷，这里聚集着最优秀的研究人员和具有熟练技能的劳动者队伍，这种趋势增强了该地点的R&D的集中程度；另一方面，作为同一过程的一部分，有些R&D项目也离开了跨国公司总部所在国，而转到重要的国外的科学与研究中心去进行，这就造成了R&D分散化的趋势。

这里需要提出的是跨国公司R&D机构在国际间的定点问题。可以将其区分为两个方面的进行分析。

第一，是R&D的功能以及随之而来的要求对跨国公司在国际间的R&D的管理加以改进的压力。随着跨国公司日益将其国际R&D的网络一体化，这已经成为一个重要的研究领域，因为整体经济对于新的科学知识，即对技术的可共享知识方面的创新的依靠不断上升。R&D活动的进行本身也对技术手段提出越来越高的要求。反过来，

R&D 活动也促进以创新为特征的学习过程。

第二，是作为整体的、支持新的生产体系发展的、技术创新的国际网络。某一地点特定类型的知识创造反映了该地点在该领域内涵的能力或才能的特定积累，它是技术专业化的一种反映。

当然，基础的 R&D 活动可能远离生产能力的所在地，为那些其他生产中心的 R&D 机构培育知识，而生产中心的 R&D 机构更拥有市场价值的知识。人们从更广阔的技术创新的视野衡量跨国公司的发明的国际区位，这是人们重视专利统计的一个重要原因，以此代替研究与开发机构的数据。专利统计一般提供了更好的研究与开发的部分指标，它倾向于与当地的生产相联系。因此，专利提供了对当地现有的技术能力的更好的衡量。而对于基础的研究开发机构的所在地，专利数量则可能是一种误导。例如，日本跨国公司的基础研究与开发的国际分布就可能被低估，因为日本有更多的基础研究与开发是在国外，例如，在美国或欧洲国家进行，这对于那些注重研究开发功能国际化的人来说，可能是一个误导。

有些证据说明，跨国公司创造国际网络以支持其自身的技术创新可能增强了现有的国际分工模式。例如，已经表明，德国跨国公司尤其偏爱的是在美国定点生产的美国具有比较优势的产业，而将美国跨国公司吸引到德国的则是德国具有比较优势的产业。这又造成一种趋势：在国际范围内，在一个部门内主要的具有优势的重要中心之间在产业内进行直接投资，相应地在 R&D 方面进行交叉投资支持产业内的技术活动。

然后，问题就成为这些交叉投资是否帮助加强了产业内的分工，以及产业间的技术分工（专业化），也就是说在一个产业内某些内涵的能力和知识创造集中于一些中心，而不是其他地方，例如，在制药业，国际医药 R&D 主要在几个中心之间进行，研究心脏病及相关药物的生产可能集中在一个地点，而关于皮肤病的研究和生产中心则在另外一个国家。跨国公司子公司在产业内跨越国界，在可选择的中心之间，按照当地最具优势的技能专业化的内容，从事有关的活动。在欧洲，德国的化学和制药业居于支配地位，英国排在第二位，意大利是第三位。有证据说明在这一部门德国跨国公司的子公司在其他欧洲中心的专业化是按照当地中心的特定优势来进行的，意大利、英国的化学和制药业的跨国公司也是如此。

但是，英国化学和制药业在德国的业务遵循的技术专业化形式是按照其本身以及英国在这一产业内的比较优势来进行的，它们并不特别偏好于试图进入德国专业技能最强的那些领域，而是把德国看做一个技能的总储藏地，它们原则上可以用这些技能去扩展它们已经在集中力量进行的产品和业务系列。换句话说，以较高级别的中心地区为基地的公司比那些起源于较低级的中心地区的公司更可能建立一个当地化的专业化技术网络，支持总公司的创新，这样，至少到目前，产业内的技术专业化形式看来一直仅仅是由跨国公司处于领先地区的中心网络而得到增强。

无论如何，即使跨国公司建立的网络跨越主要的中心，其技术活动是当地专业化的，通常也并不破坏起源国的独特性。即使它们的研究领域相似，但公司遵循不同的途径去学习，而其内涵的能力的性质依靠其学习路径，反映了不同类型的专业技能的民族国家的出发点，而且，就各个跨国公司来说，本国的中心通常都继续是最重要的知识和技术能力的源泉。最大的跨国公司在本国的中心通常都占有很大的研究与开发比例，虽然在比利时、英国、加拿大和瑞典，外国所有的跨国公司起到更大的作用，而跨国公司的国际性的研究与开发肯定是会发生作用的，很可能这种研究与开发活动由于在主要中心之间增强了当地的专业化分工，它可能增强而不是侵蚀国家创新体系。

不过，随着跨国公司趋向于建立国际网络，在现有工业里，它们在知识创造方面重叠的项目在增加。各个国家企业特有的但是重叠的技术开发有助于促进建立国际合资企业。另外，技术相关性上升，以前分离的技术分支在最近的创新中日益结合，这被称做技术融合的趋势。正如上文所论述的，一家公司创造的知识通常由于它自己特有的生产经历而对本公司有最大的价值，但其他公司在考虑把这些知识加以转化用于某种特定的环境之后，它对其他公司也仍然有某种价值。研发项目也会创造出一些公司本身不会利用的副产品。随着技术开发重叠程度的提高，这些副产品越来越可能引起别的有关公司的兴趣。

跨国公司间技术交流范围的日益扩大也提供了更大的空间，促使公司不局限于创造公司内的国际网络，也参与同其他公司共同工作的公司间的网络。现在这种以技术为基础的国际战略联盟的数量日益增加。它们的目的不仅仅是要通过管理和促进知识交换扩大公司间现有的信息分享安排，其目标还包括在合资企业里组织协作的努力，其中各自公司所遵循的学习路径互补，作为一种互相协助获得技术进步的手段。合资企业也许比交叉许可证安排更优越。那里内涵的能力更复杂，与知识分享有更重要的关联。在这些合资企业里进行生产和研究因而就建立了一种共同的学习经历，其中所有伙伴都能从自己的特定贡献中得到好处。对这种合资企业的需要进一步说明了公司间技术转让的困难。如果要使不同的跨国公司的内涵的能力以某种方式结合起来，就要有紧密的合作。当然从研究与开发的角度来看，进入联盟的另一理由是分摊某些项目的极高的成本。

技术之间的相关性和融合性具有越来越重要的意义，这已经被称做一种新的技术范式，在这种环境里，技术范式是一种以广泛的创新活动的聚集为基础的科学和生产活动的体系，而这些创新则是对于有关的一系列技术问题的反映，依靠一套共同的科学原理和相似的组织方法。旧的范式是以能源为基础和与石油有关的技术群，建立在规模经济与专业化公司的研究与开发并存的大规模的生产之上，近年来这逐步为一种新的范式所取代，新范式的基础是灵活的，研究开发活动寻求更大的多样性。各个工厂的灵活性和网络联系都依赖于信息和通讯技术。

新范式的另一方面是公司正在离开对于大规模工厂的依赖，而更多地依靠更复杂的与分包商的合同协定安排。例如，法律服务以及修理服务和有些装配活动，从前是在公司内部进行，而现在这些活动可以由当地更小型的供应商网络来提供。日本公司一直处在新技术范式的前沿，它们业已十分清楚地证明，与其他公司建立合作协定的网络，在由此网络支持的灵活（柔性）制造系统中，创新如何能够得到提升。通过与较大生产商的关系，专业化的供应商能够对创新做出大量贡献。在努力建立这种当地合同的网络方面，日本跨国公司也一直处于领先地位。

三、创新网络与公司和国家的竞争力

跨国公司建立自己的技术创新的国际网络及其进入与其他公司的技术合作网络，是否成功地帮助增强它们的创新能力，因而增强其国际竞争力？创新是公司建设技术能力的过程，如前文所论述的那样，内涵的能力包含在集体技能和公司日常行为中，这是不断解决问题和学习的产物。在一个国际网络中，技术开发互补反过来又加强了跨国公司的地位。而在世界市场上，技术优势形成了跨国公司竞争力的根本基础。跨国公司的国际网络通过子公司间互相帮助的学习有助于增强这种能力，也增强了从事有目的的研究与开发的能力。

当前，技术融合的潜力上升，国际一体化战略提供了更大的优势。由于信息和通讯技术的进展，维持国际网络的成本下降，这些优势已经增加了驱使公司成为跨国公司的压力。因而，现在许多公司倾向于在比以往更要早得多的阶段对其生产和研究实行国际化。历史上许多重要的跨国公司是以技术领先或一直领先的国家（美国或英国）为基地，并且以此同其他公司结盟。它们以所在产业中的创新力量起步。

而今天，最迅速地实行国际化的是那些处于新技术领导地位的工业公司（例如日本公司），向外投资的跨国公司的地理起源更加分散化，对此最好的说明是发展中国家跨国公司的兴起，主要是以新兴工业化国家和地区为基地的跨国公司。发展中国家跨国公司的成长与其技术积累的内部进程相联系，像其他国家的跨国公司一样具有来自于它们自身的在发展中国家当地条件下的学习经历。虽然它们有时使用工业化国家公司多年前使用的技术，但创新改进过程是不可避免的。新型的跨国公司因而在更有效地运用技术方面具有优势，也能够很好地适应发展中国家的环境。

由于发展中国家自身的条件所限，发展中国家的跨国公司对研究与开发和新知识的创造比发达国家跨国公司要少得多。在其技术发展中，许多知识已可免费使用，也为许多在这些公司里工作的工程师所熟悉，但是这些研究密集度较低的发展中国家的跨国公司现在也已开始改变。亚洲新兴工业化国家的技术进步已经起飞，所以它们更加依赖于研发投入来支持持续不断的内涵的能力的积累。例如，韩国电子设备公司的销售中，研究与开发支出份额从1978年的1.3%上升到1983年的3.0%。韩国全国研究与开发占国内生产总值的份额从1978年的0.6%上升到1991年的2.5%，使这一比例与主要工业国持平。实际上，韩国和中国台湾的跨国公司现在在美国和欧洲已有可观的与研究有关的投资，作为一种取得当地技能和创造技术积累的建立国际网络的手段。

这种趋势不同于早先按照产品周期模型对发展中国家跨国公司所做的解释。产品周期模型论证标准化技术逐渐扩散，生产逐渐转向发展水平较低的国家。产品周期模型与相对不变的技术范式有关，其中技术的梯度已经建立并且能够在相当长时间里持续下去。技术领导者享有相对更高水平的研究与开发、更高的生产率、更高的收入，因而，国内也有对这类公司生产的更为复杂先进的产品的更多的需求。跨国公司按照产品成熟度和标准化程度在技术能力较低的国家当地进行研究密集度较低的产品的生产。这些国家本土的公司再进行发展出口，按同样的原理进行国际生产。

这种产品周期模型不能令人满意地说明最近出现的三种情况：

第一，随着范式变化，技术领先者已经发生了一些变动。日本和亚洲新兴工业化国家的跨国公司在国内外进行创新投资而不是仅仅依赖于美欧技术向下游转移的效应。主要是由于其成功的发展，其研究与开发活动比其他地方增加得更快。前文已经论证过，研发密集度很大程度上是积累技术能力的一种反映，因为它是技术能力的前提条件。但是，也应注意到，在大多数发展中国家，尤其在非洲，本土公司的技术能力仍然相当薄弱。

第二，跨国公司更多地转向一体化网络支持国际创新体系，因而，认为随着产品成熟，对那些研究开发密集度较低的国家，以国际生产代替出口，这种理念的适用性受到了削弱。

第三，即使不管技术领先地位的变化，只是由于国际网络提供的潜力，所有的公司的国际化活动也一直在增长，这包括在同样产业里相似的研究与开发密集度的产品系列上的一些交叉投资。

如果我们按相似的条件，考虑国家的技术能力和公司的技术能力，这种梯度更小的国际贸易的生产形式可能得到解释。创新能力在各个国家是不同的，正像它在公司之间有差别那样。这是由于特定的制度（机构）的传统具有不同的性质。正如许多不同的公司以自己特有的方式在某一产业里都能具有竞争能力那样，许多不同的地点作为科技中心也能在国际竞争中并存，每一个都有自己的技术特长，因而具有竞争力。在公司决定投资区位以建设能够支持其技术开发的国际网络时，它们全都对跨国公司具有吸引力。

跨国公司技术创新网络的扩大因而可能导致领先的跨国公司的竞争力与主要的技术中心的竞争力之间的良性互动。各个中心吸引了大量的专业技术人才，建立高技术区，跨国公司通过在各个中心的投资将其技术队伍一体化，提高了学习水平，增强了技术能力。此外，跨国公司在东道国当地的技术活动通过对其他公司的竞争刺激或对伙伴公司的积极援助，而直接或间接地对当地的创新力量做出贡献。但是，吸引跨国公司投资并不总是增进东道国的技术竞争力，战后美国在欧洲的直接投资的证据说明，当地某些产业的技术活动得到加强，而另一些产业则没有。最重要的因素看来是本土工业最初的技术能力水平。如果当地公司具备某些技术强项或明显的可能得到振兴的技术传统，那么当地有能力的跨国公司的存在就可能更具有有利的溢出效应，更有可能在公司间产生积极的竞争性的互动，如果当地公司本身成为跨国公司，就能通过在各个中心之间进行交叉投资，使之成为更广阔的国际竞争过程的一部分，这也会为当地新知识的交换和合作协定提供更大的空间。

外国拥有的公司和当地公司之间的知识交换有利于本国公司以自己优秀的技术传统进行技术创新，也对本国跨国公司在其他国家正在进行的学习过程很有好处，这是通过联结在其他国家子公司有关活动的跨国网络而实现的，有些情况下跨国界的获取知识，在解决问题的活动中互相帮助以求得发展，可能是跨国公司投资的基本动机。这个原理适用于主要创新活动中心之间产业内的直接投资，例如，美国和德国之间在化学工业领域里的直接投资，也适用于说明日本跨国公司在美国和欧洲的投资，在这种情形下，由于跨国公司母公司和当地供应商、顾客和竞争者有联系，对跨国公司母国也有溢出利益。跨国公司网络延伸到产业的主要创新中心，这就存在着有利于加强其国内外技术能力的最大的可能性。然而，仅仅处于中等水平的中心可能会随着国际经济一体化的增强，其技术能力受到侵蚀，部分原因是跨国公司的区位决策发生变化，处于这种地位的东道国可能遭受损失，因为跨国公司在其国外的生产中更多地使用它们获得的当地的知识，而建立的仅仅是技术不那么复杂和装配性的当地生产，如果本国跨国公司将其更高级的一部分业务放在某些外国中心，本国经济则可能受到损害。

这样就存在着这种可能性,跨国公司的对内和对外投资与国家的技术能力之间有不同的交互作用。重要的不是一般的对内和对外的投资,而是每一地点的生产结构及其技术复杂程度。如果某国有一些特别突出的复杂技术的优势,这些技术难以通过处于领先地位的中心进行的活动的扩散而被模仿和替代,这类中等水平的中心才能持续生存下去。

第四节 R&D 全球化对政策的挑战

一、R&D 全球化与 R&D 组织形式

虽然现在跨越国界对技术创新进行协调和管理的公司数目仍然相对较少，但这是跨国公司寻求管理全球基础上的技术创新的至关重要的问题。20 世纪 80 年代晚期的一系列研究表明，跨国公司从中心化的、自上而下的，从母公司到子公司的命令式的等级结构走向更加平等的、分散化的和自治的网络。在这一网络中信息和控制双向流动。这种更为一般的“全球的”管理趋势，同样也出现在跨国界地对技术创新的管理活动之中。公司努力寻求改善其全球性的组织内的研究和技术联系，允许当地有更大的自主性和灵活性（例如，了解世界范围内的研究进度），而保持跨国公司所拥有的规模和范围优势。但是，在跨国公司之间，即使是和研究与开发有关的国际性组织结构，也仍然有广泛的多样性。对国际战略性技术联盟的管理，联盟伙伴间的协调，也形成对全球性创新体系管理的挑战。

已经有一些主要的跨国公司成功地开发了一套策略和技巧，在国际范围内，在公司不同的功能单位和主要的供应商之间有效地开发和转让技术。然而，即使在这些公司内部，这种成功的全球技术管理的“全部技能”也难以在不同的战略商业单位或分部之间广泛地扩散或分享。这种行动导向的学习的很大部分仍然附属于一个范围更大的公司中仅仅很小的一部分。实际上，对许多公司来说，这是它们与其他公司相比根本的竞争优势。

研究人员对这些一般趋势的某些方面已经在某些公司内部进行了总结，但是，如何对国际创新产生的形式以及与新产品相联系的公司内和公司间的联系进行有效的管理仍需要进一步地探索。但是，这些

实践和战略在世界经济内实际影响和驱动着技术全球化的过程。这种研究不仅帮助我们理解这种进程，也有助于公司提高效率和影响力，也为处于不利地位的国家和社会拓展经济发展的空间。

二、R&D 全球化与技术竞争的两个层面

R&D 的全球化造成了高科技竞争的进一步复杂化。各国的科技创新竞争与企业之间的科技创新竞争交叉进行。国家之间的竞争表现为国家创新体系之间效率的竞争，而企业之间的竞争则表现为企业所参与其中的技术联盟的 R&D 网络之间的竞争。

R&D 的国际化以至全球化一直是在逐渐地但却是波浪起伏地发展，而创新的产生仍然很大程度上是国内的（国家的）事情。对于 R&D 全球化的真正的规模和影响，我们可能估计不足。这是因为受到两个因素的影响：首先，对于这种现象居于支配地位的分析，是以传统的以机构为基础的观点进行的。其次，也许更为重要的是，这种研究一直受到可得到的数据的影响。但是，很多问题隐藏在 R&D 全球化的辩论之中。改变研究的角度能够产生大量的不同观点。以地点为基础进行分析，对许多技术来说，其国内（或国外）的性质可能就不是那么牢靠。位于世界上主要的工业经济中心的主要工业公司，如美国、日本、德国的工业公司，其技术的产生，也许很大程度上仍然是在国内环境里进行的。但是对于许多发达的国家，对于那些较小的工业化国家，对于重要的发达国家中的经济较落后地区，实际上对于许多更小的公司和工厂，这种“国家中心”的技术观可能就不那么实用。对于这些国家、地区和公司，很多技术使用之前和进行当地的改进之前是来自国外。实际上，更仔细地考察特定的技术创新，可以看到它们并不必定在严格封闭的国家创新的空间体系里。而且，当我们把注意力从技术的产生（“源泉”）转到技术的使用（“沉积”），更大的国际技术创新的框架就更适用。这里“技术依附”仍然是很多国家所关心的重大问题，在政策辩论中处于中心地位。无论关于 R&D 全球化的更为学术性的辩论的结论如何，依赖外国技术的“分支工厂症”；外国跨国公司对于本土公司开发技术的“阴影效应”；具有创新能力的国内公司为外国公司所兼并和接管仍然是很严重的问题。一个国家缺少技术能力和对技术没有控制能力是其长期经济发展

的约束因素。

围绕全球化和技术全球化问题的争论，其引人注目之处，不是对于全球化和技术全球化问题的内容有不同的估价，而是对于其性质和范围持相似观点的人，却有着十分不同的政策选择。当问题涉及为了获得和寻求技术竞争力，什么样的办法才是最佳办法，关于政策选择的意见就更不一致。许多人也许对全球化程度和技术变化的性质有相似的观点，但对于在这种新的世界形势下，一个国家要获得和建立其竞争优势，什么样的政策才是最好的政策，意见却大不相同。一种观点认为，对本土工业来说，在本国领土内或在本国的某一地区内，国内技术基础的建设为全球竞争提供了组织基础。按照这种观点，强大的本国所有的“产业群”的建立是十分重要的，如果技术全球化继续发展，创新的国家体系受到威胁，国家的创新体系就更应得到捍卫和加强建设，以获取最新的具有竞争力的经济结构。

与此相对照，罗伯特·赖克（Robert Reich）认为产业竞争已经导致产业散布到全球各地，这样就使国土范围内的本国产业和国民的各实体企业对于取得和保持竞争优势越来越失去其重要性。赖克强调的是要拥有训练有素的，具有良好知识基础的劳动力，这样就能形成，也能够吸引无国界的创新型公司的到来，在“全球网络”上发挥重要的作用。赖克接受了这种一般的预言，但是提出的对策不是保卫本国的不大健全的创新体系，而是要使它的组成部分，尤其是使它的劳动力，保持对于外来者的竞争力和吸引力。①

这种争论围绕的中心问题是，技术竞争力何在，是公司，还是人口素质，还是地理位置？弄清楚与竞争力有关的地理位置的性质和状态已经被看做是一个重要的因素。一种观点认为，随着各国经济在贸易和投资方面更加开放，随着各国距离的“缩短”，随着企业为了进行全球性竞争而成为由电信网络连接的真正的全球性组织，区位和地区的重要性会降低。而另一种观点则提出，随着R&D机构在某一地点的集结，它们发展成为独特的、当地的机构制度体系，其基础是紧密的、非正式的知识流动，而由于这些很难在别处重新创造出来，区

---

① 罗伯特·赖克．上海市政协编译组编译．国家的作用——21世纪的资本主义前景．上海：上海译文出版社，1994

位和地区的重要性会增强。实际上，更基本的问题是，这种与知识的交流和转让的成本相联系的“粘性”，是造成知识的全球化难以真正起飞，因而知识创新仍然基本上是国家的，或者说实际上具有当地倾向性。就企业学习和分享知识的当地化形式来说，内涵的知识的作用仍然是造成创新和技术转让在跨越空间时比较困难的重要因素之一。在这里全球的范围是重要的，但全球化采取何种形式，以及与之相联系的社会和经济关系则仍然是不清楚的。增长极和创新聚集区的混合对未来组织产业的形式正在产生重要的影响。可以证明这一点的是，许多国家，尤其是一些发展中国家正在努力建设高新技术开发区。

关于技术全球化和竞争力的讨论还有两个重要的方面。第一是在这种日益加剧的竞争领域里，只有一些地方会繁荣起来，成为优胜者。而且，在动态的竞争形势下，作为优胜者的公司或地点，可能在下一轮竞争中成为失败者。人们常常假设，其他公司和地点最好模仿已经成功的公司和地点的做法，企图走同样的道路。但是，多样化发展的理论指出，走不同的道路可能是取得竞争优势的关键，只有很少的公司和地点能够经由相似的道路和形式取得成功。

第二是技术竞争力及其应用问题。进行创新的企业和地点并不总是能从创新中获得直接的利益，也就是说，创新的产生和它的商业化是同一地点的假设是不确定的。例如，瑞典的大学在开发注墨技术方面处于领先地位，但这项技术却未能融入瑞典的产业结构，却由其他地方（日本）的外国公司取得了商业化的成功。所以，一国可能在技术竞争力方面取得了成功，但消化的问题以及国家不能提供利用这种创新的各种资产会阻挠这种技术成功地转化成为直接的商业利益。

三、R&D 全球化及全球性技术管制

R&D 全球化研究中经常受到忽视的一个方面是有关技术管理制度的问题，管理制度领域不仅包括直接的领域，例如，知识产权的管理系统，而且也包括传统上很重要的对高技术部门如国防、航空、电信业的管制等。国家创新体系的一个重要影响因素是对科学和技术的管理制度。虽然国家的技术管理制度仍然很重要，但随着世界贸易组织的出现，国家管理制度的作用正在减弱，例如，专利和版权制度正走向国际协调。到 20 世纪 90 年代初期，欧洲许多国家，例如，英国

的国家专利制度已经让位给欧盟的专利制度。在世界贸易组织的与贸易有关的知识产权协定的推动下，各国的知识专利管理制度王走向全球协调的体系。这建立了一个综合的知识产权协议，即从登记日起至少 20 年的专利保护期，而专利制度的国际协调仍有许多事情要做，其有效的跨国界的实施甚至更为遥远。各国自己的专利制度和标准是很重要的技术管理领域，但是现在各国运用自己的专利制度和标准来保护本国产业和独特的国家体系的空间已经大大缩小。

国家创新体系的重要性，也使政府进一步走向所谓“技术民族主义”。例如，尽管外国在研究和技术方面的投资在复兴美国关键商业领域方面起到了重要作用，但美国也在采取措施，尤其限制外国公司参与美国的技术项目，与之相联系的最近的立法有国防授权法、国家关键技术法、先进制造技术法、美国技术卓越法。虽然这些立法的基本理由是要保护国内技术资产，但它也限制了本土公司与外国公司的合作，也不利于发展开发迫切需要的国外技术资源的潜力。

一方面为建立本国技术基础而提供刺激允许外国公司进入，另一方面允许技术向外国流动，努力在这二者之间取得平衡，是困扰一些较小型的经济和一些发展中国家几十年的老问题。但是，对于一些大国来说，却是一个相对较新的问题。最明显的是美国。在全球的技术与当地的技术之间取得平衡，这方面仍然有许多政策问题需要探索，我们现在把较多的注意力放在研究成功的创新体系的经验上，但是也可以从失败中学到更多东西。在许多发展中国家和地区，难以为本土公司的技术创新提供充足的经费，本土公司吸收和消化技术的能力也很薄弱。在许多国家尤其是发展中国家，存在着一种所谓“双重（二元）技术”环境的危险，即一方面是一些小型的、精英型的高技术基地，这些地区与西方公司之间有着很强的互补关系；另一方面是经济中占支配地位的，很少或没有技术能力的地区。R&D 全球化并不意味着不需要国家和地区的政策，但它要求更为敏锐的政策，以追求既具有本土技术创新能力又有外国技术创新能力的国家或地区的更为广泛的经济发展的基础。

四、R&D 全球化对发展中国家的挑战

先进的技术主要集中于发达国家手中，R&D 全球化的过程也主

要由发达国家及其跨国公司所控制，发展中国家的技术人才流向发达国家，流向发达国家的跨国公司设在发展中国家的 R&D 机构。发展中国家要改变在技术上的落后状态面临着新的困难。某些发达国家及其跨国公司极力从其技术垄断地位中获取经济利益，发达国家所要求的提高知识产权保护的要求并没有充分考虑发展中国家的经济利益，而是从发达国家的立场出发。高新技术开发所需的巨额费用使发展中国家很难承受。发展中国家要摆脱技术发展上的困境需要更加艰苦的努力，制定适当的政策也就更为困难。

20 世纪 80 年代以来大型跨国企业之间达成的战略性技术联盟的数量迅速增加。在全球 4192 项战略性技术联盟中，发达国家，特别是美国、欧洲、日本三者企业之间的技术联盟占 90% 以上，而发达国家与发展中国家企业以及发展中国家企业之间的战略性技术联盟所占比例还不到 5%。从某种意义上讲，跨国企业之间签订的战略性技术联盟实际上就是一种分享技术协议，它是为保持技术的垄断性和小范围的共享性达成的，目的是通过这种协议提高产业进入的技术壁垒，将更多的企业拒之门外。发展中国家在全球企业战略性技术联盟中的弱小地位又使它不可能对于发达国家企业在技术上的垄断地位提出挑战。①

全球性技术力量基本上集中于发达国家，这就可能会导致世界权力结构的更加不平衡。对于发展中国家来说，将面临着更加严峻的国际挑战。技术及其带来的变化必然要求落后国家遵从某些共同的规则和规律，“强制性”地要求体制变化，这样，又势必引起一些国家的政治动荡。发展中国家在追赶发达国家时往往容易产生“不同步”现象，即为了实现赶超目标，不得不超前地“楔入式地引进”一些先进的东西，这又与原体制发生摩擦乃至动乱。亚洲金融危机在一些国家引起了严重的政治危机，实际上也是与这种体制不匹配的结果。全球性技术的发展速度给发展中国家留出来的应付冲击的政策空间越来越有限，进行相应的体制调整的时间越来越短，发生动荡的可能性也相应增大。凭借全球性技术而形成的经济、军事力量，无疑会为掌握这些力量的国家带来巨大的利益。准确地说，全球化将处在掌握全

① 王春法．论综合国力竞争与国家创新体系．世界经济，1999（4）

球性技术力量的国家的主导之下。历史上没有哪一个帝国像今天掌握全球性技术的国家和地区那样，真正具有对世界进行直接管理、统治或施加影响的能力。它们可以凭借全球性技术的威力，不出国门就对其他国家产生影响；通过卫星、无线电广播向其他国家人民进行意识形态的宣传；通过网络深入一个国家内部，进行广泛的经济、政治、文化、情报等活动；通过洲际导弹对遥远的国家进行威慑；通过航空和航海把自己的力量输送到世界任何一个地方。总之，现在的大国和强盛的地区性联盟（如欧盟），可以实实在在地用可靠的全球性技术手段，以较低的成本，对全球重大事件及时进行直接干预；通过全球性技术手段直接影响到其他国家人民具体的生产、生活甚至思维方式。全球性技术带来的优越感已在相当大程度上影响着某些国家政府的决策方式。

由于发展中国家与发达国家在技术、经济方面的差距如此巨大，发展中国家在国际舞台上按照自己意志进行选择的空间将会大大缩小。

第六章　美国的国际研究与开发

由跨国公司进行的国际 R&D，例如，在国外的 R&D、与国外机构组成研究型合资企业或 R&D 联盟，从事长期的目的在于开发新产品和发展技术能力的活动。这就导致跨越公司和地理区域的技术联系，在一个科学研究和全球市场的竞争都快速变化的环境下，跨国公司进行的这类国际 R&D 日益重要。

美国是世界上科技实力最强大的国家，一方面，它吸引了大量的外国跨国公司在美国进行研发投资，而另一方面，美国的跨国公司也在国外进行研发投资。美国公司与欧洲公司之间有着非常广泛的研发方面的联系，特别是在制药、信息技术以及运输设备制造等产业。最近，中国、印度、以色列和新加坡等发展中国家或新兴工业化经济体正在崛起成为美国跨国公司研发投资的东道国。本章对美国的国际 R&D 进行研究。首先，评述美国公司参与国际技术联盟的情况；其次，研究跨国公司的 R&D 投资，包括外国跨国公司在美国的 R&D 投资和美国跨国公司在国外的 R&D 投资。

第一节　美国公司在国际技术联盟中占据重要地位

产业创新越来越多地涉及企业内部进行的研发与同外部伙伴一起从事的一系列活动。过去 20 多年里，美国公司更多地参与国内和国际的技术联盟。

技术联盟可以被定义为在法律上不同的各方之间涉及 R&D 的合作或伙伴关系。从理论上讲，联盟不同于利用企业外部现有的技术资源，例如，专利许可或是合同研发，前者涉及某些共同的 R&D 活动。但在实践中，一个技术项目可能涉及广义上的这两类联系。与外部伙伴一起进行的技术活动或交易（例如，合同研发和技术联盟）允许企业分担 R&D 研发成本，共享技术并承担市场风险，与公司内部能力形成优势互补和进一步发展内部能力，加快 R&D 项目的进度。与只是利用任何单一的工具相比，企业可能从多种创新战略的结合中获得更多的利益。①

但是同时，合作网络不是没有风险，与企业内部的研发相比，这种联盟也对战略和管理带来了多方面的挑战。首先，在商业上，企业高度重视并不准备转让的产权技术的保密工作；其次，在不同的产业、公共伙伴（政府或学术机构）之间，或是国际伙伴之间存在文化差异，这使联盟的管理有更多的困难。最后，公共部门和私营部门的合作对知识产权和公众所关心的基础科学知识的流动政策提出了挑战。

在宏观水平上，创新的系统方法认识到在研发的实施者和使用者之间涉及的知识在不同水平上跨部门的联系的重要性（例如科学发现、技术实践）和目标（例如商业化、公共健康或是人员训练等），在美国和其他发达国家的公共政策，十分重视增强以技术为基础的经济增长的前景，从多角度促进工业创新。

一、美国关于技术联盟的有关法规

在美国，有一些政策措施帮助并规范产业、大学和联邦实验室进行研发合作。为了规范和管理企业之间的合作研发，美国颁布了一系列的法律。②

美国有关合作研究与技术转让的主要的联邦立法有如下述：

• 史蒂文森—怀特勒技术创新法（Stevenson-Wydler Technology Innovation Act,1980）——要求联邦实验室帮助转让联邦拥有的或原创的技术给州和地方的政府以及私营部门。

• 贝赫—多尔大学和小企业专利法（Bayh-Dole University and Small Business Patent Act, 1980）——允许政府资助的或是合同商保留联邦资助的发明，鼓励大学向产业提供许可。这一法案的目的是要培育学术界与企业间的互动。

① 美国国家科学基金会．2006 年科学与工程指标．http：//www. nsf. gov

② 美国国家科学基金会．2006 年科学与工程指标．http：//www. nsf. gov

• 小企业创新发展法（Small Business Innovation Development Act，1982）——在主要的联邦研究机构中建立小企业研究项目，增加政府的研究资助，帮助具有商业潜力的小型高技术公司。

• 国家合作研究法（National Cooperative Research Act，1984）——鼓励美国企业在一般的、竞争前的研究方面进行合作，建立合理的规则，评估研究型合资企业的反托拉斯含义。1993 年通过的国家合作研究和生产法（National Cooperative Research and Production Act，NCRPA）对 1984 年的国家合作研究法进行了修订，允许公司在生产活动中进行合作，也允许公司在研究活动中进行合作。

• 联邦技术转让法（Federal Technology Transfer Act，1986）——对 1980 年的史蒂文森—怀特勒技术创新法进行了修订，以批准联邦实验室与其他实体，包括其他联邦机构、州或当地政府、大学以及其他非盈利组织、工业公司之间签订合作研究与开发协定（Cooperative Research and Development Agreements，CRADAs）。

• 综合贸易与竞争法（Omnibus Trade and Competitiveness Act，1988）——建立竞争政策委员会，为国家战略和特定政策提出建议，以促进产业竞争力。该法在国家标准和技术研究院（National Institute for Standards and Technology）创立了高级技术项目（Advanced Technology Program）和制造技术中心（Manufacturing Technology Centers），以帮助美国公司增强竞争力。

• 国家竞争力技术转让法（National Competitiveness Technology Transfer Act，1989）——修订了史蒂文森—怀特勒法（Stevenson-Wydler Act），允许政府拥有的、或政府的承包合同实验室参加合作研发协定。

• 国家合作研究与生产法（National Cooperative Research and Production Act，1993）——该法放松了对于合作生产活动的限制，使得研究型合资企业得以共同参与合资企业所需要的技术应用工作。

• 技术转让商业化法（Technology Transfer Commercialization Act，2000）——修订了史蒂文森—怀特勒法和贝赫—多尔法，改进政府机构的能力，对联邦拥有的发明进行监测和提供许可。

二、有关技术联盟的数据库

已经建立了一些专门的数据库跟踪技术战略联盟的发展。美国国家科学基金会提供赞助的有两个著名的数据库，这两个数据库来源和范围有所不同。一个是合作研究数据库（Cooperative Research, CORE），建在格林斯博罗的北卡罗来那大学，另一个是由荷兰的马斯特里赫特创新和技术经济研究所（Maastricht Economic Research Institute on Innovation and Technology, MERIT）编制的合作协定与技术指标（Cooperative Agreements and Technology Indicators, CATI）数据库。合作研究数据库收集了在美国建立的联盟和研究型合资企业，这些联盟依照《国家合作研究法》（National Cooperative Research Act），由联邦注册局（Federal Register）记录。合作研究数据库的注册并不是为了全面记录以美国为基地的公司的合作活动，所以，只是作为例证，并不能完全反映美国公司的联盟活动。合作协定与技术指标数据库（CATI-MERIT）包括了国内和国际的技术协定，将技术战略联盟按照所涉及的母公司所在的国家制成表格。CATI-MERIT 数据库是一个以文献为基础的数据库，材料取自各种来源，如报纸、杂志文章、图书以及报道商业事件的特定刊物等。

三、美国国内企业的合作研究协定

由于1984 年美国通过了《国家合作研究法案》（NCRA），1993 年通过了其修正案，即《国家合作研究和生产法》（NCRPA），美国的合作研究项目急剧增加。

许多合作研究协议发生在信息、通信和汽车工业。这些行业的主要企业通过参与合作研究项目，在许多不同的研究项目中彼此接触。例如，通用汽车公司，它是世界上最大的汽车制造商，大约占世界产量的15%。通用汽车公司参与了 105 个合作研究项目，并在其中的 33 个项目中与福特接触，在 21 个协定中与克莱斯勒接触。福特和克莱斯勒共同参与了 19 个合作研究项目。再如，IBM 参与了 69 个合作研究项目，在其中 32 个项目中，它与数字设备公司（DEC）合作，在 26 个项目中与惠普（HP）公司合作，这两家公司都属于全球信息技术产业前10位的公司。AT&T是电信业的主要企业，它参与了75个合作研究项目，并在其中27个项目中与数字设备公司合作，在23个项目中与惠普合作。数字设备公司又和惠普公司在27个合作研究项目中会合。AT&T和IBM在31个项目中相聚。①

根据合作研究数据库，从1985年以来登记了913个研发协定。数据显示出以下趋势：

新登记的联盟在1986年到1995年间处于增长趋势，那时的最高数字是115家，而近年来有下降趋势。2000年新建联盟45家，2001年有26家新的联盟，而2003年新建立了22个研发协定。

Brod和Link提出了一个统计模型解释研究型合资企业的这一趋势，包括1995年以后的下降趋势。他们发现登记的联盟可能是反周期的，尤其是“当经济强劲时……研究与开发增长，公司可能较少依靠合作的研究与开发安排……而当经济疲软时，内部资源就受到了更多的限制。”②

现在合作研究数据库按照北美工业分类系统（NAICS），对于1994～2003年的524个联盟中的446个进行了分类，使我们得以了解联盟的产业分布。从分类来看，在446个联盟中的2/3属于四个制造业产业：电子设备、应用及其部件、运输设备、化工（包括制药）、计算机和电子产品。另有31个联盟（或7%）的分类属于专业、科学与技术服务（包括研发服务）。③

1985～2001年大约有一半的技术联盟从事三个工业分类的活动：电子和电气设备（18%），通讯服务（16%），运输设备（15%）。这些联盟中的15%（861个联盟中的125个）有美国的大学作为研究成员参加，大约12%（861个联盟中的99个）包括了联邦实验室。④

---

① 联合国贸易与发展会议．1999年世界投资报告．中国财政经济出版社，2000

② 美国国家科学基金会．2006年科学与工程指标．http：//www. unctad. org

③ 美国国家科学基金会．2006年科学与工程指标．http：//www. nsf. gov

④ 美国国家科学基金会．2004年科学与工程指标．http：//www. nsf. gov

四、美国企业在全球范围内的国际技术联盟中占了最大份额

1. 大多数国际研发联盟在美国、欧盟和日本的公司之间形成

合作研究数据库和合作协定与技术指标数据库收集了世界范围内，由美国国内公司和跨国公司以及它们的子公司、子公司之间形成新技术联盟的年度资料，数据库中记录的大多数联盟是由所谓的“三大地区”（Triad Regions）即美国、西欧、日本的研究与开发伙伴拥有或有三大区的研发伙伴参加的（参与联盟的公司的国籍是指最终的母公司总部所在地，而不是联盟成员如子公司的所在地）。

主要的美国企业不仅在国内企业之间建立研发协定，而且也在国外建立国际技术联盟，美国企业大量接触日本和欧洲的竞争对手。例如，IBM 在 15 个合作研究项目中与富士通（日本）相遇，与西门子（德国）在 14 个项目中碰面，与布尔（法国）是 12 个项目，与汤森（法国）是 11 个项目，与日立（日本）和阿尔卡特（法国）各自是 10 个项目。同样，AT&T 与北方电信（加拿大）在 18 个合作研究项目中合作，分别与富士通和 NEC（日本）在 15 个项目中接触，与西门子是 14 个，与布尔是 13 个，与日立是 12 个，与爱立信（瑞典）是 10 个。欧洲和日本的企业也经常共同参与美国的合作研究项目。例如，西门子在美国参与了 35 个合作研究项目。除了与美国企业合作外，它还与富士通和 NEC 共同参加了 13 个合作研究项目，与布尔是 11 个，与阿尔卡特和英国电信各是 10 个。①

2004 年美国国家科学基金会出版的《科学与工程指标》对以前版本中的数据进行了修订，包括了专门的合作研究开发协定、研发合同、股权合资企业以及研究型公司。以前的计算包括交叉持股（两家公司相互持有少数股份）、互助的次级融资以及交叉许可协定。然而，这种数据变化，并不影响整体趋势。现在的数据还就股权和非股权的安排提供了联盟结构的详情。

---

① 联合国贸易与发展会议．1999 年世界投资报告．北京：中国财政经济出版社，2000

2. 美国公司参与的研发联盟占了最大份额

从1980年以来的大多数年份，全部由美国公司组成的联盟占了联盟中的最大份额，其次是美国公司与欧洲公司之间的联盟。显然，作为全球研发伙伴，美国公司具有很强的吸引力，这是由于美国在某些高技术领域具有比较优势。同时，美国跨国公司广泛地对外进行直接投资及其海外子公司投资于研发，也增强了美国公司参与研发联盟的潜力，因为这为外国公司与美国公司的研发合作提供了方便。但是，美国与日本公司之间的联盟在最近一些年度所占份额下降，在20世纪80年代早期，美国公司与日本公司之间的联盟所占份额最高，在CATI-MERIT联盟数据库中，占21%，但从20世纪90年代中期以来，下降到10%或低于10%。仅仅由欧洲的公司之间所形成的联盟自从20世纪80年代晚期以来，一直在10%～20%的份额之间波动。在数据库中，其他方面的联盟所占份额低于10%。

就美国跨国公司及其子公司而言，1991～2001年世界范围内约有80%的技术联盟（5 892家中的4 646家）有至少一家美国公司参加，这比1980～1990年的2/3有所上升。1991～2001年间大约一半在美国的联盟（或者说全球所有联盟的39%）是完全由美国公司组成的。在美国的联盟的34%（全部联盟的27%）是在美国公司和欧洲公司之间形成的。

在联盟中，欧洲公司参与的技术联盟大幅度增加，而日本公司参与的技术联盟有所下降。在1991～2001年，欧洲公司参与了2 604个联盟（5 892个联盟中的44%），而1980～1990年欧洲公司参与的联盟数是1 989个，可见欧洲公司在1991～2001年参与技术联盟的数字有了大幅度增加。但是，与美国公司技术联盟的类型形成对照的是，相对于完全由欧洲拥有的公司形成的技术联盟，大多数在欧洲的技术联盟是在美国公司与欧洲公司及其子公司之间形成的。1991～2001年间，日本公司在世界范围参与的技术联盟是779个，与1980～1990年间日本公司参与1 013个联盟比较，数字有所下降。

3. 国际技术联盟最多的部门是信息技术和生物技术部门

联盟的技术分类不是惟一的，因为联盟可能在多个技术部门活动，分类就可能归于一个以上的技术部门。尽管这些数据库存在一些明显的局限性，例如，涉及一些小企业或某些技术领域的协定可能被漏报。另外，数据库的主要来源是英语文献。但是，数据库还是能明显地反映出一些趋势。

从1991年到2001年有5 892个新的技术联盟在世界范围内的大部门形成，这大部门是信息技术、生物技术、高级材料、航空与国防、汽车以及（非生物技术的）化工。2001年形成了602个联盟，比2000年的483个增长了25%，这是自1995年以来的首次增加，而此前1995年是形成联盟最多的一年，那一年形成了674个联盟，比上一年增长了19.5%。世界范围内新的产业技术联盟在2003年达到了一个新高度，建立了695个联盟。这些联盟涉及的大多数是美国、欧洲和日本的公司，焦点很大程度上集中在生物和信息技术产品、服务或技术，其他技术领域包括先进材料、航空和国防、汽车以及（非生物技术的）化工。

联盟中的大多数的组织形式是非股权的形式，或者说是合同式协议，尤其是非股权协议所占份额从20世纪80～90年代的61%增加到了1991～2001年的86%，更灵活的以项目为基础的非股权协议的联盟形式，与那些更为成熟的技术部门比较，对那些高度动态化的高技术部门的活动更有利，例如，信息技术和生物技术研究及基因产品开发等，实际上，这两个部门属于技术联盟最多的部门。

20世纪90年代，信息技术在联盟活动中处于支配地位。在1990～2001年，在按所有权分类的各个类别中，大多数联盟都以信息技术作为主要的焦点。显然，1991～2001年，完全由美国公司组成的战略联盟中的46%重点在信息技术活动。但是，生物技术联盟在近10年里稳步增加。美国与欧洲的联盟在生物技术方面最多，占33%（美欧之间的联盟里，信息技术联盟处于第二位，为21%）。实际上，生物技术联盟在2000年开始超过信息技术联盟，2002年占联盟总数的63%，2003年为53%，原因是这一部门里美国公司和欧洲公司的合作增多。

4. 信息技术与生物技术结合的新的技术联盟开始增多

1995年，信息技术与生物技术结合的一种新的技术联盟开始萌芽。1995～2001年，在这方面有46个联盟，在生物信息应用技术方面的联盟，美国公司参与了37个这样的联盟（占87%），包括19个与欧洲公司建立的联盟。这也许说明生物技术与信息技术在应用方面的结合会对未来产业产生重大影响（见表6-1、表6-2）。

1991～2001年世界范围的技术联盟

表6-1　**（根据母公司国籍和技术重点分类）①**

按母公司国籍分类	全部技术	信息技术	生物技术
全世界各国的公司拥有的联盟	5 892	2 471	1 829
仅美国公司之间的联盟	2 297	1 133	699
美国—欧洲公司之间的联盟	1 562	516	609
仅由欧洲公司之间的联盟	637	154	217
美国—日本公司之间的联盟	439	259	93
美国—非三方公司拥有的联盟	348	159	90
欧洲—非三方公司拥有的联盟	213	59	60
欧洲—日本公司之间的联盟	192	86	32
仅由日本公司之间的联盟	96	55	8
仅由非三方公司拥有的联盟	56	20	15
日本—非三方公司拥有的联盟	52	30	6
选定组别			
美国公司参与的联盟	4 646	2 067	1 491
欧洲公司参与的联盟	2 604	815	918
日本公司参与的联盟	779	430	139
非三方公司参与的联盟	669	268	171

1991～2001年技术联盟的百分比分布

表6-2　**（根据母公司的国籍分类）②**

按母公司国籍分类	百分比分布（%）		
所有国家全部公司间的联盟	100	100	100
仅仅美国公司之间的联盟	39	46	38
美国—欧洲公司之间的联盟	27	21	33

① 美国国家科学基金会．2004年科学与工程指标．http：//www. nsf. gov

② 美国国家科学基金会．2004年科学与工程指标．http：//www. nsf. gov

续表

按母公司国籍分类	百分比分布（%）		
仅仅欧洲公司之间的联盟	11	6	12
美国—日本公司之间的联盟	7	10	5
美国—非三方公司拥有的联盟	6	6	5
欧洲—非三方公司拥有的联盟	4	2	3
欧洲—日本公司之间的联盟	3	3	2
仅仅日本公司之间的联盟	2	2	0
仅仅非三方公司之间的联盟	1	1	1
日本—非三方公司之间的联盟	11	1	0
选定组别			
美国公司参与的联盟	79	84	82
欧洲公司参与的联盟	44	33	50
日本公司参与的联盟	13	17	8
非三方公司参与的联盟	11	11	9
按技术分类			
全部公司组成的联盟	100	42	31
仅仅美国公司组成的联盟	100	49	30
美国—欧洲联盟	100	33	39
仅仅欧洲公司的联盟	100	24	34
美国—日本联盟	100	59	21
美国—非三方公司的联盟	100	46	26
欧洲—非三方公司的联盟	100	28	28
欧洲—日本联盟	100	45	17
仅仅日本公司之间的联盟	100	57	8
仅仅非三方公司之间的联盟	100	36	27
日本—非三方公司间的联盟	100	58	12

续表

按参与者分组			
有美国公司参与的联盟	100	44	32
有欧洲公司参与的联盟	100	31	35
有日本公司参与的联盟	100	55	18
非三方公司参与的联盟	100	40	26

注：①“非三方”指美国、欧洲、日本之外的国家和地区。

②由于四舍五入，各分项相加之和可能与总数略有出入。年度数据计算了世界范围内新成立的国内的和跨国公司的跨国技术联盟。一个联盟可能归入不止一个技术部门。国籍认定根据联盟成员所属母公司的最终国籍确定，而非联盟成员所在的地点。

第二节　跨国公司的国际研发投资

一、跨国公司国际研发投资概述

美国的国际研究与开发，跨国公司的研发投资是最重要的方面。跨国公司的国际研发投资可以从两个方面进行考察：一是美国跨国公司的子公司在国外的研发投资，一是外国跨国公司的子公司在美国的研发投资。

在海外研发投资的数据，属于跨国公司业务数据的一部分，分别来自美国经济分析局对于在美国的外国直接投资的调查（Survey of Foreign Direct Investment in the United States，FDIUS）以及对于美国在国外的直接投资的调查（Survey of U. S. Direct Investment Abroad，USDIA）。这部分业务数据不包括存放机构（Depository Institutions）的数据，并且以财政年度为基础。

在美国，对外直接投资指的是跨国公司在本国之外的生产性资产的所有权投资。美国经济分析局将直接投资更明确地定义为拥有或控制其他国家的企业10%或更多的有投票权的有价证券（股票）。某一国家的一家公司由另一国家的母公司拥有或控制，它就是一家子公司（Affiliate）。而本章我们所称的子公司是指拥有多数股权的子公司，即母公司所有的股票超过50%。

多数对外直接投资涉及海外生产、营销和分销，主要不是从事R&D活动。但是公司在国外越来越多地扩大以知识为基础的技术开发活动以寻求融合当地技能，或是把特定技能当地化。

全球研发的目的多种多样，从支持当地的生产，到技术在当地的采用和改进，到节约研发成本，到开发新产品和服务。决定全球研发地点的因素包括：（1）科学技术因素，例如，利用当地的人才，利用当地特定的科技技能等。（2）以市场为基础的因素，例如，当地大市场的吸引力，降低成本的考虑等。（3）在推进公司技术目标时，基于本国或海外优势的平衡。（4）研究与开发中其重点是研究还是开发。而在国外进行研发的障碍和挑战包括：知识产权的保护以及协调和管理问题。

鼓励海外研究与开发活动的目的与特征可以总结为两个大的方面：（1）寻求市场，或是以本国为基地的研发的利用，支持新市场的开发和在外国当地的生产；（2）寻求资产，或是增强本国为基础的能力，获取以科学为基础的技术和能力。在前一种情况下，跨国公司的目的是在国外，通过向当地市场转让产权知识和为当地市场改进技术，重点是产品开发的支出，通过采用产权知识并从这类知识的使用中得到利益。

在后一种情况下，目的是要利用其他国家当地新的和互补的知识，发展长期的创新能力。这是在研发活动国际化方面最近的新发展，其推动因素是以知识为基础的竞争的需要，尤其是在OECD国家之间。

这两个方面的目的之间的替代和互补，不仅影响技术密集的跨国公司是侧重于研究还是侧重于开发，而且影响其设立的地点和组织形式（例如，研发地点是接近于生产的聚集区还是靠近研究的聚集区，是单独的研究设施还是合同式的研究联盟）、财务机制（例如，是由母公司资助，还是由合资企业或政府拨款）以及对于技术人力的需求。

就跨国公司的对外直接投资而言，美国和欧洲之间，在制药、计算机以及运输设备等产业的公司之间的国际研发支出的联系特别密切。近年来，美国已经吸引了大量的外国公司进行研发投资。从

1994 年到 2000 年，外国公司在美国的研发投资实际以年均 10.8% 的速度增长，多数是合并和兼并的结果，与之进行对比的是，美国公司进行的海外研发支出平均年增长率是 6.9%。2000 年，外国拥有的公司在美国进行的研发占工业研发总支出 1995 亿美元中的 261 亿美元（占 13%）。在 1994 ~2000 年，这一份额在 11% ~13% 之间波动。

2000 年，外国拥有的公司在美国的研发约 2/3 投资于三个产业：化工和制药、计算机和电子产品以及运输设备。2000 年有 7 个国家的跨国公司在美国的研发投资在 10 亿美元以上，德国、英国、瑞士、日本、加拿大、法国和荷兰，这 7 个国家占了全部外国公司在美国研发支出的约 90%。

运输设备、计算机和电子产品以及化学和制药业这三个制造业部门支配着美国拥有的公司的海外研发活动，这也是大多数外国公司在美国研发投资的 3 个重点产业，这说明在这些产业中有更高程度的研发活动的全球化。

二、外国跨国公司在美国的研发投资

1. 概况

外国在美国的公司有很大的规模。根据美国经济分析局数据，2000 年，外国公司拥有多数股权的美国子公司——在美国经营的外国直接投资的所有权超过 50% 的子公司，其总产值（增加值）是 4 494亿美元，销售额是21 000亿美元，在美国几乎有 560 万名雇员，占美国私营企业就业的 4.9%。它们的增加值占美国私营产业增加值的比重由 1997 年的 4.9% 增加到 2002 年的 5.7%。

2002 年，就增加值来说，外国跨国公司在美国从事的最大的产业是批发贸易，占总增加值的 16.8%，其中包括制造业里拥有大量二级经营业务的大型子公司，其次是化学工业占 9.6%，运输设备为 7.6% 以及计算机和电子产品占 4.9%。

外国公司在美国的子公司的经济活动包括生产、就业以及研发等，反映了新的投资流入的综合效应，或是通过建立新设施，或是通过购并以及它们现有的美国业务的改变。根据美国经济分析局的数据，美国吸引的新外国直接投资的流入（建立新的商业实体的支出或是购并现有企业的支出），在 2001 年和 2002 年比前一年有所下降，而此前，在1998~2000年一直持续增加。这与美国经济活动的放慢和世界范围的购并放缓一致。

外国公司在美国拥有多数股权的子公司在美国的研发投资，在20世纪90年代后期增长很快，这与当时大量的外国直接投资的流入相一致，2000年达到了261亿美元，比1999年增加了8.6%。随后则是较小幅度但仍然有意义的增加。2002年在美国，外国公司在美国拥有多数股权的子公司实施的R&D支出达到275亿美元，经过通货膨胀调整后，比2001年增长了2.3%。与之比较，经过通货膨胀调整后，2002年在美国的全部工业R&D（包括所有在美国的公司，不考虑其所有权状况）下降了5.6%，外国跨国公司在美国的子公司的R&D支出，占了2002年美国全部工业R&D支出的14.2%，而在1998年到2001年，这个数字刚超出13%。① 据美国国家科学基金会的《工业研发概况》提供的数据，2000年，外国所有的R&D占了美国工业研发支出总额1995亿美元的13%。这个份额在1994~2000年在11%~13%之间波动。

值得注意的是，近年来外国在美国的R&D支出所占份额（13%）是其所占私营产业增加值份额和就业份额的两倍以上，这反映了外国跨国公司在美国的子公司在研发密集的产业里的活动很重要。

2. 投资国家和产业分析

来自相对很少的国家的跨国公司占了外国在美国R&D投资的很大部分。2000年，欧洲拥有的子公司在美国的R&D上投资186亿美元，占了外国在美国R&D投资的71%，而它们在全部外国公司在美国的子公司的总产值中所占份额是67%。2002年，欧洲母公司在美国所拥有的子公司占了全部外国在美国的子公司总R&D投资额的3/4（275亿美元中的207亿美元），反映了它们在美国经济中的巨大的投资规模和份额以及它们的重点是在技术密集的产业。相应的加拿大和亚太地区所有的子公司所占R&D的份额分别是14.0%和10.9%。特别值得注意的是，外国公司在美国的子公司的研发活动中，主要由7个研发投资达到10亿美元或10亿美元以上的投资国所支配（见表6-3）。这7个国家的企业在美国的研发投资占了全部外国在美国研发

---

① 美国国家科学基金会.2006年科学与工程指标.http：//www.nsf.gov

投资的约90%，比其所占产值（增加值）、销售额以及就业（分别为82%、73%和80%）的份额更高。2000年，德国和英国拥有的子公司各占外国在美国研发支出总额的20%，以下是加拿大拥有的子公司，所占份额为14%。相对于总产值，德国、加拿大和瑞士拥有的公司是研发最为密集的子公司（见表6-4）。

2002年外国公司在美国的子公司支出的275.55亿美元研发支出中，249亿美元是由这些子公司本身支出的；21亿美元是由其他方支出的（包括它们的母公司和同一公司在美国之外的子公司）；5.55亿美元是由美国联邦政府的机构支出的。

外国在美国的R&D支出主要用于制造业，制造业占了在美国的外国子公司R&D的3/4，其中，用于化工的R&D支出2000年是27%（其中80%用于制药），2002年上升为29%，用于计算机和电子产品（其中3/4用于通讯设备）的R&D支出2000年是24%，2002年下降为18%，用于运输设备（主要是汽车）的R&D支出的比例2003年与2000年持平，均为12%，这三个工业部门就占了外国在美国子公司R&D的约2/3。2000年，电子设备及部件和机械各占外国在美国R&D支出的7%和3%。同年，信息及专业、技术和科学服务各占美国总数的3%，这个比例从1999年以来变化很小。

来自某些投资国的企业在某些产业尤其活跃。分类属于运输设备的德国拥有的美国子公司2002年的研发支出是24亿美元，是外国在美国的子公司在这一产业中的研发的75%，也是德国拥有的子公司在美国的研发支出的42%（见表6-3）。另一方面，瑞士和英国的子公司在化学工业方面较为突出，包括了制药业，支出占外国在美国的子公司在化学工业方面支出的57%。2000年，瑞士公司在美国的研发80%是由化工和制药业子公司进行，而英国和德国在美国的子公司在化工和制药方面的研发分别是38%和24%。与之形成对比的是，日本在美国所拥有的研发的四分之一以上是由分类为计算机和电子产品的公司进行的。

2002年，外国在美国的子公司雇用了128 100名研发人员，比2001年上升了0.6%。同一时期，子公司的全部就业人员下降了3.1%。2002年，制造业占了子公司全部就业人员的41%，但占R&D的就业比例超过3/4，这与它们在研发方面的大量支出相一致。

2002年外国公司在美国的子公司进行的研发①（百万美元）

表6-3　（据北美工业分类体系进行产业分类和据国家/地区进行分类）

国家/地区	所有产业	制造业						非制造业	
		制造业总体	化学	机械	计算机和电子产品	电子设备	运输设备	信息	专业、技术、科学服务
所有国家	27 508	20 228	7 997	1 872	4 885	396	3 183	723	964
加拿大	1 583	1 154	33	3	D	D	D	D	41
欧洲	20 735	16 151	7 514	1 605	2 653	333	2 950	482	322
法国	2 620	2 026	977	29	537	124	96	209	29
德国	5 659	5 136	1 395	1 110	79	24	2 394	D	0
荷兰	1 773	1 684	451	1 648	872	2	33	0	33
瑞士	3 295	2 770	2 506	35	20	D	0	D	D
英国	5 459	3 797	2 055	63	12	16	289	113	D
亚洲/太平洋	3 263	1 283	386	D	465	19	125	D	600
日本	D	1 218	383	63	432	19	125	D	599
拉美/其他西半球国家	1 035	848	0	184	D	D	0	—	0
中东	D	D	D	0	57	0	0	11	0
非洲	35	D	D	0	0	0	0	D	0

注："—"表示数据≤500 000美元；

D表示数据被省略以避免披露个别公司的经营数据；

NAICS表示北美工业分类体系（North American Industry Classification System）；

主要是2002年对于非银行业母公司拥有多数股权的非银行业的子公司的估计数据（>50%），母公司根据最终获得利益的所有者所在的国家来决定，产业则根据子公司所在的产业来决定。支出包括了外国子公司进行的研发支出，无论是它们自己支出还是其他用于对合同管理的支出。支出不包括为其他子公司完成研发合同而发生的支出。

① 资料来源：美国国家科学基金会．2006年科学与工程指标．http：//www.nsf.gov. 子公司是指拥有股权超过50%的子公司。

表 6-4　**2000 年外国拥有多数股权的子公司在美国的经营数据①**

投资国家	总产值（10 亿美元）	销售额（10 亿美元）	就业（百万雇员）	研发支出（10 亿美元）	投资国家研发支出份额（%）	研发支出/总产值（%）
总计	449.4	2 053.0	5.56	26.1	100.0	5.8
投资最多的七个国家	368.1	1 492.8	4.46	23.4	89.6	6.4
德国	54.0	308.2	0.69	5.6	21.5	10.4
英国	100.1	331.2	1.10	5.0	19.2	5.0
瑞士	34.0	120.0	0.46	3.0	11.5	8.8
日本	62.2	429.7	0.70	2.6	10.0	4.2
加拿大	36.3	159.3	0.56	3.7	14.0	10.2
法国	38.9	144.4	0.40	2.1	8.2	5.4
荷兰	42.6	D	0.55	1.4	5.2	3.3

注：D 表示数据被省略以避免披露个别公司的经营数据。

按照美国国家科学基金会《工业研究与开发概况》的数据，外国公司在计算机、电子产品以及运输设备方面的 R&D 支出与其所占产业 GDP 的比重相近。② 但是，外国公司研发支出中化工研发所占份额，是其所占美国产业 GDP 份额（2000 年是 11%）的两倍。这种差别表明美国成为重要的外国公司化工和制药研发的中心，反映外国直接投资寻求资产的目的。同时，2000 年，这些外国拥有的化工子公司的总产值在美国全部外国子公司总产值中的份额（9.1%）比美国全部化工产业在美国（私营产业）GDP 中的份额（2.1%）要高出很多，说明这些外国化工企业在美国的子公司有大量的生产活动。这就说明，外国化工企业在美国的研发投资，也许是既寻求市场，也寻求资产，具有双重目标。

① 美国国家科学基金会．2004 年科学与工程指标．http：//www. nsf. gov

② National Science Foundation. Division of Science Resources Statistics. Survey of Industrial Research and Development. 2003. http：//www. nsf. gov

三、美国跨国公司在海外的研发投资

1. 概况

美国跨国公司由在美国的母公司加上在国外的子公司构成。根据美国经济分析局的数据，美国跨国公司在2000年总产值是2.70万亿美元，销售是9.03万亿美元，在世界范围内的雇员是3 120万人。美国跨国公司的母公司占了2000年美国全部工业R&D支出的2/3。① 这一年，美国跨国公司的全球R&D总额是1 559亿美元，母公司在美国的R&D支出是1 355亿美元，而美国拥有多数股权的国外子公司（MOFAs）的R&D支出是205亿美元。② 2002年，美国跨国公司拥有多数股权的海外子公司（美国公司在外国的子公司）在国外支出了212亿美元用于R&D，扣除通货膨胀因素，比2001年上升了5.6%。③ 从1994年到2002年，除了2001年之外，美国在外国的子公司的研发支出每年都在增长（见表6-5）。

表6-5　　**1994～2002年美国跨国公司母公司及其国外子公司的研发支出④（百万美元）**

年份	研发支出			份额	
	母公司	国外子公司	总支出	母公司	国外子公司
1994	91 574	11 877	103 451	88.5	11.5
1995	97 667	12 582	110 249	88.6	11.4
1996	100 551	14 039	114 590	87.7	12.3
1997	106 800	14 593	121 393	88.0	12.0

① 美国国家科学基金会.2004年科学与工程指标.http://www.nsf.gov

② 按照美国国家科学基金会进行的工业研究与开发调查，2001年在国外的研发为179亿美元，比2000年的175亿美元上升了2.3%。但是需要注意的是，国家科学基金会根据调查发表的2000年的估计数据，与商务部经济分析局的调查得到的数据不同，这是因为商务部经济分析局的“在国外的直接投资调查”所采用的调查方法不同。

③ 美国国家科学基金会.2006年科学与工程指标.http://www.nsf.gov

④ 美国国家科学基金会.2006年科学与工程指标.http://www.nsf.gov

续表

年份	研发支出			份 额	
	母公司	国外子公司	总支出	母公司	国外子公司
1998	113 777	14 664	128 441	88.6	11.4
1999	126 291	18 144	144 435	87.4	12.6
2000	135 467	20 457	155 924	86.9	13.1
2001	143 017	19 702	162 719	87.9	12.1
2002	137 968	21 151	159 119	86.7	13.3

注：国外子公司是指拥有多数股权的子公司，即美国母公司的总所有权大于50%。

美国跨国公司在外国的子公司的R&D支出在1998年温和增长之后，1999年加速，一部分原因是国际购并的发展。从1994年到2002年，美国跨国公司的全球研发支出中，85%以上是在美国国内支出，然而，这一时期，在国外的子公司的研发支出平均增长年率为7.5%，比起美国母公司在国内的研发增长年率（5.3%）更快。结果，美国跨国公司在国外的子公司的研发支出在其全球研发支出中所占份额上升，从1994年的11.5%上升到了2002年的13.3%。

但是，2000年，美国拥有多数股权的在国外的子公司在世界范围内的研发支出接近于它们在就业和销售中的份额的一半，略多于它们在总产值（增加值）中的份额的一半。这表明，与其他活动比较，美国跨国公司的母公司相对偏好进行以国内为基础的研究与开发，这一点与以其他先进国家为基地的跨国公司的行为一致。美国跨国公司在国内高度集中的研发支出，使这些母公司在美国的研究与开发中起到重要作用。2000年，美国跨国公司母公司占了美国全部工业研发的2/3①。根据美国经济分析局的数据，相比之下，2000年美国跨国

① 值得注意的是，美国经济分析局（BEA）所定义的美国跨国公司的母公司并不排除由外国公司拥有的母公司。按照经济分析局的估计，在2000年以及1999年，美国跨国公司的母公司公开的研发支出中的约13%也是外国公司拥有多数股权的在美国的子公司的研发支出。

公司的母公司占美国（私营产业）GDP 的 1/5。

2. 东道国和产业分析

R&D 支出在地理分布上的变化反映了全球化的程度。1994 年，主要的发达国家或地区（加拿大、欧洲、日本），占了美国跨国公司海外 R&D 支出的 90%。到 2001 年，这个份额下降到 80%。在欧洲的支出温和增长，而在日本之外的亚洲和以色列则有较多的增加。2000 年美国公司在海外 2/3 的研发（198 亿美元中的 132 亿美元）发生在 6 个国家：英国、德国、加拿大、日本、法国和瑞典；2002 年，这一比例略有下降，美国跨国公司在这 6 个国家的研发上支出了 139 亿美元，而这一年美国跨国公司在美国之外的全球的研发支出是 212 亿美元。英国和德国处于领先地位，2002 年，美国跨国公司在这两个国家分别支出了 37 亿美元和 36 亿美元（见表 6-6）。①

2002 年美国公司在国外的子公司进行的研发②（百万美元）

表 6-6 （据北美工业分类体系进行产业分类和据国家/地区进行分类）

国家/地区	所有产业	制造业						非制造业	
		制造业总体	化学	机械	计算机和电子产品	电子设备	运输设备	信息	专业、技术、科学服务
所有国家	21 151	18 696	4 819	642	5 278	418	5 898	507	1 237
加拿大	2 345	2 272	438	25	510	13	1 170	29	16
欧洲	D＊	11 718	3 305	488	2 175	271	4 321	260	D
法国	1 480	1 386	693	38	241	20	211	D	32
德国	3 603	3 376	259	149	683	138	1 855	3	32
瑞典	1 316	1 296	86	32	12	D	D	0	D
瑞士	405	162	48	16	48	D	D	2	D
英国	3 735	3 238	1 168	140	636	14	954	38	400

① 美国国家科学基金会 . 2006 年科学与工程指标 . http：//www. nsf. gov

② 美国国家科学基金会 . 2006 年科学与工程指标 . http：//www. nsf. gov

续表

国家/地区	所有产业	制造业						非制造业	
		制造业总体	化学	机械	计算机和电子产品	电子设备	运输设备	信息	专业、技术、科学服务
亚洲/太平洋地区	3 881	3 530	890	85	2 024	D	D	D	D
澳大利亚	329	286	68	5	21	—	130	0	28
中国	646	609	33	2	D	D	1	D	D
日本	1 433	1 283	732	50	375	D	25	D	D
韩国	167	149	10	11	90	2	27	8	6
中国台湾	70	D	16	9	25	0	D	D	1
新加坡	589	578	11	—	550	5	D	1	5
拉美/其他西半球国家	D*	633	172	33	71	D	189	D	D
巴西	306	298	68	28	30	D	D	D	3
墨西哥	284	185	49	5	2	1	D	0	D
中东	889	520	2	9	498	0	0	56	D
以色列	889	520	2	9	498	0	0	56	D
非洲	D*	25	12	2	0	0	D	—	—

注："—"表示数据≤500 000 美元；

D 表示数据被省略以避免披露个别公司的经营数据；

D*表示 2001 年的相应数字是欧洲 12 060 百万美元，拉美/其他西半球国家是 562 百万美元，非洲为2 900万美元；

主要是 2002 年对于非银行业的美国母公司在国外拥有多数股权的非银行业的子公司的估计数据（>50%），母公司根据最终获得利益的所有者所在的国家来决定，产业则根据子公司所在的产业来决定。支出包括了国外子公司进行的研发支出，无论是它们自己支出还是其他合同项下的支出。支出不包括其他公司为完成子公司的研发合同而发生的支出。

2000年，新兴市场，例如新加坡、以色列、爱尔兰和中国日益更多地吸引美国子公司的研发活动。2000年，美国对这些新兴市场中的每一个的研发支出都达到5亿美元以上，这比1994年的水平高出很多（见表6-7）。① 国外子公司在中国大陆和新加坡的研发支出在1999年以来加速，自从2002年以来，每年超过5亿美元。从地区来看，欧洲地区占了全部美国拥有的海外研发的近2/3（120亿美元以上）；亚太地区作为美国海外研发支出的地点（近39亿美元）超过加拿大（23亿美元）。根据可用的数据，到2002年，中国和新加坡分别成为美国跨国公司在亚太地区研究与开发支出中仅次于日本之后的第二位和第三位的东道国，领先于澳大利亚。②

表6-7 美国跨国公司的子公司在有关经济体进行的研发③（百万美元）

	1994年		2000年		2002年
国家/地区	排序	研发支出	排序	研发支出	研发支出
新加坡	14	167	8	548	589
以色列	16	96	9	527	889
爱尔兰	8	396	10	518	na
中国	30	7	11	506	646
中国香港	19	51	14	341	na
墨西哥	13	183	16	305	284
巴西	10	238	17	250	306
马来西亚	20	27	19	214	na
中国台湾	15	110	21	143	70
韩国	26	17	22	131	167

注："排序"是指美国公司在东道国研发支出数量的相对地位。"na"表示数据暂缺。

自从1994年以来，美国跨国公司在拉美的研发支出中的约80%

① 美国国家科学基金会.2004年科学与工程指标. http://www. nsf. gov
② 美国国家科学基金会.2006年科学与工程指标. http://www. nsf. gov
③ 美国国家科学基金会.2004年科学与工程指标. http://www. nsf. gov

或更多，是用在巴西和墨西哥这两个国家。同一时期，美国跨国公司在中东和非洲的研发支出实际上全部都是用在以色列和南非。

2000 年，美国企业海外研发的 3/4 用于三个主要的制造业部门：运输设备 57 亿美元或 29%、计算机和电子产品（49 亿美元，或 25%）和化工（43 亿美元，或 22%，其中的 83% 用于制药业）与 1999 年比较，计算机和电子产品的份额增加了 3 个百分点，主要以用于化工产品研发的份额减少为代价，因而用于运输设备研发的份额变化很小。2002 年，美国在外国的子公司的研发用在三个产业上的比例是：运输设备（28%），比 2000 年减少了 1 个百分点，计算机和电子产品（25%），与 2000 年持平，化学（包括制药）（23%），比 2000 年增加了 1 个百分点。

2000 年，信息服务和专业、技术和科学服务分别占了海外研发的 2% 和 6%，而 1999 年的相应数字分别是 1% 和 5%。

可以肯定，在某些新兴市场上，美国的海外研发有了较多的增加。表 6-7 列出了 10 个地点，在这些地方，美国拥有多数股权的子公司 2000 年在研发方面支出了 35 亿美元（18%），而 1994 年，这个数字还只是 13 亿美元（11%），而且，从 1994 到 2000 年，在这 10 个国家（地区）内美国拥有的研发支出年增长率是 15.9%（实际平均年增长率），而在全部东道国研发支出总额的年增长率是 6.9%。在某些地点，实际的年均增长率还要高得多，虽然是从较低的研发活动水平起步的。

这些新兴市场上美国海外研发活动相对排序的变化是有意义的，它表明全球研发活动超越传统区域的有选择性地扩散，可能的目的是使产品适应当地市场需要和管制要求，利用当地互补的知识和研发人力资源等。例如，2000 年，美国在新加坡、以色列、爱尔兰、中国台湾和韩国的子公司在计算机和电子产品制造方面的研发支出了总共 12 亿美元，或者说支出了美国在这一产业拥有的海外研发 49 亿美元的 25%。美国子公司在墨西哥和巴西研发支出总共 5.55 亿美元中的 1/3 用于运输设备的研发。

四、美国国际研发收支的差额

从 1997 年到 2002 年，外国公司在美国的子公司的研发支出比美国跨国公司在国外的子公司的研发支出增长得更快（平均每年的增长率分别是9.8%和7.7%）。

从1998年到2002年，在美国的外国子公司的研发和美国公司在国外的子公司的研发支出之间的差额在57亿美元到77亿美元之间波动（见图6-1，表6-8），或者说接近于美国全部产业研发支出的3%。

在区域水平上，欧洲跨国公司在美国的研发投资占了这种差额的最大部分。2000年，在化学制造（包括制药和医疗用品）产业，外国公司在美国的子公司比美国公司在国外的子公司多支出32亿美元，在运输设备方面的情形则与之相反，美国的国外子公司比外国在美国的子公司多支出了27亿美元。2000年，欧洲公司在美国的研发支出超过美国子公司在欧洲的研发支出57亿美元。①

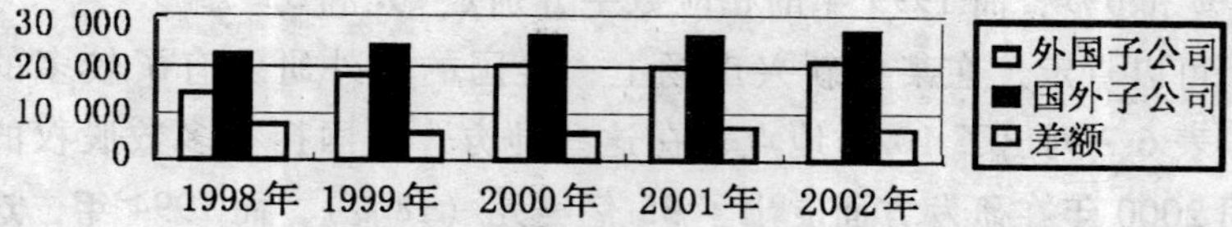

图6-1　1998～2002年外国在美国的子公司的研发和美国在外国的子公司的研发（百万美元）②

表6-8　1998～2002年外国在美国的子公司的研发和美国在外国的子公司的研发（百万美元）

	1998年	1999年	2000年	2001年	2002年
美国在外国的子公司的研发支出	14 664	18 144	20 457	19 702	21 151
外国在美国的子公司的研发支出	22 375	24 027	26 180	26 463	27 508

从1994年到2000年，外国企业在美国的研发支出实际年增长率为10.8%，而美国企业的海外研发支出的年增长率是6.9%。1998～2000年，每年外国在美国的研发支出超出美国在国外的研发支出至

① 美国国家科学基金会.2004年科学与工程指标.http://www.nsf.gov

② 美国国家科学基金会.2006年科学与工程指标.http://www.nsf.gov

少50亿美元，或者说超出全部美国工业研发支出的3%。2000年，这一差额是63亿美元，比1998年的创纪录的77亿美元有所下降。

在美国国内外，由美国拥有的公司，外国在美国拥有的子公司，也许有一个当地的和外国的研发资金的总数，但是，在美国，国际来源的研发资金的数据通常是得不到的。

从两个方面看，所有权结构和基金来源这两者如何互相影响，对于充分了解美国研发活动的国际特征是必要的。美国统计局进行国家科学基金会“产业研究与开发调查”，经济分析局进行FDI调查，把两者数据联系起来是为了更详细地了解美国进行的研发和资金来源。

综合来看，从1994年到2000年，美国R&D投资快速增长，但在2001年，由于股票市场的跌价和经济增长放慢，不确定的经济前景、金融市场的混乱以及恐怖主义导致制造业和服务业产出下降，随之许多部门的R&D支出也下降。结果，美国的研发支出在2002年经历了几乎50年来的第一次下降。这种下降仅仅只有一年，2003年和2004年，美国的研发支出增长加速。

同时，联邦政府增加了对研发的资助，也实施了更多的研究与开发，这使10年来私营和公共部门资助研发的方向发生了逆转。对于恐怖主义和军事动员的反应，已经逆转了美国政府在与国防有关的R&D中份额下降的趋势。世界上的其他国家继续把焦点放在非国防的研究与开发上，努力采取积极的步骤加强和集中它们的国家的研发活动。这些步骤包括从增加政府总支出到培育高技术的产业集群等。

美国企业的R&D活动地点正在发生一些变化。研发地点的转移也反映了广泛的技术变迁以及新的科学研究机会。产业研究更多地由服务业（相对于制造业）进行。很大一部分产业研发的增长是用于生物技术和信息技术。而且，在过去的10年间，联邦研究基金明显地转向生命科学。

在美国和欧洲之间，由跨国公司进行的跨国的研发投资继续保持强劲。但同时，某些发展中国家和新兴工业化经济体正在崛起为美国研发投资的重要的东道国，包括中国、以色列和新加坡等国（见表6-9）。美国跨国公司继续扩大海外的研发活动，但外国跨国公司在美国的研发投资增加得更快。

表 6-9　　美国外包的研发投资①（百万美元）

	1994 年	2000 年
全球总额	9 655	19 806
欧盟	7 450（77.2%）	12 300（62.1%）
加拿大	800（8.2%）	1 800（9.1%）
日本	700（7.25%）	1 200（6.1%）
世界其他国家	700（7.25%）	4 000（20.2%）
中国	5（0.1%）	506（2.5%）

除了进行研发的主体和基金有所变化外，研发活动的组织也在经历实质性的变化过程。在公司水平上，研发活动更多地在全球范围内受到支持国外的生产或开发国外市场的推动以及以科学为基础的技术需要的推动。一个与之平行的趋势是更多地依赖外部技术来源和研发联盟以分摊成本、风险，分享资源，以促进创新能力的发展，增强长期竞争力。

这些趋势对于企业研发、国家竞争力以及公共政策的意义很难估计。例如，跨国公司的趋势反映了不同的投资战略的综合效应，包括合并和兼并、新设施的建立以及现有的实验室、服务中心以及制造工厂的变化。而且，关于跨国公司的研发数据，没有总支出之外的其他数据资料可供分析。

这些问题不仅影响美国和国外研发活动的进行及其政策含义而且对科技指标的发展提出了新挑战。对这种研发全球化的动态的和改变着的情形的理解对于美国经济具有根本性质，因为美国经济日益由以科学为基础的知识的生产、扩散和利用所推动。

第三节　美国跨国公司国际研发典型案例分析

一、通用汽车公司全球化的研究与开发

通用汽车（General Motors）公司是全球最大的汽车制造商，也

① 资料来源：经济学家情报社．转引自美国：研究与开发杂志（R&D Magazine），2005（9）

是一家全球性公司，研究人员和研究设施也是全球化的，通用在世界上许多地方投资于研发，也从世界各地延揽人才。

1. 在美国的研究中心

通用汽车美国总部的研究中心设在密歇根州的沃伦，有来自世界各地的650名研究人员，研究中心常常看起来就像是一个小型联合国。研究人员多样化的文化教育背景以及不同的经验，有助于通用汽车公司开发的产品满足其全球各地的顾客的需要。

在通用汽车研究中心，有许多非常杰出的人才，这些人视野广阔，具有创造性和坚定不移的品格。有些人也许是偶然进入通用汽车公司，但是，研究人员努力寻求对于关键问题的解答。他们融入团队，经常与集团内的其他组织合作，与通用平台上的人员合作，与世界各地的大学合作进行研究工作。

在通用汽车研究中心工作的人超过50%的研究人员是专业研究人员，85%以上有博士学位，这些研究人员中有来自10所最杰出的大学的代表人物，如麻省理工学院、伯克利的加利福利亚大学，还有来自于英国的许多顶尖大学的人才。研究领域是全方位的，从电子工程到化学到工程机械。

通用的研究实验室有：化学与环境科学、电子与控制一体化、制造系统研究、材料与工艺、车辆动力系统研究、车辆开发研究实验室等。

2. 印度科学实验室

除了设在美国密歇根州沃伦的主要研发设施之外，通用汽车公司于2003年在印度班加罗尔建立了印度科学实验室。4万平方米的中心于2003年9月开业。印度科学实验室的重点是从事与沃伦实验室互补的研发项目，也进行一些对于通用汽车公司具有重要价值的新的探索性项目。

为什么在印度建立一家科学实验室？通用认为印度有世界级的科学人才可用。印度科学家在许多领域已经取得了很大成功，包括核能、空间探索、计算科学和信息技术、电子设计和控制自动化、航天与空间装置、材料与化学等。这些科学与技术成就表明印度具有很高的科学技术水准。另外，还为了利用多样化的人才和多样化的历史文化背景产生的创意。通用汽车的管理层认为，全球化的研发需要获得多样化的人才。人们一旦来到美国，可能很快美国化。而研发需要多样化的创意。

在印度设立其美国之外的第一个汽车科学实验室，总部设在底特律的通用汽车公司的目标还有：要让其品牌更接近亚太地区；利用多样化的人才库和人力资本的能力；以及以印度的大学和国家实验室为支点，发挥杠杆作用。①

印度的科学实验室指向四个方面的目标：防撞预警的人类学模型、企业模型与虚拟制造、嵌入式控制系统基础设施、汽车材料与化学系统。②

与通用汽车在密歇根州 Warren 的通用汽车中心研发实验室形成工作伙伴，印度研发中心开始时有 15 位科学家，但在 1 年半的时间里将增加到 160 人以上，将探索研究数学基础的工具和汽车开发、轻型材料、灵活制造工艺以及汽车电子和控制系统。

除了在密歇根和印度的实验室里的工作之外，通用汽车有相似的技术中心（Technical Centres）设在澳大利亚和中国，也在北美、欧洲和拉丁美洲、非洲和西亚建有工程中心（Engineering Centres）。还在许多国家的大学里进行合作项目，包括加拿大、瑞士、中国、以色列、法国、德国、希腊、意大利、韩国、波兰、俄罗斯、瑞典以及英国等。

“我们的全球网络有意义地扩大了我们的技术能力，我们能够创造性地并且迅速地做出反应，确保通用汽车在战略上重要的技术方面处于领先地位。”通用汽车公司科学实验室研究与开发的执行主任 Alan Taub 说：“亚太是一个关键的增长着的地区市场，我们在印度的实验室使我们可以进一步地保持在产品创新上的世界领先地位。”新的印度实验室对通用的全球研发网络提供了更多的人才和资源的多样性。能够进入科学知识丰富的印度社会，利用世界上最好的技术人才。

虽然实验室建在印度，但并不是所有的科研人员都来自这一地

① Traci Purdum. GM Taps India For IT And R&D Leading automaker invests $ 21 million to set up shop in Bangalore. Industryweek 2004-02-01

② GM India Science Laboratory. http://www.gm.com/company

区。正像它在密歇根州的实验室一样，通用汽车公司计划在全球招募研究人员，保证其人才的多样性，从而导致多样化的创新。最初，班加罗尔实验室 1/3 的研究人员从美国的大学和实验室招募而来，另外 2/3 来自印度。当实验室获得充分的能力之后，研究人员将从全世界招募，让他们来班加罗尔从事研究和开发工作。

通用汽车集团将在 3 年时间里在它位于印度的研发中心花 6 千万美元以上。① 最近 3 年，将每年为技术中心花 2 千万美元以上，用于技术基础设施，人力和设备。通用汽车的亚太区总经理 John Wilson 先生说，中心将在 1 年半时间里招募 160 名工程师。它将为通用汽车的全球资产组合提供工程服务，公司自身的业务限于工程以及研究与开发工作，但不是产品开发。它将为美国的通用汽车公司提供在线工程服务。

印度研发中心的工作时间实行两班制，24 小时的全球工程组织将加速汽车的开发，缩短新产品开发时间。技术中心的首席科学家 B. G. Prakash 博士说中心的工作将使通用汽车公司为汽车开发更好的软件，使之重量更轻，燃油效率更高。

在印度，通用汽车公司有 30 多个项目在大学和国家实验室进行，包括在班加罗尔的印度科学院的合作研究实验室。2001 年 7 月，通用汽车与印度科学院合作，实施研究项目，3 年时间里已经为此项目支付了 60 万美元。它也外包了一部分工作给印度的 TCS 公司，Wipro Ltd. 公司和 HCL 技术公司。

3. 通用汽车在中国的合资研究中心

通用汽车公司进入中国已超过 80 年。目前，通用汽车在中国的员工近14 000人。通用汽车在中国进口、生产和销售凯迪拉克、萨博、欧宝、别克、雪佛兰及五菱等品牌的系列产品，所提供的产品系列之丰富位居所有在华跨国汽车企业之首，涵盖中高档轿车、多功能旅行车、紧凑型轿车和微型车等。

通用汽车在中国的目标是：充分运用自己广泛的业务网络，将技

① General Motors to spend ＄60 m in Bangalore unit Financial Daily from THE HINDU group of publications, Feb 26, 2003, Our Bureau, http://www.blonnet.com/businessline

术、客户服务及创新完美结合，从而为中国消费者提供高质量的汽车产品和服务。将中国业务融入其全球网络，以确保为中国市场提供最高质量的产品与服务。

上海通用汽车有限公司，成立于1997年6月12日，是由通用汽车公司与上海汽车工业（集团）总公司各出资50%组建而成的中国最先进的整车生产企业。

泛亚汽车技术中心有限公司（以下简称泛亚）是通用汽车公司和上海汽车工业（集团）总公司（上汽）合资组建的汽车工程设计企业，双方各占50%的股份，注册资本5 000万美元。公司于1997年6月12日正式成立，作为中国国内首家汽车工程技术合资企业，它为中国和亚太地区的汽车企业提供一系列世界级的汽车工程服务，其中包括汽车设计、工程开发和试验认证服务（测试和零部件与整车认证）。泛亚汽车的产品开发流程高度电子化，除采用业内先进的软件进行计算机辅助造型（CAS）、计算机辅助工程（CAE）以及计算机辅助设计（CAD）以外，最新的IMAN系统，使得泛亚能与通用汽车全球公司在同一平台上，实现同步开发。上海通用汽车别克君威、别克凯越等产品的改制工程都是由泛亚汽车技术中心完成的。

泛亚的排放中心是由中国环保总局指定的11家排放测试中心之一，也是其中惟一地处南方的排放测试中心，还是中国第一家能进行全套轻型汽油车欧三排放试验的试验室。2003年5月，泛亚迁入了发展空间更大的位于上海浦东金桥的王港，建筑面积是原先宁桥路的8倍，占地面积是原先的10倍。在新厂址上，泛亚安装了先进的欧三排放测试设备，并建造了模仿各种颠簸路面的短途试车道。设计部宽敞明亮的油泥模型大厅里，可以同时切削3台油泥模型。此外，虚拟现实工作室、样车试制车间、底盘运动及动力学参数测量设备以及噪声振动试验室等先进的工程设计设施已在建设中，泛亚的工程与设计能力将得到持续提升。同时，为了快速提高工程开发能力，造就一支更为强大的产品工程团队，使泛亚在今后的发展中更具市场竞争力，泛亚汽车技术中心和上海通用汽车有限公司在双方均保持独立法人经营体制的前提下，就支持系统如行政服务等部门进行重组和调整，形成了一个共享的支持业务体系。截止2004年9月，泛亚共拥有816余名正式员工，800名为工程师、设计师及技师。通过“派出去，请进来”的人员培养方式，泛亚的研发水平得到不断提高——大部分中方技术人员曾在通用汽车公司澳大利亚、德国和美国的设计、工程中心接受过专业培训，而来自海外的长期/短期工程专家为泛亚带来的不仅有全新的设计理念、技术，还有系统化的运作方式。通用汽车的先进技术和专业管理能力与上汽对中国国内市场的经验，在泛亚得到充分融合。泛亚秉承“以自我能力提高为前提，以市场机制，市场竞争为背景，以自主知识产权的整车产品为目标”的发展理念，定将给中国的汽车工业带来新的突破。

在中国，通用汽车除了合资企业、合资研发中心外，还与中国的大学建立了合作研究机构。通用汽车-上海交大技术研究院是由通用汽车公司与上海交通大学合作建立的研究院，它致力于技术培训和科研项目合作。下属有动力总成研究所、PACE 中心和车身制造技术卫星试验室三个机构。通用汽车-清华大学技术研究所由通用汽车和清华大学合作建立，致力于共同研究开发和其他科技方面的合作。

通用汽车机车部是被公认为电传动内燃机车设备设计及制造技术领域的世界领先者。通用汽车机车部在北京设立了办事处，以进一步加强与中国铁路工业的联系。

4. 通用汽车巴西研究中心：从适应热带气候到创新①

在巴西南部的圣凯特诺（Sao Caetano）工厂有一个重要的研发中心。20 世纪 60 年代建立了一个小型单位，对通用汽车的车型和部件进行改进，以适应热带气候和巴西的条件，到 20 世纪 80 年代末成为一个大型实验室，焦点在于直接针对东道国市场的不同项目。到 20 世纪 90 年代晚期，通用巴西公司累积了设计当地用的通用汽车版本的技术经验，例如，奥佩尔科萨（Opel Corsa）轿车、科萨（Pickup）和阿斯特拉（Astra）轿车。产品开发工程团队的建设以及当地基础设施使得通用巴西公司进一步自始至终参与了蓝棕榈（Blue Macaw）项目，该项目产生了 Celta 车型的原型。

1996 年以后巴西汽车领域逐渐向外开放，增加了部件进口，但仍然利用财政优势，通过征收进口关税，对于装配好了的汽车采取保

---

① UNCTAD. World Investment Report 2005. http：//www. unctad. org

护政策。通用对于这种政策的反应是理顺其制造过程，因而与当地的供应商合作生产，在 Rio Grande do Sul 的装配厂里进行通用汽车的次一级装配，减少通用汽车持有的存货。

同时，通用汽车也改变了巴西研发中心只为当地进行研发的做法，而从事国际化的研发。通用巴西公司被要求为全球销售设计一种新的汽车，Meriva 牌的小型货车。不再只是服从汽车制造商通常的战略，仅仅对已有车型的局部略作设计上改动；通用巴西得到授权，负责更为复杂的项目，设计“全球的衍生车型”（Global Derivative），即为全球市场，而不只是为巴西市场设计汽车。

通用巴西被赋予新的职责，授权它开展的各种活动与其原有的职责和能力结合起来，意味着它扩大了产品和工艺的开发，既用于通用在当地的业务，也为全球业务服务。在巴西，大约1 000名技术人员和按小时雇用的雇员现在在从事产品开发，约500人在进行工艺工程的研发工作。

虽然这增加了巴西研发团队的责任和自主权，但如果考虑到通用汽车公司的全球活动，通用巴西所做的工作的价值不是很大。今天，通用巴西与其他通用汽车公司的子公司，形成互补关系，而其他的子公司坐落在美国、欧洲和亚洲，它们共同设计和建造新型汽车、为全球公司从事其他有利于增强通用汽车核心竞争力的活动。

5. 整合全球设计运作

2005 年 3 月 1 日通用汽车宣布，将对其设计和工程部门进行改组。这是该公司削减成本并加快车辆开发努力的一部分，其策略是在全球运营范围共享专业技术和零部件。

迄今为止，通用一直允许每个地区分部行使相当大的自主权，使相同零件、甚至相似车辆的开发工作重复进行。虽然通用已在世界各地用相同平台生产某些车辆，但在这方面通用“还有很多事情可做”（通用汽车研发负责人语）。根据新的结构安排，通用增设了三个承担全球责任的职位。负责北美汽车销售的约翰·史密斯（John Smith）将担任负责产品规划的全球副总裁，主管新市场和新车型的长期识别；分别主管北美工程和设计的吉姆·奎恩（Jim Queen）和艾德·韦尔本（Ed Welburn），将分别负责全球领域的工程和设计业务。①

二、英特尔公司的全球研发网络

1. 从以美国为中心的研发转变为全球性的研发

全球最大的半导体企业英特尔公司，总部设在美国加利福利亚州的桑塔克拉拉（Santa Clara）。英特尔公司近年来一直在努力实践R&D的全球化。英特尔在世界有总共42亿美元的研发预算，不仅在美国全国有重要的研发活动。现在英特尔有2万多名研发人员在30多个国家里工作，有些设施是由母公司所有，而其他是与大学或通过风险资本投资于技术密集的公司，由英特尔公司与其他方合作管理。英特尔在全球有大约15家研发中心，在欧洲的实验室设在西班牙的巴塞罗纳、英国的剑桥以及爱尔兰，在中国的北京和上海、印度（班加罗尔）、以色列、俄罗斯、韩国（首尔）和墨西哥各有一个实验室。在非常短的5年多的时间里，英特尔已经从以美国为中心的研发转变为全球性的研发。

为了保持技术上的领先地位，英特尔必须向遥远的地方进军，冒大的风险，花更多的时间来取得有更为基础性影响的研究成果。必须要做的事情之一是让英特尔的技术进入地理上新的市场，进入那些英特尔也许并不是支配性角色的市场。例如，英特尔公司的研究领域之一是人种地理学（Ethnographic）研究，以了解那些居住环境与当前英特尔公司的顾客不相同的地方的不同的人们如何才能使用它们的产品。② 全球范围内，英特尔战略投资事业部共在1 000家左右的企业投资40多亿美元。③

---

① 詹姆斯·麦金托什（James Mackintosh），伯纳德·西蒙（Bernard Simon）. 通用汽车整合全球设计运作. 金融时报（英国），2005-03-01

② The State of Global R&D. R&D Magazine. September 2005. http://www.rdmag.com

③ 路透社. 英特尔中国风险投资基金称率先向三家中国科技企业注资. 金融时报，2005-08-15

2. 英特尔在发展中国家的研发网络①

(1) 概况。

英特尔在发展中国家、东南欧国家和独联体国家里的研发投资，尤其是在中国、印度和俄罗斯联邦的投资比在其他地方增长得更快。这种扩张的动机是利用这些国家里在相关领域受过良好教育的拥有特定技能的熟练劳动者。在这些国家里，英特尔公司拥有在不同领域里进行关键研究的实验室，它也与大学签署一系列合作协定。

在北京的英特尔中国研究中心（Intel China Research Centre，ICRC）成立于1998年，是公司在亚太地区的第一个研究实验室。ICRC进行的应用研究领域有：人机界面、计算机架构、未来工作载荷、编译及运行时间。2005年初，有75名研究人员，多数研究人员拥有中国大学的博士或硕士学位。来自ICRC的研究创新有与中国科学院联合开发的开放式研究编译器（Open Research Compiler）；音频视频语音识别，该系统用于计算机视频以帮助进行语音识别以及麦克风排列和音频信号加工技术。英特尔的第二家中国研发实验室的人员超过150人，设在上海，为英特尔公司开发软件。

英特尔印度设计中心设在班加罗尔，雇员超过800人，为公司提供软件解决方案。而在俄罗斯联邦的Nizhny Novgorod，英特尔的软件开发中心有340名专家和工程师，为英特尔公司开发软件工具和应用。

与国外的大学进行研发合作也是英特尔全球战略的重要方面。英特尔研究委员会，是技术专家组成的一个内部小组，在世界范围内，向有关大学提供研究基金，从事关键领域的项目研究。它的使命是进行财务上有吸引力的投资并对之进行管理，以支持英特尔的战略目标。它的海外交易的比重从1998年不到这类交易价值的5%增加到了2003年的约40%。这些海外投资中约一半是在亚洲的公司（包括日本），其他的是在欧洲、以色列和拉美。

本着开放式创新精神，英特尔在过去5年中建立了一个以大学校园为基础的小型实验室（Lablet）网络，作为其传统研发部门的补充。通过由此形成的关系网，它希望能与新兴技术保持同步。下一步

---

① UNCTAD. World Investment Report 2005. http://www.unctad.org

就是让小型实验室的研究者与那些可从各种新奇技术的即时应用中获益的公司直接取得联系。英特尔希望这样做可以通过关键用户和开放式创新者的结合而激发出新的灵感。研究人员总是受到指责说他们把技术硬推给用户，而英特尔现在正在尝试创造由客户拉动的效应。①

英特尔投资（Intel Capital）是这家全球最大芯片制造商的风险投资部。英特尔投资表示，正将投资重点转向新兴市场，在2005年投资的2.65亿美元中，大约60%的资金投向海外市场。正是因为意识到在海外建立创新中心的重要性，在过去几年中，英特尔投资分别在印度（2.5亿美元）、中国（2亿美元）、中东和土耳其（5 000万美元）以及巴西（5 000万美元，2006年3月成立）建立了若干个区域投资基金。②

（2）英特尔在中国的研发投资。

英特尔（中国）研究中心（Intel China Research Center）于1998年11月在北京创建，作为英特尔在亚太地区的第一个研究实验室，它主要致力高级技术研究，并已经发展成为英特尔全球研究与开发中心网络不可或缺的一部分。研究中心致力于互联网、语音和智能计算机交互系统等信息技术领域的研究。它是英特尔1998年全球28亿美元研究与开发计划的一部分，此计划由美国、以色列、俄国和中国近700名研究人员参与。此前该公司已在上海建立英特尔上海实验架构室，北京信息技术研究与开发中心进行一些前瞻性的研究，而上海的实验室进行的是与市场关系更加紧密的研究。

英特尔（中国）研究中心的任务是深入洞察计算与通信技术的未来。研究中心已经在人机接口、计算机架构、未来工作负载以及编译器与运行时等领域进行了相关研究，其开发的许多技术对英特尔的技术计划产生了重大影响，为英特尔目前以及未来的产品做出了重要贡献。中心正在将其研究与开发范围拓展到新的技术领域，包括通信、微处理器和系统等，以推动英特尔在全球的技术领先地位。研究

① 西蒙·伦敦（Simon London）. 老企业成了创新旗手. 金融时报（英国），2005-06-07

② 李梅影. 英特尔投资4家中国企业 重点转向新兴市场. 国际金融报. 2006-06-27

中心目前拥有75名研究人员，其中大多数都获得了中国顶尖高校的博士学位或硕士学位，同时也吸引了来自中国国内和国外顶尖高校的众多客座教授和研究人员。中国现在是英特尔在美国以外最重要的战略投资市场。它在2004年公司收益中占了46.5亿美元，在总销售额中超过13%。①

中国研究中心开发的许多技术对英特尔的技术计划产生了重大影响，为英特尔目前和未来的产品做出了重要贡献。中心的研究创新实例包括：

与中国科学院共同开发英特尔安腾架构开放式研究编译器，目前该编译器在研究领域得到了广泛的应用。

针对Java可管理的运行时的研究对下一代英特尔XScale微架构产生了重要影响，以实现最卓越的Java性能。

采用计算机视觉支持语音识别功能的声音可视化语音识别功能（AVSR）系统，显著改进了实际环境中的语音识别准确度。

麦克风阵列和音频信号处理技术定义了一种新的音频标准，支持广泛的全新使用模式，并已集成在Florence移动平台中。

对于未来基于统计学的应用和工作负载分析的研究，对下一代多内核中央处理器（CPU）架构产生了重要影响。

英特尔（中国）研究中心目前有三个重要研究领域——通信、微处理器和系统技术：

通信技术实验室（CTL）致力于通过提供创新、规范和标准构建未来的无线网络和互联网基础设施，以帮助全球范围内的更多用户实现无缝互联网访问和通信。该实验室还将与中国的这个行业的厂商和大学合作，共同推进全新无线技术的采用以及制定相关标准。

微处理器技术实验室（MTL）致力于为未来微处理器与平台开发重要技术，正在研究编译器与可管理的运行技术，支持多内核中央处理器（CPU）架构的全新用户界面形态、使用模式、未来工作负载等。其将支持应用充分利用未来英特尔多内核中央处理器（CPU）架构的强大计算能力。

---

① 英特尔宣布全球三大研发中心之一落户北京. http://www.ic37.com/News, 2005-10-20

系统技术实验室（STL）致力于研究世界级系统架构和平台技术，涵盖了从移动客户端到基于未来英特尔微处理器的集群服务器等各个领域。

英特尔（中国）研究中心是英特尔全球研究与开发中心网络不可或缺的一部分，并与美国、俄罗斯、印度和韩国的研究与开发实验室保持着密切的合作关系。英特尔研发模式鼓励与领先技术公司和大学展开合作，以开发先进技术和制定工业标准。

2005 年 10 月 19 日，英特尔公司宣布，将在北京成立一个全新的模块化通信平台解决方案中心，英特尔计划在全球建立三个这样的中心，此前英特尔已在美国建立了研究中心，还将在比利时建立第三个中心。① 北京的中心可以提供一个协作环境。在这一环境下，英特尔将与中国独立软件开发商和电信设备制造商通力合作，使英特尔通信技术纳入其面向客户的解决方案之中。该中心将邀请中国电信、中国联通和中兴、华为等厂商共同参与。该中心除支持中国电信行业外，还肩负着为整个亚太区的独立软件开发商和电信设备制造商提供支持的职责。中国的中心、美国的中心和比利时的中心这三大中心将展开协作，使用虚拟专用网（VPN）技术来交流和传输由英特尔及相关通信行业公司开发的电信解决方案。英特尔还将建立 IPTV 示范平台，而成都、大连等中国 WIMAX 城市试点的部署也在进展之中，英特尔为此特意启动了一项“亚洲宽带运动计划”，期望在华开展 100 个 WIMAX 试点对该技术进行测试。

大学研究合作计划也是英特尔（中国）研究中心的一项长期战略性计划。其目标是形成和推进与中国大学的研究合作，共同开发和发展。目前的研究合作领域包括无线网络技术、高性能计算、下一代互联网试验台、未来工作负载分析、编译器技术、设备与电路研究等。目前英特尔与中国的 30 多所高校展开了合作，具体类型包括研究赞助、访问学者计划、学位论文赞助、课程开发、实习生计划等。

英特尔还在中国进行风险投资。② 长期以来，中国的电子工业大

---

① 英特尔宣布全球三大研发中心之一落户北京．http：//www.ic37.com/News，2005-10-20

② 英特尔风险投资盯上中国．金融时报（英国），2005-06-22

多都以降价进行组装生产，而非高科技创新。但英特尔（Intel）却认为这种情况正在改变。Intel Capital 是英特尔公司的风险投资部，它于2005年6月宣布，将向中国投资2亿美元，设立风险投资基金，用以发展中国的科技企业，这些企业能开发出与英特尔的个人电脑处理器与无线技术相兼容的新产品。2亿美元的基金，几乎相当于 Intel Capital 11亿美元投资组合的1/5，它标志着该公司首次将目标特别锁定在美国以外的一个国家。

英特尔这样做还有其他几点理由。

当大多数风险投资公司坚定地将重点放在利润回报上时，Intel Capital 的战略很明显：它旨在投资于那些“能够对英特尔技术创新精神予以补充”的公司。它所支持的企业有可能为它们开发出新产品和服务，这些产品或技术可以帮助英特尔在新市场上立足，并巩固其奔腾（Pentium）和迅驰（Centrino）个人电脑中央处理器（或称 CPU）的全球霸主地位。

较美国、欧洲或日本而言，中国的创新资源要少很多，但中国的国家规模及其迅速发展的经济意味着帮助引导其 IT 业的发展是一种战略性选择。中国政府对英特尔在全球近乎垄断的地位表示关注，尽管中国已成为个人电脑组装业务的中心，但 PC 销售产生的大部分价值，仍回流到以英特尔和微软（Microsoft）为首的外国公司手中。中国对此感到担忧。通过设立一笔中国题材的基金，英特尔可以提升其在中国决策者心中的声誉。

英特尔已在中国四川省建立了一座芯片包装厂。Intel Capital 已为中国大陆和香港的50家公司注入资金，其中包括经营无线电话技术的 UT 斯达康（UTStarcom）公司、软件供应商亚信集团股份有限公司（AsiaInfo Holdings）及门户网站搜狐（Sohu. com）。Intel Capital 一般倾向于小额、少数股投资方式，通常每笔投资都低于1 000万美元。在它的投资目标中，很多都是处于早期发展阶段的公司。Intel Capital 对中国的日益关注，是其拓展美国本土以外市场努力的一部分，海外投资在1998年仅占其交易的5%，但是2004年却占到40%。新近投向中国的基金，目标锁定在移动通信、宽带应用、集成电路设计和生产的公司身上。

英特尔也正在尝试在中国推广其“数字家庭”技术业务，通过把个人电脑应用延伸到家庭生活的各个领域，可能为其母公司产品创造出巨大的发展潜力。作为战略的一部分，Intel Capital 与中国国有电视和报纸巨头上海文广新闻传媒集团（Shanghai Media Group）签署了一份合作协议，在此协议下，双方将共同致力于为当地消费者提供数字内容服务，其中可能包括视频与音乐。上海文广新闻传媒集团将提供本地内容，而英特尔将提供需要的工程师和专门技术，通过电视、电脑和手机等渠道发布内容信息。

(3) 英特尔印度研发中心。

英特尔公司相信研发的重点将使印度走在竞争前列。在印度，英特尔在它的班加罗尔中心做了很多研发工作，焦点是为企业、网络和通讯提供解决方案。班加罗尔中心是英特尔公司最大的海外非制造业的中心，英特尔在印度班加罗尔管理着 50 万平方英尺的设施，雇请了2 800名员工，换言之，英特尔在印度的员工是其全球85 000名员工的 3%。英特尔印度发展中心的焦点是提供具有领先优势的软件解决方案以帮助英特尔获得有利的商业机会。例如，电子商务技术及其应用、通讯软件、数字签名处理、芯片设计、堆栈优化（Stack Optimisation）、网络产品、图形驱动程序、编译和制造应用等。① 英特尔在印度的芯片设计中心帮助英特尔设计软件、用于新芯片组上。预期未来几年内，印度 IC 设计中心将能设计整个芯片组。②

印度在英特尔公司的研究与开发中所起的作用已经很大，而未来它还会发挥更大的作用。2005 年 12 月 5 日，英特尔公司宣布要在今后五年里，在印度的研究与开发上投资 10 亿美元以上。投资 8 亿美元来扩大在印度的研究业务，而到现在为止的近 10 年里，它在印度已经投资了 7 亿美元。英特尔的投资团队还将在印度启动 2.5 亿美元的风险投资基金，用于印度的公司。英特尔主席 Craig Barrett 2005 年 12 月 5 日说："这种投资证明了英特尔公司的长期承诺，建立在我们十年来在印度经营所创造的基础之上"，"印度已经发展成为世界上

---

① Destination India for R&D. http://www.expresscomputeronline.com, 2001-10-22

② 孜孜．英特尔印度 IC 设计部今年聘 500 名软件工程师．http://www.sina.com.cn，2004-06-23

领先的技术中心之一”。①

（4）英特尔在俄罗斯投资于研发②。

2004年5月，英特尔同意吸纳多家俄罗斯技术企业的600名工程人员，借此将设在俄罗斯境内的研发机构增加一倍。英特尔已经将俄罗斯列为其三个发展速度最快的市场，另外两个分别为中国和印度。此次吸纳的工程人员包括一些在全球范围内处于高水平的计算机科学和芯片设计专家，绝大多数都在 Elbrus Moscow Center of Sparc Technology 公司工作，这家公司一直在设计一种志在与英特尔 Itanium 芯片争夺市场的芯片产品。此外，还有一些人员来自俄罗斯 Unipro 公司。Elbrus 公司曾于 1999 年宣布开发一种力压英特尔 64 位 McKinley 的处理器，后者随后被更名为 Itanium，Elbrus 公司的设计者从未参加任何美国处理器研讨会，他们设计的 E2K 处理器也从未推出。这次英特尔征召的科学家中包括的鲍利斯-巴比恩、亚历山大-金和伊万-波罗佐夫等人是 E2K 处理器的设计者。英特尔此次征召的这些研究人员将在莫斯科、圣彼得堡和新西伯利亚三地工作，加上他们，英特尔在俄罗斯的研发人员已经达到了将近1 000人。

---

① Arik Hesseldahl，Intel's Eager Passage to India，Business Week，2005-12-06

② 明月编译．英特尔聘600名俄技术专家　加强当地研发能力．http：//www.sina.com.cn，2004-05-25

第七章 印度的国际研究与开发

第一节 印度的国际 R&D 态势

印度的国际 R&D，包括了跨国公司在印度的 R&D 和印度公司在国外的 R&D。先是跨国公司到印度来进行研发，或是设立研发中心，或是将研发业务“外包”给印度公司；而现在，印度公司不只是接受“外包”的业务，它们还走向国外，通过印度本土公司 R&D 的国际化，来收获全球化的果实。

一、发达国家跨国公司在印度建立研发中心

跨国公司从 20 世纪 70 年代起就开始在印度进行 R&D，但是那时仅限于为印度市场改进或研发产品，进行这种 R&D 主要是对印度政府的管制和印度市场的某些独特的特征作出反应。20 世纪 80 年代中期以来，跨国公司在印度 R&D 的范围和特征已经发生了变化。1985 年，德克萨斯仪器公司在印度班加罗尔建立研究与开发中心，进行半导体设计；1987 年，阿斯特拉公司（Astra）在印度进行生物制药研究。此后，越来越多的跨国公司认识到在印度进行研究与开发的利益，在印度建立了面向全球的研发单位，其中大部分与当地的制造活动联系不多。到 20 世纪 90 年代，有更加多样化的跨国公司进入印度进行 R&D 业务。① 而现在随着印度经济的持续增长，跨国公司在印度的研发也更多地与在印度的制造相结合。

印度行政学院（the Administrative Staff College of India，ASCI）

---

① 联合国贸易与发展会议 .2005 年世界投资报告. http: //www. unctad. org

2003 年进行的研究表明，77 家全球性公司已经在印度建立了作为本企业的子公司的研发中心。另有许多公司形成了与当地企业的研发联盟，或是与当地企业进行合同研究。① 另据印度国家科学院主席 Raghunath A. Mashelkar 发表在 2005 年 3 月的《科学》杂志上的文章称，过去 5 年里，全球性公司中已有 100 家以上在印度开办了研究与开发中心。② 在印度建立研发中心的跨国公司有微软、IBM、思科、英特尔、惠普、Google、Astra Zeneca、摩托罗拉、德州仪器、ASP、德尔福（Delphi）、戴姆勒-克莱斯勒、通用汽车、通用电气、礼来（Eli Lilly）、辉瑞等。③ 在印度进行 R&D 工作的除了软件开发公司外，还有电讯设备制造及其电讯服务提供商、芯片设计企业、IT 硬件公司、医疗设备制造商、工程设计公司、耐用消费品生产企业、汽车产品、化工、塑料、制药等生产商。他们到印度不是为了血汗工厂的便宜的劳动力，而是为了利用印度人的智力。

通用电气公司较早利用了印度的研发力量，2000 年通用电气公司在印度班加罗尔建立了约翰·韦尔其技术中心（John Welch Technology Centre），这是通用电气公司在美国本土以外设立的最大的研发机构，是通用电气在世界上的第二大研发中心。约翰·韦尔其技术中心是一家多学科的研究与开发中心，为通用电气公司在全球范围内多样化的企业活动服务，也是通用公司在美国之外工作成果最为突出的 R&D 中心，甚至还从事一部分基础研究工作。

韦尔其研究中心的软件业务与通用电气公司完全一体化。现在中心有2 500位研究人员，员工中 31% 拥有博士学位，还有1 000多人在海德拉巴工作。通用电气在班加罗尔研究飞机发动机及涡轮部件，波音 747 梦想机型（Boeing 747 Dreamliner）的发动机大约有 40% 是在班加罗尔开发的。研究中心还开发耐用消费品和医疗器械，为通用电

① P. Balakrishna, B. Sidharth. India: The emerging R&D hub, 2003-08-06, http://www.blonnet.com/2003/08/06/stories/2003080601570900.htm

② Raghunath A. Mashelkar, India's R&D: Reaching for the Top. Science. Vol. 307. Issue 5 714, 2005 年 3 月

③ Kunal Kumar Kundu: India. the World's R&D Hot Spot. Asia Times online. 2004-08-18; SWAMINOMICS/SWAMINATHAN SANKLESARIA AIYAR. R&D: India's new star industry. The Times of India Online. 2004-04-10

气公司先进的洗衣机开发了几乎没有噪音的电动机，成为每年数百万台发动机的灵魂。①

1. 信息技术部门的研发中心

对于信息产业的公司来说，研发是绝对必要的，因为信息产业是世界上变化最快的产业之一。研发不仅仅是战略，还是提升企业在价值链中的地位的手段，事实上在今天竞争如此激烈的网络社会里，研发是信息技术（IT）企业的生存手段。

在20世纪80年代初期的几年，当西方发达国家特别是美国计算机软件工程师出现严重匮乏时，印度向其输出了大量受过良好英语教育的年轻人才，为美国的大公司提供了优质现场服务，这些年轻人才表现出了杰出的软件开发才能。20世纪80年代末和90年代初，跨国公司为了降低成本，更加充分地挖掘和利用印度的软件人才，纷纷到印度本地开设软件开发公司或研究中心，使印度软件业逐步由当初的派出工程师为客户提供现场开发或服务，转向在印度本土接受海外客户订货，按客户要求开发应用软件及软件的维护和服务。印度的经济增长，特别是信息技术的发展，正在对世界先进的IT企业产生越来越大的吸引力，发达国家的信息技术产业的跨国公司纷纷在印度建立研发中心。

研究公司IDC发表的一项研究报告表明，印度IT产业在2004年的销售额达到了252亿美元，其中有167亿美元来自出口，印度国内市场的销售额略微超过出口收入的一半，为85亿美元。IDC预测，到2009年，印度IT市场营收将增至650亿美元，平均年增长率达到21%。与2003年相比，2004年印度国内市场的增长率是22.9%。增长的主要来源是：IT服务26%，PC业务25%，数据通讯产品32%，多功能设备48%。IDC预测说，印度国内硬件市场的高增长部门有：笔记本电脑、数码相机、手持设备、无线局域网设备和新型外设；在软件方面，有望达到高增长率的软件有安全软件、商用智能软件、系统管理软件、信息与数据管理软件和储存软件；在IT服务领域，印

① GE's Indian Adventure. The multinational's top exec in the country explains where it fits in the "One GE" strategy. China and India – the New Corporate Model/Online Extra. http://www. businessweek. com，2005-08-22

度公司企业的投资方向是：企业外包、网络咨询和集成、软件支持和系统集成。

印度 IT 产业的研究与开发主要由外包项目推动，所以一直没有以色列和爱尔兰那么出名。但是，现在，跨国公司和印度公司开始进入印度各城市，展开了研发竞争，有一些已经脱颖而出。以下是一些信息技术公司在印度设立研发中心的具体例子。

(1) 微软在印度的研发中心。

软件巨头微软的印度开发中心设在海德拉巴，其焦点是两个：微软 NT 网络服务器操作系统的交互操作以及用于后台使用的非微软平台的办公产品。另外，它也开发用于 COM + 技术的组件，以及组件对象模式(COM)的扩大版。中心也为未来 Windows 版本的企业管理软件而工作。在印度，微软雇请高素质的研发人员开发高质量的产品。①

2005 年 12 月，微软董事长比尔·盖茨第四次访问印度时表示，微软计划在未来向印度共投资 17 亿美元并把其在印度的员工数量提高到目前的 2 倍。长期以来，微软公司一直关注着印度这个拥有 10 亿人口、经济高速增长的人口大国。微软公司十分看好印度规模达 172 亿美元的软件服务产业及许多平均工资低于西方的技能熟练的员工。微软认为印度市场有强大的潜力，印度也是微软公司优先发展和开拓的领地之一。

近些年，微软一直维持了其在印度服务器操作系统市场上的份额，从 2004 年初的 57% 扩大到 2005 年底的 65%。但同时，微软公司也了解到越来越多的印度本土的计算机企业正与其展开着激烈的竞争，尤其是 Linux 操作系统，相对于 Windows 来说，这是一种低成本的选择。Linux 卖主红帽子公司印度运作部门领导塔皮亚说："盖茨在微软公司 Windows 软件的统治地位受到很大威胁时对印度进行访问，我们将向他展示，在许多地方我们获得了成功。"对此，微软服务器印度业务负责人芬迪斯表示，微软将继续巩固其在印度市场上所取得的份额，并加大对印度的投资力度。微软认为，印度是一个地理位置十分重要的市场，尽管过去数年来印度的重点是外包服务，但目

① Destination India for R&D. http://www.expresscomputeronline.com/20011126/focus2.htm，2001-10-22

前印度国内的需求正在增长。

另外，微软公司还计划一年内在全球再建30余座创新中心，其总数将达到90座，与各国政府、学术机构和业界组织展开密切合作。微软首先在2006年1月份在印度的班加罗尔建立一个多功能的印度科技中心，它将以一个大公司的形象出现在印度。①

微软印度公司预计2006年将会申请70项专利，与上一年度的40项专利申请相比，增加75%。现在微软在印度有3 000名雇员，预期到2006年底增加到4 000人，微软发现自己在印度进入了一个新阶段——正在实现由创新推动的潜力。微软从班加罗尔到海德拉巴的研究人员最近展示了一些创新成果，这些成果包括了多用途的鼠标系统、虚拟的印度地址、移动计算以及RFID技术等。②

（2）IBM公司在印度的研发中心。

IBM公司早已在印度建立了研发中心。2006年6月，IBM的董事长兼首席执行官萨缪尔·帕米沙诺在印度表示，IBM将在未来3年内在印度投资近60亿美元。这样，IBM公司就成为印度头号跨国公司。③ 近几年，IBM在美国本土及其他地区的经营状况一直不大好，但惟独在印度，公司发展迅猛。IBM在其他地区裁员，但在印度雇用的员工人数目前已达43 000名，成为印度最大的外资雇主，而2003年它在印度的员工还只是9 000名。

IBM计划未来3年内在印度投资近60亿美元，这是印度迄今吸引的最大一笔技术投资。IBM意在印度这个全球最大的离岸技术服务市场构建自己的实力。此项投资表明，IBM非常认真地看待印度信息技术企业的崛起及其带来的竞争，因为印度企业的那种成本更低的模式，对西方大型企业构成了挑战。IBM计划中的此笔投资，是该公司迄今已在印度投资总额的3倍，超过了较早前微软（Microsoft）、英特尔（Intel）和思科（Cisco）所宣布的总计39亿美元的投资额。这些美国公司都在印度大举招募员工，其推动力是全球客户对印度低成

① 赵巍．微软17亿美元投印度　中国市场销售额仅占1%．国际金融报，2005-12-08

② Microsoft India patents. http：//www. rdmag. com

③ 张羽飞．IBM成印度最大外资方．新京报，2006-06-07

本和专业技能的需求。①

IBM 的印度全球出口服务技术集团（The Technology Group at IBM Global Services India（IGSI)-Exports）的工作涉及特殊集成电路应用（Application Specific Integrated Circuit，ASIC）设计和为 IBM 的不同实验室进行固件/微码（firmware/ microcode）开发。ASIC 设计集团专门集中在某些技能领域，包括 IBM 的 ASIC 方法、逻辑设计、功能和正式查证、合成、时间分析和物理设计。这个集团与 IBM 的产品集团和遍及全球的实验室一起工作，为最前沿的技术产品开发作出贡献。这一技术集团也为多样化的技术领域开发解决方案，包括网络制图、存储系统、芯片系统、处理设计和查证、嵌入式技术等等。这一集团也涉及目前正在开发的最复杂的项目，如为下一代 pSeries（RS/6 000）和 iSeries（AS/400）系统开发蓝色基因和千兆处理器设计（Giga Processor Design）等。

在 IBM 微电子分部（IBM Microelectronics Division，IMD）几年来的发展中，蓝色逻辑方法（Blue Logic Methodology）已经导致高度复杂的、非常高速的、首次利用硅芯片的 ASIC 设计取得了成功。这个技术集团现在从事未来的和下一代的系统的开发，可能超乎想象地改变人们的生活方式。在 5 年时间里，这一技术系统将挑战摩尔法则，目的是要取得 Petaflop 效率。Petaflop 技术是衡量计算机运算能力的标准，实现该技术可以使计算机的运算速度达到每秒1 000万亿次。IBM 研究的新的计算机代号为“蓝色基因”，其运算速度是“深蓝”计算机（1997 年打败世界象棋冠军 Gary Kasparov）的1 000倍以上，是今天的顶级台式计算机运算速度的200 万倍以上。蓝色基因的强大计算能力将首行用于为人类蛋白质的迭加建造模型，这使生物研究成为医疗和保健业未来重要的里程碑。技术团队与纽约的华生研究实验室的蓝色基因项目正进行着密切合作。②

2004 年 4 月，“IBM 全球服务公司”还以 1.5 亿美元购买了新德

---

① 霍泽姆·麦钱特（Khozem Merchant). IBM 将在印度投资 60 亿美元．金融时报（英国），2006-06-07

② Destination India for R&D，2001-10-22. http：//www. expresscomputeronline. com

里的“达克希（Daksh）公司”，这个呼叫中心经营商有6 000名雇员为世界各地的客户服务。这个购买行动使得IBM进入了印度一流的外包业务承包商的行列。①

（3）思科公司在印度的研发中心。

思科系统公司在印度的第一个研发机构成立于1995年，目前公司在印度的海得拉巴、新德里、孟买、班加罗尔、晨奈、加尔各答、浦那和斯里兰卡首都科伦坡等建立的全球R&D中心和办公室雇用的员工已经超过了1 400人。思科公司是对印度研发能力最有信心的企业之一，它在印度从事的研发活动投资了2亿美元，用于下一代网络技术和解决方案。它在班加罗尔的发展中心雇用了400多人，其工作涉及芯片设计。思科在班加罗尔的机构及其伙伴的主要工作是检测和开发思科软件、网络管理系统和其他技术，例如异步转让模式（Asynchronous Transfer Mode，ATM），通过网络协议传输声音（Voice over Internet Protocol，VoIP）以及光学网络。思科还促进5个发展中心与班加罗尔和晨奈（Chennai）的HCL、信息系统（Infosys）和维普罗（Wipro）等公司建立联系。思科还用其他投资在印度各地建立一些更小的研发中心，其中光学网络的研究也在考虑之中。

2005年10月，思科系统公司宣布了一个将在印度进行11亿美元的重要投资计划，这一投资计划是思科在美国以外地区的最大投资计划，这进一步显示出印度新兴市场在全球经济中的重要性。思科系统公司总裁兼首席执行官约翰·钱伯斯（John Chambers）表示，印度政府和私营企业家明智的行动，使印度正在迅速成为全球经济中的一支重要力量。思科系统公司认为，互联网和一些相关的技术将能够使印度达到一个发达国家的合适的目标。钱伯斯说，印度企业努力参与了全球竞争，为了尽快的适应迅速变化的市场，它们已经认识到在信息技术和网络领域进行投资的重要性。在过去一年半的时间里，思科系统公司已经充分认识到印度市场的变化特点并进行了几个战略性投资，目前已初见成效，实践将证明思科系统公司在印度是一个真正成功的投资者。

---

① 印度外包产业大洗牌情况．市场报．http：//www. people. com. cn，2005-01-31

最近几年来印度的网络市场正在迅速增长，自由化、市场改革和电信管制的解除，使得这一增长得到进一步升温。为了更好的服务于印度消费者的需求，在过去一年半时间里，思科系统（印度）公司公布了五个独立的垂直商务团队：IT 服务、企业、服务提供商、政府与各部门以及用户。

钱伯斯指出，思科系统公司在印度的扩展投资计划将直接投资在下列范围：

7.5 亿美元的投资分配于研究与开发活动，其中包括培训和发展员工。思科系统公司自己的研究与开发活动将通过印度的战略合作伙伴的工作得到补充；

1.5 亿美元的投资将专门分配给思科系统公司的一个部门——“思科系统资金公司”，这个部门将向思科系统公司的客户和合作伙伴提供租赁和其他金融解决方案；

1亿美元作为风险投资，将投资于思科系统公司指定的印度新创企业；

1 亿美元投资于客户支持运作，其中技术服务将分配这一投资的主要部分，余下部分用于库房建设和渠道开发。

思科系统公司还致力于发展在印度的思科系统网络学院计划，目前已经有 141 个网络学院分布在印度全国的 22 个省和地区，2006 年之前，这一网络学院计划在每个省和地区内将进一步扩展。①

思科印度与东南亚分支总裁 Rangnath Salgame 表示，该公司在 2005 年之前两年的印度地区销售成长率超过 50%。印度成为思科在亚太地区及全球成长率最高的市场。

（4）SAP 在印度的实验室。

SAP 企业是一个资源规划（ERP）② 提供商，2001 年，它在印度

---

① 看好印度新兴市场思科 11 亿美元投资计划．http：//www.ic37.com/News，2005-10-20

② ERP，标准的定义来自于其英文原意，即企业资源规划（Enterprise Resource Planning）。它是一个对企业资源进行有效共享与利用的系统。ERP 通过信息系统对信息进行充分整理、有效传递，使企业的资源在购、存、产、销、人、财、物等各个方面能够得到合理地配置与利用，从而实现企业经营效率的提高。从本质上讲，ERP 是一套信息系统，是一种工具。ERP 在系统设计中可集成某些管理思想与内容，可帮助企业提升管理水平。

的业务经营上就支出2 600亿美元。其中约30% ~40%用于开发电子客户关系管理（e-CRM）项目，60%用于 mySAP. com 解决方案以及 SAP 的电子商务平台。2002 年和 2003 年对这个开发中心投入大约 1. 25 亿美元。增加的投资也用于增加印度 SAP 实验室的研发人员。开发活动的焦点在于客户关系管理领域、市场、电子入口以及供应链管理，此外还有当地化的活动和产业解决方案的开发。SAP 印度实验室的建立是为了支持亚太地区的开发，也是增长最快的实验室。

（5）诺基亚在印度的研发中心。

诺基亚是移动通讯的巨人之一，它在亚太地区的第一个重要的研发资源中心坐落在海德拉巴，焦点是因特网通讯产品（Network Internet Communications; NIC）及其解决方案。诺基亚网络通讯焦点在于保护和扩展拥有网络安全应用的网络电话网（IP network），高效率的可升级的虚拟私人网（Virtual Private Networks; VPNs）和强大的安全解决方案。研发基地不仅为其在美国、欧洲、日本的主要市场服务，也为亚太地区的新兴市场服务。它形成了诺基亚网络通讯（Nokia Internet Communication, NIC）分部的一部分，其总部设在美国加利福利亚的 Mountain View，它是公司的三个主要的分支之一。

（6）摩托拉罗在印度的研发中心。

摩托拉罗是移动通讯领域的另一个巨人，是一体化通讯的全球领导者之一。摩托罗拉在印度的第一家 R&D 设施于 1991 年在班加罗尔启动。海德拉巴有另外两家摩托罗拉的研发设施：嵌入式通讯计算（Embedded Communications Computing）和全球软件集团（Global Software Group）①，还有两家集成电路设计中心设在 Gurgaona 和 Noida。它在地处班加罗尔郊区的 Whitefield 投资了4 000万美元建立它最大的设计和软件园，以聚合技术提供端对端的解决方案。作为这一全球软件集团在美国母公司之外的第一家离岸的软件开发中心，该中心为通讯提供商设计半导体芯片，开发解决方案和系统。作为摩托罗拉领先的研发中心，印度子公司为它在世界其他地区的 17 家开发中心提供设计和软件技术。公司正式发言人说，“实际上，这些研发

① Motorola Increases Asia Pacific Investments; new R&D Centers in India and Taiwan http: //www. motorola. com/content/0. 5 897, 00. html, 2005-07-13

中心的许多领导者都是首先在印度的软件中心工作过一段时间，然后再到其他国家，在无线领域进行先驱型开发，包括从事通讯协议的技术工作。"①

2005年7月13日，摩托罗拉公司宣布在其关键的亚洲市场——印度和中国台湾开放两家新的研究和设计中心，中心位于班加罗尔和台北，它们对于亚太市场的技术开发负有重要的使命。班加罗尔的新的R&D中心把摩托罗拉网络中的摩托罗拉核心网络分部和嵌入式通讯计算这两个部分的R&D能力集中到同一个R&D中心。中心的焦点在于新的电讯交换技术以及开发跨CDMA和GSM/UMTS这两种网络的产品，也要为新级别的计算机——通讯服务器开发产品。为使开放式标准的利益最大化，这些通讯服务器将让设备制造商向市场更快地交付新产品和服务，加速无缝移动环境的实现。在超过117 000平方米的广场内，印度的研发中心是摩托罗拉第二大研发中心。

班加罗尔的新的R&D中心表明了摩托罗拉公司在印度市场上的重要地位，其目标仍是开发音频、数据和视频无缝连接的多媒体解决方案的前沿技术。②

2. 生物技术产业和制药工业部门的研发中心

安永公司（Ernst and Young）进行的研究已经认定，印度是一个新的药品开发、生物技术和化学的新兴的合作与外包中心。可信性、可靠性以及合理的成本结构使印度崛起为世界信息技术外包的目的地，现在又成为制药业研发的枢纽。

印度制药业的发展，吸引了很多跨国公司的投资，如罗氏、Bayer、Aventis和Chiron等公司以印度作为它们的高级药物成分和大宗原料药物的供应商。印度现在作为一个成长中的制药业研发枢纽，与欧洲形成激烈的竞争。欧盟委员会在其通讯中号召增加欧盟与印度在各领域的合作，包括生物技术。欧盟委员会的报告称，欧盟是美国之后世界第二大生物技术研究活动中心，它的下一个挑战是成功地整

① Destination India for R&D，2001-10-22. http：//www.expresscomputeronline.com/20011126/focus2.htm

② Motorola Increases Asia Pacific Investments；new R&D Centers in India and Taiwan. http：//www.motorola.com/content，2005-07-13

合印度生物技术产业进入全球生物技术创新体系。现在阿利斯康（Astra-Zeneca）、礼来（Eli Lilly）、葛兰素史克（Glaxo Smith Kline）、诺华（Novartis）、辉瑞（Pfizer）、赛诺菲安万特（Sanofi-Aventis）等制药公司都在印度开展临床研究活动。① 辉瑞在印度的研发支出增加了一倍，大约是1 300万美元。其他制药厂商，如Novartis、Astra Zeneca、礼来（Eli Lilly）公司和葛兰素史克（Glaxo Smith Kline）也都承诺使印度成为它们临床研究活动的枢纽。

临床试验是用来检验新药能否获得通过的重要步骤，它耗时长，成本昂贵，并存在非常棘手的伦理道德问题。大型临床试验往往需要征集成百上千的病人，自愿接受实验性药物的试验，而这些药物的副作用尚不得而知。鉴于这些困难，对那些专门为制药集团进行临床试验的合同研究组织（CRO）而言，印度就显得极具吸引力。这是因为印度拥有10多亿人口，病人也多。这些公司希望招募印度病人进行临床试验，以降低药物开发成本。用印度人做临床试验，旨在降低新药从发明到上市的时间和成本。这一过程可能耗时达20年，耗资8亿美元。

麦肯锡咨询公司（McKinsey）的副主合伙人彼得·普法伊费尔（Peter Pfeiffer）在新德里的一次行业会议上说："在把新药推向市场的过程中，若充分利用印度的各种有利条件，总成本可降低2亿美元。""很明显，印度为西方制药公司提供了一个机会……因为印度有很多病人，有受过良好教育的人才，而且运作成本较低。"这种情况出现的同时，西方大型制药公司开始考虑将部分研究业务转移到印度。印度的吸引力在于印度有很多科学家，并且正在实施严格的专利保护措施，这些公司恰好在寻求提高研究效果的办法。一些公司管理人员相信，印度在制药领域的表现，可以和它在信息技术领域的表现同样出色。

印度和美国不同，它可以为临床试验提供数量庞大的"未经治疗"（Treatment-Naive）的病人。"未经治疗"是业内的一种说法，指那些未接受过竞争药物试验的人。这种人群的数量如果较大，就有希

① 联合国贸易与发展会议.2005年世界投资报告.跨国公司与研发活动国际化. http://www.unctad.org

望更快地征集到病人，并因此加快药物开发的速度。据行业杂志《Centerwatch》统计，在印度，大约3 000万人患有心脏病，2 500万人患有二型糖尿病，1 000万人患有精神疾病。这类“富贵病”在印度如此盛行，被看做是对希望检验药物的公司的赏赐，这些公司指望西方国家的消费者最终将能够使用这些药物。

近期医疗研究法规的变更，是促使公司把药物实验转向印度的另一个因素。印度的卫生部门2003年采用了与国际接轨的“优良临床试验”指导原则。

3. 汽车产业及相关产业的研发中心

汽车业是另一个产生了许多创新的产业，跨国汽车公司最初来到印度是为了潜在的巨大的国内市场。为了削减成本，必须使用当地部件。起初部件质量不高，但是很快，部件制造商和跨国公司互动，不仅质量得到改进，而且产生了原来未预想过的创新。重要的跨国汽车公司在印度设立了研发中心。

（1）通用汽车公司在印度的研发中心。

2003年9月，4万平方米的通用汽车印度研发中心开业。在3年时间里，通用汽车集团要在印度的研发实验室支出6 000万美元以上，每年为印度的技术中心花费为2 000万美元以上，用于技术基础设施、人力和设备。

在布局其美国之外的第一个汽车研发实验室的过程中，通用汽车集团有几个目的：让它的品牌更接近亚太地区，利用多样化的人才库和人力资本的能力；以及以印度的大学和国家实验室为支点，发挥杠杆作用。

通用汽车公司科学实验室研究与开发执行主任Alan Taub在谈到为什么不把实验室建在美国而是建在印度时说：“我们需要在印度有一个实体存在”，“我们权衡了人才的可得性和时区因素。选择印度有很多理由——从成本，安全到电力供应的可利用性等等。”还说：“我们要获得多样化的人才。人们一旦来到美国，他们就很快美国化了，我们需要多样化的创意。”

印度的研发中心与通用汽车在密歇根州Warren的通用汽车中心研发实验室形成工作伙伴关系，印度研发中心最初有15位科学家，但到2005年，工程师人数增加到160人以上，研究中心将探索研究数学基础的工具和汽车开发、轻型材料、灵活制造工艺以及汽车电子和控制系统。

通用汽车的亚太区总经理 John Wilson 先生说，中心将为通用汽车的全球资产组合提供工程服务，公司自身的业务限于工程以及研究与开发工作，但不是产品开发。它将为美国的通用汽车公司提供在线工程服务。

印度研发中心的工作时间实行两班制，24 小时的全球工程组织将加速汽车的开发，缩短新产品开发时间。全球网络扩大了技术能力，使之能够创造性地并且迅速地做出反应，确保通用汽车在战略上重要的技术方面处于领先地位以及在产品创新上处于世界领先地位。技术中心的首席科学家 B. G. Prakash 博士说，中心的工作将使通用汽车公司为汽车开发更好的软件，使之重量更轻，燃油效率更高。

除了在密歇根和印度的实验室里的工作之外，通用汽车公司还通过合资等方式，在澳大利亚和中国设立有相似的技术中心（technical centres），在北美、欧洲和拉丁美洲、非洲和西亚建有工程中心（engineering centres）。建在印度的实验室，通过全球招募研究人员，保证其人才的多样性，从而导致多样化的创新。最初，班加罗尔实验室三分之一的研究人员从美国的大学和实验室招募而来，另外 2/3 来自印度。当实验室获得充分的能力之后，研究人员将从全世界招募，让他们来班加罗尔从事研究和开发工作。

（2）戴姆勒-克莱斯勒研发中心。

设在印度班加罗尔的德国戴姆勒-克莱斯勒研发中心主要从事电子设备、仿真和软件开发的基础和应用研究。班加罗尔的研究中心进行的工作包括了编码、图像信号加工、远程信息处理、燃料电池建模、计算机辅助设计（CAD）、计算机辅助制造（CAM）、计算机辅助工程（CAE）以及特性驱动模型（PDM）等。公司还将增加在印度的生产并以印度作为一个出口基地，而这些计划只是全部生产线中更为高端的一部分。戴姆勒-克莱斯勒公司已经表示，它将增加在印度班加罗尔的研究中心的工作以及在印度的外包业务。

（3）其他跨国企业在印度的研究中心的例证。

全球滚珠轴承领军企业美国铁姆肯公司（Timken）也在印度的班加罗尔设立研究中心，该公司最近预测，到 2010 年，其印度业务收入将增长4倍，从每年5 600万美元增至2.1亿美元。此外，虽然该公司正在日本和韩国建立技术中心，但其对整个亚洲地区的核心工程支持力量还是设在印度的班加罗尔，实际的设计工作也是在那里进行的。

美国的道·康宁公司（Dow Corning）已经在印度浦那（Pune）建有一个制造工厂，并且计划扩大在印度的业务，其中包括建立一个应用工程技术服务实验室，为该公司及其客户进行产品创新和开发提供研究设施。①

二、新兴市场经济国家的企业在印度建立研发中心

实际上，到印度进行研发投资的不仅是西方国家的跨国公司，新兴市场经济国家的一些公司也开始努力利用印度的科研优势，在印度建立研发中心，其中较典型的是中国大陆、中国台湾和韩国的一些公司。以下是一些新兴市场经济国家在印度设立研发中心的例证。

1. 中国海尔在印度的研发机构

2005年，中国海尔公司就在印度设立了自己的研发机构。作为进入印度电器市场的新军，海尔在产品本地化上的步伐相当快。海尔（印度）公司投资500万卢比（100万人民币）在首都新德里设立研发中心，主要任务是促进海尔产品的“印度化”，尤其是使产品符合印度的各项标准要求。海尔印度公司在新德里开设了该国的第12家产品展示厅，印度人可以在这些展示厅中看到海尔近70多种产品，比如电视机、冰箱、空调、洗衣机、微波炉等，未来海尔还将在全印度设立20多个展示厅。海尔印度公司是海尔的全资子公司，自2004年9月进入印度市场到2005年7月初，销售额已经突破了30亿卢布（6亿人民币），其中60%来自电视机，35%来自冰箱。②

2. 中国华为在印度的研发机构

中国电信设备生产商华为1999年就在印度设立了一个软件开发

---

① 威廉·金伯利（William Kimberley）. 印度汽车业羽翼丰满欲冲刺海外. 金融时报（英国），2006-03-07

② 一年销出5个亿海尔将在印度设立研发中心. http://www.yesky.com，2005-07-17

部门，2001年正式在印度开设研发中心。华为印度研发中心共有大约1000名员工，是华为在中国之外最大的软件开发中心。华为已经在印度研发中心投入1亿美元资金。2005年初，华为电讯（印度）公司宣布将在印度投资1亿美元，投资6 000万美元用于在印度班加罗尔建设生产基地，同时投资4 000万美元用于扩大印度研发中心。

近年来，印度电信市场发展十分迅速，华为自然也不愿意错过这一大好商机。对于电信设备供应商而言，印度电信基础设施的扩建意味着价值数十亿美元的订单。华为的投资计划如果得到实现，将使华为的全部资本输注总额达到2亿美元。这项投资完成后，华为将成为继中兴电讯公司之后，第二家大规模进军印度电信设备业的中国公司。在此之前，印度的电信设备业一直被美国和欧洲的生产商所控制。据华为公司向印度外商投资促进局提交的报告称，该公司计划承办、运营或者参与印度部分电信、信息技术和基础设施建设项目。①

华为在印度的扩张计划受到了印度安全部门的关注，这意味着华为的印度战略可能会遇到一定的阻碍。华为计划投入6 000万美元在印度修建新的生产基地，扩大印度子公司的业务，但这一计划已经被印度政府搁置。印度情报机构的高级官员就华为扩张计划举行会谈，并成立了一个专门委员会，对涉及国外企业进入印度敏感行业的指导方针进行重新评估，理由是担心印度战略电信网络的安全无法保证。这是华为在印度研发机构进一步发展面临的问题。

3. 中国联想集团准备在印度建立创新中心

联想集团高级副总裁兼首席营销官迪帕克·阿德瓦尼2005年9月13日说，联想集团计划在印度建立一个“创新中心”，利用印度的软件工程师及市场销售人员的技术。推广个人电脑的应用和市场策略地点和时间还没有确定，但计划正在进行中，这是中国个人电脑业利用印度技术的主要举措之一。②

4. 中国台湾明基公司在印度的研发中心

中国台湾的明基公司，已经在孟买建立了一家研发中心，它计划

---

① 飞雪．华为计划印度投资1亿美元建生产研发部门．http：//www.tech.sina.com.cn，2005-08-14

② 联想集团准备在印度建立创新中心．美国投资者商情日报网站，见参考消息，2005-09-16

在3年里雇用约100名研究人员（在中国大陆的研发中心有800名员工）。在印度新设立的研发中心主要集中在为明基移动电话业务开发和检测嵌入式软件，公司当前还没有计划要在印度建立制造能力。①

5. 韩国现代印度研发中心

韩国首尔的现代公司宣布它将在今后5年里，在印度投资5 000万美元，建立一家制造工厂和一个研发中心。为了建立这些机构，现代印度电讯公司 Hyundai India Telecom（HIT）从韩国现代公司得到了许可证。现代印度电讯公司说，它将把年度收益的3%～5%用于针对亚洲市场的以 GSM 和 CDMA 为基础的电讯手机产品的研发。

三、印度科研机构和企业接受“外包”业务并向国外扩展

1. 跨国公司向印度研发机构“外包”业务

除了在印度设立研发机构之外，跨国公司在印度研发的另一突出特点是向印度研发机构“外包”研发业务，使印度成为全球科技业的“外包”中心。

企业将产品、服务或零部件的供应“外包”，是指把这些业务指派给第三方提供商，无论该提供商在国外还是国内。“业务流程外包”是一种更为特殊的外包形式，它指的是把整个业务流程，如财务、采购或人力资源，交给第三方。知识流程外包（KPO），覆盖多种“以知识为主体”的商业活动，如数据搜集、管理服务、财务及法律尽职调查，这些服务都依赖于商业活动，而非流程处理方面的专业技能。② 而“离岸”是指企业把业务流程或生产转移到成本较低的国外子公司或附属公司。

跨国公司到印度开办了许多软件研发中心。跨国公司在印度开发的软件是直接供总部应用，而总部产品的市场又是面向全球的，且市场需求非常巨大，跨国公司在印度的软件开发公司难以满足全部需求，为此一部分业务通过转包或协作等办法让印度当地软件公司完

---

① More software R&D to India. R&D magazine, 2005 (6)

② 霍泽姆·麦钱特（Khozem Merchant）. 路透集团向印度外包增值调研业务. 金融时报（英国），2005-10-14

成，这样就带动了印度本地软件业的发展。目前，印度本地软件企业已逐步成为印度软件产业的主体，在前20家软件企业排名中，印度本地软件企业数已超过跨国公司。经过这十几年的发展，除了吸引美、欧、日本等地的著名跨国公司到印度投资外，当年出国发展并获得成功的海外印度人也开始把目光投向国内，开始回国创办企业，谋求发展。①

通用电气进入印度较早，第一阶段是1993年，它注意到印度当地市场。进入印度后，通用电气认识到印度市场成熟不够快，而把目光转向别处。但通用电气发现在美国不可能找到的软件工程师，在印度可以找到，这导致通用电气在1998年开设了办公室支持业务，开始在印度建立了办公室支持（Back-Office）企业："通用资本国际服务公司（Gecis)"。通用电气通过建立通用电气资本国际服务公司GE（Capital International Services，GECIS）而开始起飞，该公司的办公室支持业务为通用电气的全球业务服务，这是第二阶段。建立GECIS是前GE总裁韦尔其的主意，他看到了印度的人才，投资建立了GECIS。韦尔其的信条是"低成本、高质量"，这个理由使他先于其他跨国公司来到印度，目的是要利用印度从药物到技术的服务以及工程设计能力。在韦尔其的后任伊梅尔特领导下，通用电气在印度更加雄心勃勃。通用电气公司看到印度正在转变之中，是它的产品的一个完美的市场。

通用电气在印度的第三阶段开始于2004年，实际是通用电气原来所想的第一阶段，即通用电气关注当地市场。其新计划是通用电气的收入从2004年的7亿美元增长到2008年的30亿美元，2010年要达到50亿美元。②

通用电气公司在印度建立了办公室支持（Back-Office）企业"通用资本国际服务公司"（Gecis）后，Gecis的销售额增长到4.3亿美元，在4个国家有雇员1.7万人。它的业务除了客户服务，还包括处

① 郭福华．印度软件产业何以崛起．http：//www.xjtust.com，2001-04-25

② GE's Indian Adventure. The multinational's top exec in the country explains where it fits in the "One GE" strategy. China and India – the New Corporate Model/ Online Extra. http：//www. businessweek. com，2000-08-22

理复杂的程序，例如，数字模型和保险统计分析。

与 Gecis 类似的美国运通公司和标准渣打银行在印度经营的呼叫中心和办公室支持业务，由于其规模迅速扩大和运作成本比当地企业高，将其保持在企业内部很不划算。这两个单位在印度有4 000多名雇员。这样的单位仅为它们的母公司服务，它们不像本地企业那样有进取心。这些所谓的“被母公司控制的企业”的成本，比本地企业高 40%。所以，它们的母公司与 GE 决定分离它的办公室支持业务，与以前一样，都面对同样的压力。①

2. 外包业务向印度国外扩展

跨国公司除了向印度“外包”业务，将其变为全球科技术的外包中心外，还开始由印度向外扩展。

例如，2004 年底，通用电气资本国际服务集团脱离通用电气集团独立（在体现这种独立关系的新名字是 Genpact 公司，现在是一个独立的公司）。如今，Genpact 正把目光投向了印度之外，并在其他大陆设立中心，在这些地区满足客户需求。

Genpact 是印度最大的业务流程外包（BPO）服务供应商之一，年营业收入达 5 亿美元，全球员工超过 1.9 万人，其业务广泛，从呼叫中心到高附加值的金融和财务服务等都有。尽管该公司依旧为通用电气工作，但通用电气已将股份从 100% 减至 40%，它已经能自由地在全球范围内寻找其他客户。② 它的业务除了客户服务外，还包括处理复杂的程序，例如，数字模型和保险统计分析。GE 认为，Gecis 作为一个半独立的单位，为不同的客户服务，而不是只为 GE 服务，它将经营得更好。所以就将它 60% 的股份出售给美国的风险基金。Gecis 的总裁普拉莫德·巴辛说：“我们要建立一个全球性的企业。”③

Genpact 在独立后首要步骤之一就是加强全球销售、营销和业务发展团队。当还是通用电气的一部分时，它的业务拓展团队不到 10

---

① 印度外包产业大洗牌．市场报．http：//www.people.com.cn，2005-01-31

② 安德鲁·巴克斯特（Andrew Baxter）．印度企业：放眼全球搞外包．金融时报（英国），2005-09-29

③ 印度外包产业大洗牌．市场报．http：//www.people.com.cn，2005-01-31

人，而今它在美国就有 70 人，欧洲 4 人，亚洲 6 人。Genpact 将其广泛的服务按流程分段，其中 900 项由印度提供，而其他中心都达不到这一程度，墨西哥中心提供 150 项服务，中国 120 项，匈牙利 55 项。

在印度之外发展新的外包中心的策略，帮助前通用电气金融国际服务集团赢得了通用电气的业务。出于地理、文化和语言的考虑，其前母公司更愿意将服务转往其他地区。自脱离通用电气后，Genpact 正加大寻找、发展适宜人才和技能的力度，并调度这些人员，让他们从才能和工作场地出发，做最有效的组合配置。

3. 印度的企业不只是在印度接受外包业务，它们的业务也向国外扩展

全球的软件业已经形成一个金字塔结构：欧美厂商雄踞塔顶，处于中坚位置的无疑是印度企业。而一些印度企业已经开始向塔顶进军——它们已经不满足于单纯的呼叫中心、简单编程的业务，而是把自己多年积累的经验“升级”到 IT 咨询、业务外包的层次，在某些领域甚至对欧美企业也造成了冲击。2004 年 5 月，印度最大的软件公司 TCS 收购了美国一家做保险业整体解决方案的 Phoenix Global Solutions 公司，在美国软件行业引起了很大的反响。目前，TCS 已经提出了 2010 年进入全球 IT 咨询业前 10 强的目标，按照目前的发展态势，它们很有可能提前实现目标。

印度软件企业已经瞄准了中国。2000 年以后，越来越多的印度软件企业进入中国。在上海的浦东软件园，印度的前 4 大软件企业已经聚齐，在北京、杭州等地都有印度软件企业落户，而且还会有更大的动作。除了为它们的老客户（在中国的跨国公司）提供服务之外，它们已经悄悄地拿到了一些国内大中型企业的订单。①

印度最大的软件外包公司 Tata Consultancy Services 中国区总裁 V. Rajanna 表示，作为其拓展海外市场的一部分，未来两年其在中国的员工人数每年将成倍数增长。目前该公司在中国约有 400 名软件工程师，其中 300 人在杭州，另外上海和北京各有 50 人。②

---

① 印度软件产业对我国的启示. http://www.ccw.com，2004-12-24

② 软件外包商 TCS 称未来两年在中国员工人数每年将成倍数增长. 路透社，2006-04-10

在制药方面，如同信息技术产业那样，印度的一些制药企业通过外包提高了自己的能力，现在也在扩张自身，走向国际。

生物技术在印度正在升温，最著名的印度制药业的研发中心有兰伯西（Ranbaxy）、雷迪博士实验室（Dr Reddy's Labs）以及太阳制药（Sun Pharma）等。Biocon 和 Shanta Biotech 公司领导着潮流，处于领先地位。信得过生命科学实验室（Reliance Life Sciences）的干细胞研究得到美国国家卫生署的认可，被美国全国保健研究院（US National Institutes of Health）认定为够资质的干细胞研究机构。不那么引人注目，但也许更有意义的是那些雨后春笋般出现的为全球性大公司进行合同式研究的新公司。迪威实验室（Divi's Labs）、威姆达实验室（Vimta Labs）和矩阵实验室（Matrix Labs）是这一领域中的一些新的明星，研究与开发不再局限于政府科研机构和大公司，印度全国各地都在开展研究与开发工作。①

印度制药公司正采用其他商业模式进行竞争和利用机会。它们从商业推动的研究转到研究推动的商业。事实上，印度制药公司 2003 年在美国食品药物管理局（the US Food AND Drug Administration, FDA）的药品登记中处于前列，申请登记了总共 126 种主要药物 Drug Master Files，占进入美国市场药物总量的 20%，比西班牙、意大利，以色列和中国都要多。在 2004 年 2 月等待美国食品及药物管理局批准的 108 种新药中，多达 52 种是向现有专利挑战的，其中近一半是首次登记申请（有 180 天的市场独占权）。

印度生物和制药公司还通过以下途径参与跨国公司的全球化研发：

① 合同研究。对于全球制药业最关键的挑战是药品发现和开发的成本增加。一种新药从发现到投入市场的成本超过 8 亿美元，这主要是由于研发的生产率下降（高磨损率与失败的成本），美国食品药物管理局提高了药品批准的管制要求（要求经过更多的病人诊疗试验后才能上市）。由于印度科技人员拥有强大的分析技能和化学工作能力，对于印度公司来说，合同研究是一个可行的选择。印度卓越的

① SWAMINOMICS/SWAMINATHAN S ANKLESARIA AIYAR. R&D：India's new star industry APRIL 10. 2004. The Times of India Online

和低成本的化学合成技能适合于药品用于临床前阶段的合作研发，以及临床用药阶段的定制制造。

印度 Max Healthcare 集团旗下美国子公司 Neeman Medical Internationa 的首席执行官凯西·怀特（Cathy White）表示，制药公司将业务发包至印度，可节省 20% ~30% 的药物开发成本。成本的节省大部分通过在印度雇佣临床研究员、护士和 IT 人员来实现，因为他们的薪水还不到西方国家相应人员的 1/3。

② 定制制造。由于降低成本的竞争和压力，全球制药商被迫外包它们的药物制造业务。印度制药公司由于其低劳动成本、低误差率、更好的质量和强大的制造基础而拥有优势，为离岸制造服务提供了特有的价值构成。这可以为全球性的制药商节省 40% ~50% 的成本，另外，印度拥有美国本土之外最多的美国食品和药物管理局批准的制造设施。

③ 诊疗研究外包。诊疗研究外包是拥有 100 亿美元潜力的市场。诊疗研究可以在印度的机构实施。虽然开发一种新药的成本在最近几年里有所下降，但它仍然很高——接近 8 亿美元。根据印度政府商务部与印度产业联盟共同发表的《在印度建立创新的制药产业》的报告称，在总成本中，花在诊疗试验上的数量很大（近 80%）。由于印度存在着庞大的病人人口，印度有能力以西方公司 1/3 的成本进行这类研究。而且，与国际标准相比，印度专家的成本也相对较低。

根据安永（Ernst and Young）公司的 2004 年的“进展”报告，在以后 5 年里，印度的生物部门预计产生 50 亿美元收益，创造上百万个就业岗位。随着公司把焦点放在提高生产率的加速累积知识上，欧洲和美国的公司面对这样丰富的资源，协作是它们的选择。印度有丰富的高质量、低成本的技术人力，它正在崛起为一个选择伙伴。

全球最大的合同研究组织美国的 Quintiles 从 1997 年起在印度开展业务，迄今已招募过 6400 名患者，在精神病、传染病和肿瘤等领域进行临床实验。《Centerwatch》估计，在印度设立办事处的合同研究组织，已从 2001 年的 3 家增加到目前的 12 家。

印度制药巨头的崛起，在全球研发领域起着积极作用，有助于全球制药的研发。印度公司已经为世界头 10 种销路最好的药物开发了制造工艺（见表 7-1）。

表 7-1　　**跨国制药企业面临印度公司的挑战①**

药物品牌	创新者	2002 年销售额（10 亿美元）	印度挑战者
Lipitor	辉瑞	8.0	兰伯西公司
Zocor	默克	5.6	兰伯西公司，Biocon
Prilosec/Losec	阿斯利康	4.6	雷迪博士实验室，Cipla
Procrit/Eprex	强生	4.3	无
Norvasc	辉瑞	3.8	雷迪博士实验室，Matrix
Zyprexa	礼来	3.7	雷迪博士实验室
Prevacid	Takeda	3.2	无
Paxil/Seroxat	葛兰素史克	3.1	雷迪博士实验室，Bunyan
Celebrex	默克	3.0	Cipla
Zoloft	辉瑞	2.7	雷迪博士实验室，Cipla

印度最大的药物公司兰伯西实验室有限公司（Ranbaxy Laboratories Ltd.）2005 年 9 月宣布它正在进入加拿大基因药物市场，开办一家名为兰伯西（加拿大）药物公司（Ranbaxy Pharmaceuticals Canada Inc.）的子公司。公司已经得到批准出售 8 种产品，另有 4 种产品等待批准。兰巴西实验室公司是全球市场上的一家重要公司，在全球的销售超过 11 亿美元，已经在加拿大进行了 5 年的诊疗试验。

兰巴西也是用于抵抗 HIV 病毒（导致爱滋病）的基因药物的领先生产商。美国政府 2005 年 9 月刚刚批准了第一类治疗爱滋病的基因药物 AZT，其中有一种是兰巴西公司生产的，这一行动可能降低美国接受这种治疗的人们的医疗费用。印度公司长期以来一直是在第三世界推动更便宜的抗爱滋病的基因药物的领先者。兰巴西现在在美国市场有 100 种得到批准的基因药物，大约有 50 种正在等待批准。它也在 22 个欧洲国家销售药物。②

---

① Source：Chemical & Engineering News

② BETH DUFF-BROWN，India Co. to Sell Generic Drugs in Canada. Associated Press，2005-09-22

印度的制药企业还通过合并走向国外。2003 年进行了许多海外战略合并，如 Ranbaxy 得到了法国 RPG Aventis 公司的业务；Wockhardt's 合并了英国的 CP Pharmaceuticals；Zydus Cadila 合并了法国的 Alpharma 公司。

第二节 印度进行国际 R&D 的优势

为什么跨国公司在印度设立研发中心，印度的国际研发也不断发展？主要的是印度在建立研发中心方面有许多内在的优势。

一、质优而低成本的劳动力

印度有大量的、高质量的、技术上合格的人力。印度总人口中获得高等教育的人口所占比例比中国更高。根据管理发展研究院的《世界竞争力年鉴》，2001 年，印度 25～34 岁的人口中，约 8% 受过某种形式的高等教育，而中国的这一比例只有 5%。印度有 250 所以上的大学和工程学院，每年产生 20 万名工程学毕业生和5 000名博士。印度每年大约增加 230 万拥有学士学位的毕业生和大约 30 万名工程师。就大学教育体系满足经济竞争需要而言，管理发展研究院把印度排在 30 个国家里的第 6 位，按 10 分制印度得到了 6. 2 分，而中国排在第 25 位，得 4. 4 分。

尽管许多毕业生来自质量不高的私立工程学院，但是即使其中一半的毕业生低于正常标准，也还有 10 万有竞争力和创新精神的技术人员。印度有数量庞大的工程师队伍，所以外国公司有可能在印度快速扩大。例如，甲骨文（Oracle）公司的研发队伍就从 1999 年的 529 人成长为今天的2 400人。①

印度也有很大的熟练劳动力储备，尤其是满足其经济发展需要的工程师。按照管理发展研究院的排名，就熟练劳动力的可利用性来说，印度在 30 个国家里排在前 3 名。实际上，就合格工程师的可利

① P. Balakrishna，B Sidharth. India：The emerging R&D hub，2003-08-06，http：//www. blonnet. com/2003/08/06/stories/2003080601570900. htm

用程度而言，印度排在第 1 位，而中国排在第 29 位。①

跨国公司在印度建立研发基地，最重要的是获得高质量的劳动力，而在印度的研发机构很容易得到所需要的人才，利用印度大量的、高质量的科学家和工程技术人员。例如，2004 年，34 000多名学生接受工程学士学位的教育，印度每年产生大约 12 万名化学家和化学工程师。② 印度的高等教育是用英语进行的，计算机科学的研究机构，例如，印度理工学院和许多地区学院的计算机科学研究机构是世界上最好的研究机构。英语，作为商业语言和大学里技术与管理教育的媒介，也对印度吸引外国 R&D 机构有利。它有助于在跨国公司总部和它们在印度的研发单位之间的技术规格与要求的交流。

除了高质量的人力，印度也有很高的成本效率。所有领先的全球 IT 公司在印度证明了印度作为一个研发基地的优势。印度的主要有利因素是低成本。在印度一名研究人员的成本是美国或欧洲的 1/5，公司把研究工作转到印度可以节省大量的成本。以非常有吸引力的低价格可以雇请到大量的、受过良好训练的、能干的劳动力，是印度吸引跨国公司在印度开设研发中心的主要优势。容易利用的、便宜的、有技能的理工科硕士和博士、资质优良的、讲英语的工程师，地理上接近亚太地区的消费者以及成本基础结构是在印度建立研发中心的主要吸引力。印度的劳动力成本几乎只是欧洲的 1/4 ~ 1/5，只是美国的 1/8 ~ 1/9。

早在 1990 年代末进行的一项调查就显示，跨国公司把研发人才的可获得性列为在印度开设研发中心的最重要的理由（5 分中的 4. 12 分）。对于新技术产业的跨国公司来说，这个因素更为重要（4. 31 分），排在第 2 位的是在印度进行研发的低成本（3. 25 分）。而对传统产业来说，其理由与之相反，靠近印度的制造业（4. 56 分）和市场（4. 06 分）是更重要的理由。对这两组企业来说，政府的刺激相

① Kunal Kumar Kundu：India. the World's R&D Hot Spot. Asia Times online，2004-08-18

② Box V. 5. Why TNCs set up R&D in India. 2005 年世界投资报告．http：//www. unctad. org

对来说要弱一些（1.78 分）。①

印度高质量而低成本的劳动力，不仅降低当前业务的成本，它也允许公司去做那些过去没有考虑的事情。甚至时区的差异也可以加以利用，建立一个 24 小时不停顿的研发团队，而其工作人员在他们各自的时区里只需要按正常的作息时间工作。

现在也有确保按时交货的项目管理能力。现在许多印度的研发队伍和企业在工艺上已经有了基础和立足点，并且有决心生产出符合需求的高质量的产品，在有些领域已有核心能力，成为产品开发者的一个好的选择。

跨国公司在印度开办研发中心，使得人才外流出现了逆转的趋势。一些已经移民到美国的科学家回到在印度设立的跨国公司的研发中心。

二、有一些世界级的教育机构和研发机构

印度有一些世界级的教育机构和研究机构，例如，印度理工学院、印度科学院、印度化学技术研究院和药品研究中心等，具备了多学科结合的工作能力。印度拥有一个广大的、国有的、全国性的研究实验室网络，这些实验室有卓越的研究能力。另外，外国研究机构还可以接触到 6 家印度理工学院以及一些重要的研究院，如印度科学院。许多跨国公司在印度的研究机构与这些研究机构合作，有些没有在印度设立研究机构的跨国公司则把研发活动外包给这些研发机构。

近年来，印度的研发支出有较大增长。例如，2001 年比上一年增加了 30.6%。印度的专利申请迅速上升，1995 年是4 000件，而 2003 年是15 000件。“今日商业（Business Today）”估计印度在美国登记的专利从 1997 年的 183 件上升到了 2003 年的1 700件。

公共部门登记了许多专利，虽然在商业化方面显得不足，但是它们发挥了有价值的功能，包括为印度的私营部门培养研究人员。声名显赫的 Anji Reddy 创立了雷迪博士实验室（Dr Reddy's Labs），它就是来自印度药物和医药用品实验室。这家庞大的公共机构已经消失，

---

① Box V. 5. Why TNCs set up R&D in India. 2005 年世界投资报告. http://www.unctad.org

但它的科学家却继续工作，政府实验室是研发人才的好的来源。

三、知识产权保护制度有所改进

早在1856年，印度第一部知识产权法就已生效。印度1970年的旧的专利法，基本上是一个扶持印度国内企业和保护国内市场的授权法，只限于对某些产业中的发明给予保护。旧专利法不对药品和食品授予产品专利，以保护处于发展中的印度农业和制药产业。2005年，印度对于在世界贸易组织与贸易有关的知识产权协定中的义务作出反应，新的修改了的知识产权法律已经代替了1970年的专利法，其知识产权制度现在已经与国际管理框架取得一致。

四、印度中产阶级的购买力不断上升

近年来，印度经济快速增长，印度城市中产阶级群体日益庞大，购买力不断上升，在很大程度上推动了制造业的增长。国家应用经济学研究理事会（The National Council for Applied Economic Research）是一家总部位于新德里的智库。该机构表示，到2009年至2010年，印度13%的人口年收入将达到2 439～1.25万英镑，相比之下，1995～1996年达到这一水平的人口比例仅为3%。① 想要接近印度的消费者是印度成为吸引跨国公司研发活动一个原因。

五、政府适当的鼓励政策

印度企业从来没有像现在这样强烈地感受到研发对于企业不可缺少的作用，在自由化和全球化的印度，进行企业经营的性质和动力都在发生翻天覆地的变化。随着私有化的进行，政府也认识到这一点的重要性，印度政府现在制定了鼓励R&D的、有利于信息技术的政策，所以建立研发中心的成本在降低。印度现在有足够的信息和知识的扩散，有充足的资源在优先的基础上充分地获得技术诀窍。

印度的信息技术市场有很大潜力，信息技术的支出开始增加。在印度有一个研发基地的优势不仅仅是立足于当地市场，而且要辐射亚

---

① 乔·约翰逊（Jo Johnson）. 工业强力助推印度经济增长. 金融时报（英国），2005-07-01

太地区。政府（包括一些州政府）的信息技术政策和投资政策鼓励跨国公司在印度投资于研发，印度政府现在已确立了民主、自由和稳定的政策，采取了有利于信息技术发展的政策，鼓励越来越多的跨国投资，投资于研发。

另外在印度设立研发中心更容易得到批准。印度政府欢迎外国投资于研发中心，不管是外国全资的子公司还是合资企业，都很容易得到批准。几类开发中心还可以得到税收减免。多数软件开发中心在软件技术园（the Software Technology Park，STP）里经营，有条件获得很多减免，如进口免税，特别是对于软件出口10年免税等。印度政府还在软件园里为公司提供了费用很低的通讯联系。

此外，印度的城市有较好的法律和管理基础设施环境，房地产容易利用，总体成本，包括工资很低（大约是美国的25%～30%）。

第三节　印度研发面临的问题

印度在国际R&D中有一系列的优势，现在，跨国公司和印度公司开始进入印度各城市，展开研发竞争，在竞争中有一些企业已经脱颖而出。但同时，印度在R&D方面还有许多困难，还有很长的路要走。

一、企业R&D投入不够

印度大多数企业参与国际研发是执行分包合同。在最近10年里，印度开始作为一个信息技术大国，在不屈不挠的说服和院外活动中艰难发展。印度在IT领域中还缺乏具体的居于支配地位的东西可以展示，而在硬件方面的进展也不大，甚至在软件方面（预装和解决方案类型的）也没有太有意义的进展。在电信部门虽然有所进展，但与其他先进的发展中国家的进展相比也显得落后一些。

跟踪世界IT产业进展的大多数分析家认为，高质量的研究和开发工作是使印度超越单纯的外包项目，成为IT巨人的基础。但是要达到这一目标，政府机构和实验室的研发工作肯定是不够的，印度公司几乎很少严肃地对待研发工作。有些数字能说明这一问题，总研发支出从1999～2000年的6.4亿卢比（Rs 64 crore）增加到2000～

2001 年的 8.4 亿卢比（Rs 84 crore），增长了 30.6%，但是以色列、爱尔兰、马来西亚和韩国同期的研发支出的增长分别是 75.8%、67.4%、50.6%、62.4%，显然印度的研发投入增长是远远不够的。若将研发支出与总销售额的比率进行考察，研发增长就更不能使人乐观。20 家主要的 IT 企业的这一比率从 1999～2000 年的 0.85% 下降到 2000～2001 年的 0.75%。这 20 家公司的总销售额 2000～2001 年是 1 108.3 亿卢比，比 1999～2000 年的销售额上升了 46.8%。可见，印度公司并不那么热心增加研发支出。

塔塔信息技术公司的顾问 Laments P V S Rao 曾说，印度公司需要在研究与开发上花更多的钱。这个产业必须认识到，要在快速扩大的技术空间占据强有力的一席之地，创新与创造力的重要性。印度产业在价值链上要从提供技能的价值环节（这是现在大多数印度企业所做的）向上移动，上升到提供技术和产品。只有进行有前瞻性的、非反应式的技术计划与活动，它们才能取得领先地位。

但事实是，多数印度公司的经理只是关心当前收益。大多数情况下，研发就成为资金紧张时的第一个牺牲品，另外印度一些公司往往在研发名义下，什么都往里面装。结果，研发就成为会计账目上的一种应付审计的戏法。然而，只有研发才能确保长期持续的当前收益流，保守经营的做法只能导致最终的失败，一家企业必须敢冒（精心计算过的）风险，扎实的研发基础设施也许是第一个选择。但是，一些企业往往对此不太重视，研发的投入跟不上经济的增长。

二、基础设施严重不足

印度的官僚体系效率很低，基础设施存在一些问题，特别是存在着只是局限于项目工作的倾向。跨国公司以及印度公司要建立研发机构都面临基础设施不完备的问题，其中主要问题之一，就是动力供应系统不足，通讯等基础设施难以达到高标准。

印度供应不足的动力系统和电讯基础设施意味着公司必须有提供支持型的生产动力的能力以及自己准备宽带空间。但是印度的许多领域是禁区以及通常复杂的工作程序意味着在后勤和经营中需要附加的人力资源。由于某些领域存在禁区，例如，印度政府对电讯也比其他国家有更多的限制，使得要在印度建立一家研发机构比在美国花费的时间更长。有人估计，在印度建立一家研发中心将比在美国建立一家类似的研发中心多花3个月以上的时间。缺少适当的国际机场，动力及网络带宽不够等基础设施的弱点以及可用的外汇基金不足，是阻碍跨国公司在印度建立研发中心的关键问题。近两年里，印度在电信方面已有明显的改进，但仍有很长的路要走。

另外，印度政府批准的预算太少，无法将基础设施投资占国内生产总值（GDP）的比例提高至中国的水平，这使得印度政府不仅面临“危及其所倡导的制造业战略的真切风险”，同时面临“无法激励本已十分活跃的服务业领域这一同样重大的风险”。基础设施仍然是“印度制造”在全球范围崛起的一个最大障碍。

除电信行业以外，印度大多数基础设施服务成本都比中国高出50%～100%，因此印度制造商要多支出一倍的电费和两倍的铁路运输费。而且，这种差距仍在扩大。摩根斯坦利称，在2003年，中国在基础设施方面的投入是印度的7倍，与其经济规模（GDP）比较，是印度的3倍——中国的投入为1 500亿美元（占GDP的10.6%），而印度为210亿美元（占GDP的3.5%）。印度各邦政府及中央政府资金匮乏，不太可能很快将基础设施提高到中国的水平。特别是，印度的政客们更乐意将有限的资源以补贴的形式分发给选民，而不愿投资于回报期较长的建筑项目。

在管理方面，也存在一些问题。流程管理方面的专家指出，印度工厂也要比中国工厂落后很多年。管理咨询公司贝恩（Bain）负责绩效改善的全球主管马克·戈特弗雷德松（Mark Gottfredson）表示，他还没发现印度制造业有任何“真正的明星企业”。“中国有世界顶级的制造业，而印度制造业则处于第三世界。我去过很多印度的汽车制造厂、纺织厂和金属铸造厂，却没有留下深刻的印象。这些工厂对流程、库存管理、持续改善或安全问题都关注不够。”①

三、人才问题

以前，印度的人才较为丰富也较容易利用，但是如果跨国公司不

---

① 乔·约翰逊（Jo Johnson）．“印度制造”挑战“中国制造”？．金融时报（英国），2005-12-02

熟悉当地的雇员状况和工资的发展，这可能成为一个重大的问题。在获得有经验的人才方面有困难，虽然，在某种程度上，这个问题可以通过多种办法解决，如从政府实验室得到人才而缓解，或通过各方面的互动，或通过因特网，或通过参加国际会议来获得人才，但其难度在加大。

与人才有关的还有另外两个更严重的问题：一是缺乏建立产品开发中心的经验，因为建立一个产品开发中心需要很多不同的技能，如人力资源政策、首席专家以及很多支持性的功能；另一个问题是要建立一个核心研发团队面临相对较高的内部和外部摩擦。

印度热心进入研发领域的人不是很多，因为他们感到参加研发工作，并没有适当的报酬作为刺激。为处理这个问题，需要设计一种好的办法，例如可以在母公司和研发中心间产生有规则的互相转移，使雇员的满意程度得到保障。

现在，素以后台支持人才济济而闻名的印度，也陷入了国内服务业合格员工日益紧缺的尴尬境地。人才紧缺波及多个行业，但科技行业的情况最令人担忧。科技行业的薪资水平正以每年15%的速度提升，呼叫服务中心和软件企业竞相争夺日显不足的人才资源。咨询公司麦肯锡（McKinsey & Co.，Inc.）称，最早在2010年，印度的信息技术行业就可能出现50万人的缺口，这将削弱印度作为投资目的地的吸引力。① 即使企业近期仍能找到需要的人才，但如果薪资水平长时间保持上升趋势，印度的竞争力前景也令人担忧，外国企业在进行全球外包时会三思而行。印度的人才紧缺，使俄罗斯等竞争对手在软件设计和解决方案等高端外包市场赢得了更大的生存空间，也使得英语普及的菲律宾等有志大力发展外包行业的国家能在呼叫服务中心领域大展拳脚。

印度陈旧的高等教育体系是造成人才短缺的核心问题。印度每年有300万应届毕业生走向社会，但人才水平参差不齐，很多应届毕业生根本不能雇来干活。部分有才华的应聘者足以满足印度经济现代化进程中的第一波人才需求热潮。但随著印度经济的蓬勃发展，众多企业的销售额和经营规模都在不断扩大，每年应届毕业生中的佼佼者更

---

① 印度科技业遭遇人才荒．http：//www.yahoo.com.cn，2006-01-09

快地被一些企业招走，更多的企业发现很难找到高素质、薪资要求适中的人才，无论是最低级的接线员职位，还是最高管理人士等等。由于印度薪资水平上升，印度的商业成本日益高昂起来，许多合同都被菲律宾、波兰等国的竞争对手抢走了。

当然，有些企业不愁招不到好职员。印度国内数一数二的软件公司，如信息系统技术公司（Infosys Technologies Ltd.），依然能吸引来源源不断的、有经验的应聘者。其他公司，包括美国大公司，只能在孟买和班加罗尔等大城市支付高额的薪资来吸引 Infosys 等挑剩下的人才。

激烈的争夺使印度经验丰富的人才身价倍增。雇员们纷纷跳槽以获得更高的薪资收入，这使得人才流失率已达到很高的地步。在科技、银行、航空等一些快速发展的行业，业内管理人士、飞行员以及工程师们 2005 年的薪资涨幅为 25% ~30% 不等。

既然不愿雇用不称职的毕业生，企业只能调整策略，力图培养和留住有价值的雇员。曾为通用电气（General Electric Co.）外包子公司的 Genpact，已在 5 个城市设立了现场招聘点。

人才争夺的竞争非常激烈。印度最大的建筑公司 Larsen & Toubro Ltd. 近几年的薪资水平虽然增长了一倍，一年内还是流失了 800 名有经验的工程师，这些工程师都去了软件公司和跨国工程公司。作为回应，该公司展开了全球性的招聘行动，以最高 10 万美元的年薪试图将流失到外国竞争对手那里的人才再吸引回来。为了应对可能流失更多工程师的局面，该公司设立了一个内部信息技术解决方案部门 L&T Infotech，让员工不必辞职也能扩展技能。

印度有很多工程师，但大多数都毕业于普通的私立工程学院。企业管理和教育人士称，印度面临的长期挑战是如何改进高等教育体系。印度高等学校毕业生只有不到 10% 的人选择继续深造，大大低于美国的 64%。许多人发现，印度的许多学院很大程度上仍停留在英殖民地时代。“除非教育体系有很大的改变，否则未来我们还是得不到足够的称职员工。”印度最大的软件公司 Tata Consultancy Services 的首席执行长 S. Ramadorai 表示。

在印度，大约有 12 家最好的商业和科技学校可与美国的常青藤学校比肩。这些学校培养的世界级毕业生构成了印度企业界的中坚力量。但在印度总数为17 000所的学院和大学中，这些学校的数量实在是微不足道。印度大多数高等院校都因官僚主义、缺乏优秀教师以及僵化的教学大纲而被诟病。在印度的250所大学中，达到世界级的院系寥寥无几。他们每年产出5 000名博士，但是“鲜有几个达到世界标准”。例如，由于高质量博士的短缺，一些国外投资者对印度生物医药界的实力产生疑问，他们怀疑是否会有足够多的高端人才支撑起在生物技术、微电子学和制药领域的研究工作，而这些领域正日益倚重科学来作为发展的基础。①

政治决策使得学生们无法获得足够的资源。印度许多州立学院都由政治人士控制，他们为学院安排获取必要的执照许可，作为回报从学院收入中分得一杯羹。因此，学院的经营重点放在了盈利，而不是学术上。一些学院的图书馆里没有书，教室也不够。

印度政府试图通过实施改善第三级教育等计划，在教育改革方面取得进展。一些专家相信印度教育体系通过改革，最终会适应全球经济的需要。但这种改变需要时间。

四、知识产权保护存在问题

印度在保护知识产权方面已经取得了重要的进展。有一些州的政府，如Karnataka州也采取了大胆的措施，宣布Karnataka州为无盗版州。但印度的知识产权还存在一些漏洞，如专利法就明显存在一些漏洞，另外知识产权执法不力，这些是外国公司在印度建立研发中心所面临的障碍。

美国著名制药公司辉瑞的董事长兼首席执行官亨利·麦金内尔(Henry McKinnell) 2006年5月22日在英国《金融时报》上发表了题为《给印度医药业开良方》的文章，文章中谈到②，“印度IT产业的崛起，得益于该国独有的特点——成本适中的高品质智力资源。印度的一个大胆举措也保障了IT产业的兴起——加强对软件发明人权

① 霍詹姆·麦钱特（Khozem Merchant）. 印度：推动“人才回流”. 金融时报（英国），2004-09-07

② 亨利·麦金内尔（Henry McKinnell）. 给印度医药业开良方. 金融时报（英国），2006-05-22

利的法律保护。印度的软件保护法是世界一流的，激励了 IT 产业的创新。他们已经形成了一个良性循环——软件发明者知道他们的创新会受到尊重，投资资本会流进来支持他们的创新，而有了资本的激励，发明人就会取得更大的成就。”

“但是，在另一个依靠智力的产业——药物研究——方面印度却错失良机。印度大学最优秀的生物医学专业毕业生纷纷到美国去工作。这种人才的流失限制了印度的潜力。那些留在印度的医药科学家主要只限于模仿其他企业的发明，或者成为全球以研究为主的医药公司的廉价劳动力。”

他认为印度科学家之所以没能在生物科技、化学和医药科学领域做出新的成绩，其原因就在于印度在新药发明和开发方面的知识产权保护方式。印度没有足够的法律保障，不能确保包括新药在内的发明不被未经授权的仿制和出口，现行法律的执行也存在问题。

在辉瑞和其他以研究为主的医药公司的市值中，约有 80% 来自专利和其他知识产权。辉瑞开发的每种新药都是成千上万经验丰富的科学家历时 10～15 年的研发成果。根据独立机构的估计，每种药的成本为 8 亿～17 亿美元。因此法律上存在的任何缺陷，或政府机构执法时的任何迟疑，都会打击生物医学发明的热情。迫切需要修改专利法，强化和界定法律内涵，堵住其中的漏洞，这样就会形成一种良性循环。

更强有力的专利法，可能会导致更多的印度公民买不起药。好的专利法会做出规定，在国家紧急状态时，可以抛开专利限制。不过，印度对政府干预的门槛设得太低。干预门槛可以设在这样一个水平：既鼓励创新，又能在紧急状态下保证病人用药。此外，世界卫生组织（WHO）基础药品清单上的几乎每种药，在印度都已经过了专利保护期，其仿制药品在市场上也大量有售。

归根结底，在如何最好地保护知识产权这个问题上，答案取决于印度对其医药和生物科技产业的看法。如果印度满足于成为全球仿制药生产商，或是成为那些增值生产商的廉价供应商，那么现行法律正好支持这种功能。如果印度是想打造一个更具活力、令人瞩目、对全球医疗卫生事业至关重要的制药和生物科技行业，那么就需要变革相关法律。

五、在研发的管理和融资方面缺乏竞争力

印度公司缺少适当的程序来管理项目，市场投入不够充分，缺少可以起到补充作用的技术和信息，要在大范围内开展项目工作所需要的工具和技术的成本过高，也缺少管理这类项目的人力。工人甚至还有高层管理人员的懒散态度以及预算不够等问题，常常成为一个组织进行适当的研究与开发的主要障碍。

在印度当地也能像在其他发达国家一样，进行以标准为基础的技术的开发。然而，要从纯粹的研发中获得利益取决于终端用户与原始设备制造商之间密切的互动。要达到这种水平，在印度还要有一个过程，因为印度的技术产业本身大约只有20年，仍然缺少拥有高度专业化技术、经验丰富的工程技术人员。

大多数公司没有研发预算，这样那些做了研发预算的单位就可能发现自己处在不利的地位，因为最终所有的成本都必须进入产品的价格。在提供研发资金方面，印度公司也难以与跨国公司竞争。看起来更实际的做法就是制造由全球公司开发并拥有专利的新产品，这就使印度公司的研发更多地指向印度本国市场的要求，也就是研发工作的目标是改进产品使之适应印度的条件和当地的要求。

印度在研发的管理和融资等方面还未找到自己的解决办法，但在特定方面，印度可以从其他国家的经验中得到启示。例如，美国通过向大学和政府实验室提供大量的资金，加速技术的创新步伐，然后创造有益的氛围，让这些技术免费地流进有关产业。印度还可以以美国的AT&T和IBM这样一些公司作为公司研发的楷模，还有硅谷的那些敢于冒险的技术人员和企业家以及美国生机勃勃的、灵活的、充满活力的教育体系。从日本那里，可以学习在模仿，选择空档区域的基础上建设创新能力，周密地策划，在产学研合作中推进技术的进步。最后印度还能从中国台湾地区、韩国中学习，应用日本战略于日本自身、新加坡精心计划和控制的开发以及中国集中力量于某几个方面，追求特定目标，在几个方面取得快速进展等。但是，这种学习需要一个过程，整体而言，印度公司在研发的管理、融资等方面还缺乏与跨国公司竞争的能力。

六、几点启示

印度吸引跨国公司进行R&D有其突出的特点：

一是重点非常突出。现阶段突出地表现在信息技术、制药、汽车等产业，而这正是现在的朝阳产业或发展中国家的高增长产业，也是目前研发全球化程度最高的产业。

二是印度吸引跨国公司进行研发投资与人才优势有关，但随着印度经济的迅速发展，人才需求与人才供应的缺口已经开始出现并可能会扩大。这可能影响跨国公司在印度的研发投资。

三是跨国公司的研发集中在服务业，这可能使印度在知识经济的新的世界大潮中更有后劲。

四是印度的研发许多都是为跨国公司服务，例如，外包业务，而与本国企业的联系较少。这就难以带动本国经济的全面发展，现在情况正在发生变化，印度已经开始重视制造业，如果印度的研发能力更好地与印度的制造能力结合起来，推动印度经济的发展，它将更好地增强印度经济发展的后劲。

五是外资研发与印度本国的研发形成互动，外溢效应比较明显，印度已经形成一些有重大国际影响的本国公司。与中国不同的是，印度的模式看起来更像是"以技术换技术"，而不同于中国"以市场换技术"。印度有一些公司已经通过做"外包"，即为跨国公司提供技术服务而发展了自己的技术研发能力，成为全球市场上的有力竞争者。

六是印度的许多高科技公司已经走向全球，它们从研发全球化中得益，转而成为研发全球化的推动者，从中获得更大的利益。

第八章　跨国公司在中国的研究与开发

随着 R&D 国际化版图的不断拓展，在中国设立研发中心已成为跨国公司在华投资的新领域。在发展中国家里，中国正在成为外商设立研发中心的热点，成为外商投资研发中心最集中的国家。

1993 年，摩托罗拉在中国设立第一个外资研发实验室，此后，外资在中国投资研发中心，发展迅猛。在中国投资的外资研发机构 2000 年有 100 多家，2006 年增长到了 750 多家。这些研发中心提高了中国的整体技术水平，缩短了中国由消化吸收成熟技术向研究开发先进技术的进程；研发成果很大程度上满足了中国广大消费者日益多样化的需求，同时促进了中国的市场竞争，促进了中国的外贸出口，加快了我国市场经济制度的构建和完善；同时，外资研发中心也处在升级过程中，越来越多的跨国公司在中国建立全球研发中心，一部分研发中心的技术开发重心逐渐向基础技术研究过渡，应用型技术的研究地域对象也不再限于中国市场，而是面向亚太地区，乃至面向全球，对于中国相关配套产业的发展、国际分工地位的提高、出口商品结构的改善起到了积极的作用。外商在中国设立的研发机构已经形成中国科技人才的重要培养基地，培养出一批适应市场经济要求，拥有较高研发水平和研发能力的科技人才。

中国为什么能吸引跨国公司设立研发机构？在中国设立研发中心的态势如何？对中国的研发会产生什么样的影响？本章将对这些问题进行研究与探讨。

第一节　中国吸引跨国公司建立研发机构的原因

一、市场驱动：新产品市场广阔并有巨大的开发潜力

中国具有新产品的广阔市场和可进一步开发的市场潜力，外资企

业在华设立研发中心，其主要的原因之一就是希望通过本土化的举措，更好地把握中国市场的脉搏。

中国市场除了与世界市场趋同的一面以外，也有其特殊性的一面。中国市场的独特性，使那些想长期在中国寻求发展的公司必须开发出适合中国人需要的产品和服务。例如，宝洁公司在中国的研发中心发现，亚洲人衣服上的油渍跟欧洲人的不一样，所以它们要根据油渍的特性生产适合亚洲人使用的洗衣剂。再如，中国的电力系统可能不如发达国家的电力系统稳定，中国的气候条件与国外也有差别，中国还有自己独特的历史文化传统，这就要求跨国公司针对中国市场的特定需要进行产品改进或产品开发，以便在中国市场上占据有利地位。

随着中国国民经济多年持续、稳定、快速的增长，中国人民收入水平的提高，中国消费者购买力的大幅提升，中国市场已经成为现实的巨大市场并且还有巨大的市场开发的空间和潜力，而且这个市场消费层次之多、需求之复杂，是任何一个地区市场都无法相比的。

中国高技术产品市场迅速扩大，中国的消费者对新产品的接受程度很高。中国拥有辽阔的国土，庞大的人口，先驱型消费者人数众多，许多中小国家难以与之等量齐观。中国社会还有一个“暴发户”群体，易于高消费，以此炫耀自己从较低社会阶层上升到了更高社会阶层，这种消费具有非理性成分，但客观上成为新产品开发的社会基础。

中国社会在某些产品的消费方面具有跳跃特征，也就是说在某些产品的消费方面，中国消费产品的更新换代可能跳过了发达国家消费者所消费过的某几代产品，而直接进入现在的最新产品。例如，中国很多家庭可能没有使用过电话座机，而直接使用移动电话作为通讯工具。在音像产品的消费上中国也有跳跃式消费的特征，中国许多家庭根本没有使用过留声机，也没有用过卡带式放像机，而直接使用DVD播放机，由此形成对于音像产品的巨大需求，刺激该产业的创新。

再如，中国国内普通百姓使用的电脑从整体上说，比起发达国家来并不差。许多人到了国外，觉得不会用有关大学或研究机构提供给自己使用的电脑。不是可使用的电脑太先进，而是在国内使用的电脑操作系统比自己在国外可使用的电脑操作系统更先进，自己没有那些较为陈旧的电脑使用技巧和知识，因而不会用。

再以互联网为例，2005 年 7 月 21 日，中国互联网络信息中心（CNNIC）发布“第十六次中国互联网络发展状况统计报告”。报告显示，截至2005 年6 月30 日，中国上网用户总数突破1 亿，为1. 03 亿人。其中宽带上网的人数增长迅猛，超过网民的一半，达到5 300 万人，增长率为23. 8%。中国网民数和宽带上网人数均仅次于美国，位居世界第二。中国网上购物大军达到2 000万人，网上支付的比例增长，网上购物者半年内累计购物金额达到100 亿元。网上购物市场巨大，1 亿网民背后蕴涵着一个巨大的市场，能抓住网民需求的互联网商业应用，就可能产生非常可观的经济效益。

调查结果还显示，网民对即时通讯工具的功能需求趋向多媒体，除了文字聊天外，用户常用或希望有的功能主要是二人视频和 IP 电话，这将指引即时通讯软件由文字聊天向音频、视频聊天发展。中国互联网基础资源的快速发展推动互联网应用向深度和广度迈进，而1 亿网民的多元化互联网应用又引发了对基础资源的强大需求，二者相辅相成推动着中国互联网全面发展。基于1 亿网民的新起点，迎来的将是互联网上延伸出的多种市场机遇。①

中国市场的这种特殊性，显然为进行市场驱动的研发提供了市场条件，也是跨国公司在中国进行研发投资的重要原因。

二、竞争需要：获得竞争优势

对于外商投资，中国采取了较之日本、韩国等国经济发展的同等阶段更为开放的经济政策，吸收外资已有相当规模，技术密集型工业引资升温，中国正成为跨国公司竞相追逐的技术密集型投资目标。同时，加入世界贸易组织之后，中国生产的高新技术产品可以更方便地进入世界市场，高技术产品出口增长迅猛。跨国公司在中国生产的高新技术产品，可以供应中国市场，也可以供应世界市场。中国市场吸

---

① CNNIC 发布16 次互联网报告中国网民1 亿300 万，新起点带来新机遇——中国互联网络信息中心发布第十六次中国互联网发展状况统计报告．搜狐 IT. http：//www. sohu. com，2005-07-21

引着全球淘金者的眼球，许多国家进行技术密集型投资，因此跨国公司之间在中国的竞争非常激烈，要想在中国市场胜出，就必须在中国当地以最快的速度进行研发，拿出最新的产品。

另外，中国有一些本土公司已有相当的竞争实力，特别是在技术水平方面其生产的高技术产品档次已获得了极大的提高，而且它们更了解中国当地消费者的需求。跨国公司要在中国立足，面临着中国这些有实力的企业的竞争，而研发出满足中国当地消费者需要的产品，是与中国本土公司竞争必须做到的第一步。只有这样，在中国设立研发机构才能获得在与中国企业竞争中的优势。

三、人才因素：获得高素质低成本的人才

中国拥有比较丰富的、高素质的，而且工资成本相对低廉的科技人力资源，还拥有一大批高素质的科学家和工程师，可以进行从基础研究到新产品开发的各个层次的研发工作。中国每年有400多万大学毕业生步入工作岗位，这相当于美国应届大学生的4倍以上，另外还有数量上超过印度两倍的软件人才。因此近些年来，跨国公司对中国的研发力量越来越关注，并开始对其重新审视。①

中国有重视教育的传统，中国人还有通过接受教育、通过工作改变自己贫穷落后的面貌的强烈愿望。因此，从整体上看，中国劳动者也许比发达国家的劳动者更勤劳，更愿意工作。而且，相对来说，中国的劳动者包括科技工作者，他们要求的报酬一般比发达国家的劳动者所要求的少得多。当然中国劳动者工资相对较低，与许多其他的因素相关，例如，中国劳动力市场上存在着的激烈竞争等。但是对于相应的素质来说，劳动力价格低则是一个不争的事实。这对于跨国公司在中国设立研发机构是非常具有吸引力的。

中国近年来重视英语教育，使中国科技工作者与外国交流的障碍减少，而且许多学成回国的科技人员进入了人才市场，英语有成为一种工作语言的趋势。总之，中国具有相当丰富的开发新技术新产品所需要的人才，例如，微软亚洲研究院过去7年的发展向全世界展示了

---

① 陈言．专访跨国公司老总——日立：整合资源的本土化之路．经济日报，2005-07-31

中国高素质人才的科研实力。跨国公司在中国设立研发机构，利用中国人力资源是一件很划算的事情。

四、知识因素：利用中国的传统知识和现代知识技术

中国具有源远流长的历史、丰富的人文遗产、独特的科技传统以及许多处于经验状态的知识,这些都是跨国公司非常看重的科技宝藏。

就中国传统知识而言，目前没能得到现有的知识产权保护制度的有力保护，因此中国的一些传统知识几乎成为跨国公司可以免费利用的无价之宝。例如，中国的中医药知识，就没能获得中国现有知识产权法的很好保护，而中国的中医药知识能够为现代医药的开发提供重要的基础和启示，具有极其巨大的商业价值。跨国公司在中国设立研发机构能够更有效地利用中国传统的、本地的技术知识。

就中国现代知识与技术而言，由于近年来，中国政府和企业高度重视研发和创新，加大了对于研发的投资，中国的技术能力得到了很大的提高。跨国公司在中国设立研发机构，可能利用中国现代的知识和技术，而且跨国公司可以通过对中国现代技术的利用，而更容易地进入中国市场，同时这些技术可以用于其他新兴市场甚至用于发达国家市场。

中国丰富的传统知识和创新的现代知识和技术,对于跨国公司具有潜在的巨大的商业价值,因此跨国公司在中国设立研发机构,进行研发投资就是必然的了,有些大型跨国公司还把基础研究放到了中国。

五、法规与政策因素：获得研发利益的重要保障

面对经济的全球化和科学技术发展的日新月异，中国政府不断为跨国公司在华投资设立研发中心创造更好的投资环境。

近几年来，中国政府相继出台了一系列鼓励外商投资设立研发中心的法规政策。例如，中国科学技术部和中国商务部于 2003 年 6 月 2 日会签发布《鼓励外商投资高新技术产品目录》，力求进一步鼓励外商投资研发中心和高新技术产业。

此外，中国一些地方政府也为吸引外资开办研发中心制定了一些地方性法规。例如，上海市最先出台了一系列的优惠措施，鼓励外资企业在沪设立研发机构。新举措涵盖了外资研发机构中的外籍人员出

入境、外省市人员户籍以及税收政策等方面。凡跨国公司在沪设立研发机构的，其外籍人员出入境将更加便利；受雇于外资研发机构的外省市具有本科以上学历、相应学位的科技人员和经营管理者，工作关系可转移进沪，户口可迁入上海；对独立法人的外资研发机构，其发生的研发费用可在税前按实列支。继上海之后，各地方政府都积极制定政策吸引外资研发中心落户，① 天津市也有这类政策。

随着中国各级政府鼓励跨国公司投资 R&D 的法规与政策的出台和不断完善，跨国公司在中国投资 R&D 中心的数量越来越多，跨国公司在中国的投资也正在由数量型向质量型转变，中国吸收外资的质量与水平不断提高。许多跨国公司已将研发中心当地化视做它们确保在中国长期利益及光明前景的必要步骤，而将政策法规作为获得更大研发利益的保障。

总之，中国具有吸引跨国公司投资设立研发机构的必要条件：中国已经有较为完整的产业结构和较好的科研基础；有充足的人才储备、技术资源储备；有较强的生产能力和较高的技术水平；有较完善的基础设施水平、市场条件；有处于变革中并不断完善的制度保证。中国已初步具备了在许多方面进行国际先进科学技术研发的条件与水平，具有开发国际领先技术的潜力。跨国公司在中国设立研发中心成为它们全球研发网络中的重要一环，跨国公司在中国的研发中心投资热，是中国研发实力增强的一个表征。

第二节　跨国公司在中国设立研发中心的态势

近年来，外资在中国设立的研发中心的数量迅速递增，2003 年外商在中国设立的研发中心有 400 余家。2004 年 8 月，跨国公司在中国设立的研发中心累计总数超过 690 家。② 到 2006 年，世界 500

---

① 丁乙乙，郭艾琳．外企研发中心纷纷涌入中国．第一财经日报，2004-12-31

② 隆国强．最大限度发挥溢出效应——吸引跨国公司研发机构的战略意义与政策取向．国际贸易，2004（12）；张毅．跨国公司在华设立研发中心逾六百家．经济日报，2004-08-19

强企业约470家在华投资，外商投资的研发中心超过750个，① 其中不少已具备相当规模。

联合国贸发会议《世界投资报告2005》中提供的数据显示，2002年，外国子公司在中国的研发支出是20.98亿美元，2003年是27.48亿美元，这两年的研发支出之和为48.46亿美元。② 如果考虑到此前外资在中国的研发投资以及近两年来外资研发投资的合理增长，据此推算，到2005年底跨国公司的子公司在中国的研发支出应当已经超过100亿美元。

到目前为止，在中国设立研发机构的有来自美国、日本、德国、法国、加拿大、荷兰、丹麦、俄罗斯、韩国等几十个国家和地区的跨国公司，外商研发中心集中在技术密集型行业，如电子及通讯制造业、交通运输制造业、医药制造业、化学原料及化学品制造业。③ 部分外商投资研发中心的研发重点开始包括基础技术研究，并形成了一些全球性研发中心，有些跨国公司在中国的研发已经建立了从基础研究到应用研究的较为完整的系列。外资在中国的研发中心成为跨国公司全球研发网络中的重要环节。

一、外资研发机构的一般特点

日益增多的跨国公司纷纷在中国建立研发中心，外资研发机构尽管各有侧重、各具特色，但都具有以下共性：

1. 资金雄厚，设备先进

外资研发机构背靠跨国公司，具有充裕的研发资金，因而可以配备先进科研设备，在软硬件上胜人一筹。外资在中国的研发机构的投资规模巨大，远非中国国内研发投资可以比拟。例如，2004年6月，通用汽车在泛亚汽车技术中心投入21亿元人民币资金，建设中国国内规模最大、功能最全的国际标准专用试车场，同时把通用亚太区总

① 商务部．继续积极有效利用外资，着力提高利用外资质量．经济日报，2006-08-09

② 联合国贸易与发展会议．世界投资报告2005. http://www. unctad. org

③ 中华人民共和国商务部．中国外商投资报告．2006. http://www. mofcom. gov. cn

部从新加坡迁至上海。此外，中国国内第一套虚拟开发设施也在泛亚汽车技术中心建成，这套应用世界最先进数字开发技术的虚拟开发设施投入使用后，将极大地缩短泛亚的产品开发周期，迅速提高泛亚的整车本土开发能力。①

微软目前每年在中国的研发投入已经超过了 1 亿美元，2007 财政年度会大大超过这个数字。②

2006 年 8 月 22 日，AMD 上海研发中心正式投入运营。该中心将建设成为以中国为中心，辐射全球的研发中心，为全球特别是中国用户研发最符合其需求的前沿技术和产品，并给予全球业务强有力的支持。该中心位于上海张江高科技园区，是 AMD 公司在美国本土以外最大的研发中心，也是 AMD 全球研发体系中最重要的中心之一。它将秉承“创芯为本，共赢未来”的理念，贴近用户，贴近市场，极大地加强 AMD 中国研发的本土化力度，进一步巩固 AMD 的创新技术优势，使 AMD 在中国市场更具竞争力。AMD 上海研发中心将肩负两大职责：AMD 全球 CPU 平台和移动产品设计及研发中心以及 AMD 全球 CPU 验证中心。它将与广大上下游厂商密切合作，共同研发最新的产品和技术；与 AMD 制造和研发部门合作，完成处理器和平台测试任务；并对 ODM 和全球 OEM 合作伙伴提供及时而全面的研发和技术支持。③ AMD 公司表示，未来几年内，AMD 公司在该中心的总体投入将达1 600万美元。2 ~ 3 年内，研发中心员工总数将达 400 名左右，以本土员工为主。④

2. 专业性强，与市场结合程度高

作为跨国企业的研发机构，其任务就是围绕公司的产业方向，开展专业研究，市场指向性和成果实用性极强，无需进行与产业或市场结合的二次研发。

许多跨国公司在中国的研发中心研发的重点是如何让中国和亚洲

---

① 40 亿元研发资金能否治愈中国汽车技术之痛．解放日报，2005-01-26

② 雷中辉．微软三招战 Google：Live 贯穿始终．21 世纪经济报道，2006-10-02

③ AMD 上海研发中心正式运营．中国经营报，2006-09-09

④ 王初虹．AMD 研发中心到上海 400 员工本土为主．每日经济新闻，2006-08-23

地区的消费者和厂商选择自己的产品和服务。全球最大化妆品集团欧莱雅公司每年投入科研开发的资金规模高达50亿元，在上海打造的“研发实验室”投资规模超过600万欧元，进行科技研发的团队预计将达到70人的规模①。2005年9月，欧莱雅公司刚在上海金桥设立的全球第四大研发中心包括彩妆、护肤和美发发展实验室，定位于专门从事中国原材料和配方方面的研究和开发，并将与设在东京的研发中心一起进行针对中国和亚洲消费者的产品研发②。A. O. 史密斯公司在南京的全球工程研发中心就是为公司提供更多的技术资源，用以支持面向中国及全球市场的产品研发、技术应用以及工程技术服务。日本佳能公司苏州研发中心的目标就是把在中国的生产制造、研发和运营销售与其全球网络接轨，实现一体化经营。

3. 瞄准国际产业前沿，开展高端技术和产品研发

一些跨国公司研发起点高，瞄准的是国际产业的前沿，开展高端技术产品的研发。例如，2003年8月，日本NTT DoCoMo Inc. 公司宣布，该公司在北京建立尖端无线技术研发中心，共投资530万美元，于2003年年底正式投入运行。这是DoCoMo公司的第三个海外研究机构，另外两个研发中心分别设在美国和德国。位于北京的这家中心将主要为第四代和更高级的移动电话服务开发无线技术，部分研究人员来自中国当地，部分来自日本国内。第四代移动电话服务将为用户提供速度高达每秒100MG的数据传输服务，可以与光纤固定线路的传输速度相当。DoCoMo公司于2001年推出基于W-CDMA技术的3G服务，也是世界上第一家推出此类服务的运营商，每年投入的研发费用约为1 000亿日元。③

荷兰飞利浦公司在苏州建立的飞利浦研发中心，与荷兰总部以及新加坡、比利时及台湾等分部研发机构形成网络、配套合作，自主开发了多个适应中国市场需求的电视新品种、新机型，并达到了国际同

---

① 中国科学院南京分院．外资在华研发机构发展及影响分析．http：//www. cas. ac. cn，2005-06-22

② 季明，裴文斌，张炜．长三角正在成为世界先进制造业的新“大脑”. http：//www. xinhuanet. com，2005-10-30

③ 明月．DoCoMo 将在北京建立研发中心 开发4G技术．http：//www. sina. com. cn，2003-08-02

步水平。全球著名的嵌入式处理器供应商飞思卡尔半导体的苏州设计中心，采用与世界前沿同步的设计方法，从事半导体高端产品的研发和设计。①

4. 整合全球研发资源

许多跨国公司现在已经开始在中国进行高水平的前沿科技研发，其研发成果不只为中国的生产服务，而且成为跨国公司研发网络上的重要一环，提供供全球使用的科技成果。例如，1998 年，诺基亚在北京建立了其在中国的第一个研发中心，到 2005 年 10 月为止，诺基亚在北京、杭州和成都等地设有 6 大研发机构，拥有研发人员 600 余人，从事包括基础研究、终端和系统的产品开发、移动应用及技术解决方案等全方位的研发活动。它们不仅针对本地市场设计研发新产品，而且非常注重未来通信系统和先进的用户界面的研究。② 诺基亚宣布诺基亚移动电话业务集团 40% 的手机将由北京产品研发中心设计开发。作为诺基亚全球主要的研发中心之一，北京产品开发中心将主要针对新兴市场开发入门级用户的价格优廉的创新产品。该中心已成功开发了多款在中国乃至亚太和全球取得成功的产品，如诺基亚 2100 和诺基亚 6108 等。③

5. 在中国进行高水平的前沿科技研发且成果颇丰

不少跨国公司根据其全球经营战略相继在华设立了多种形式的研发中心。过去，跨国公司只把中国企业作为一个“生产车间”。20 世纪 90 年代中期以来，跨国公司开始在华设立研发部门，但是，当时的研发部门只为生产服务，没有真正的核心技术研发。进入 20 世纪 90 年代后期以来，随着跨国公司本土化战略的全面实施，研发本土化成为必然选择。一些跨国公司不仅充分利用中国的廉价劳工，而且大量雇用中国的高级智力人才，一批原创型技术研发基地投向了中国。

---

① 中国科学院南京分院．外资在华研发机构发展及影响分析．http://www.cas.ac.cn

② 小月．中国引领通信技术革命——记诺基亚中国技术创新大会．计算机世界，2005-11-14

③ 刘晓峰．诺基亚扩展在华研发，四成手机中国设计．经济日报，2004-05-31

例如，2005 年，日立（中国）研究开发有限公司在北京成立，研发公司的董事长是日立的副总裁中村道治，以一位跨国公司副总裁的身份来一家只有 53 人的新建企业当董事长，具有象征性意义。日立（中国）研究开发有限公司计划将进一步增强人员实力，2005 年，把工作人员增加到 80 人，2006 年增加到 120 名左右。据介绍，日立（中国）研究开发有限公司主要负责信息通信系统、开放源代码软件、数字家电等领域的研究和开发。设在上海金桥加工开发区的家用电器开发中心，是日立空调的国际开发中心，以后还准备在材料、生物学等尖端领域进行研究。该公司将是日立集团在中国研发的核心机构，要发挥中国的人才优势，开发出全球战略性的产品来，目标是在中国研发供全世界使用的产品，日立从生产销售到研发，与中国经济的关系越来越紧密。①

一些研发中心在公司体系内享有较高的地位。在巨额资金投入下，外资研发机构科技成果也颇为丰硕，微软亚洲研究院是微软公司在美国本土以外的第二个基础研究机构。成立 5 年来，该院有超过 700 篇论文在世界最权威的学术会议和刊物上发表，72 项技术被转移到微软的核心产品中，比如 Office XP、Office System2003、Windows XP 等软硬件平台。② 贝尔实验室在数据通讯和光通讯领域所做的研究，不仅获得美国专利，而且在国际权威学术会议上取得最佳论文奖。③

由于具有这些优势和特点，外资设在中国的研发机构在研发核心技术和增强外资企业创新能力方面将会有更大的作为和发展空间。

二、研发产业重点十分突出

跨国公司在中国的研发投资的产业重点十分突出，主要集中于高新技术产业，如信息通讯产业、制药产业、交通运输产业等。

---

① 陈言．专访跨国公司老总——日立：整合资源的本土化之路．经济日报，2005-07-31

② 郑劭清．微软亚洲工程院落户北京．http：//www. phenixtv. com，2003-11-05

③ 陈悦．外资研发中心在中国发展迅速．http：//www. phenixtv. com，2003-09-11

1. 信息通讯产业：跨国公司研发向更高水平发展

信息通讯产业是研发全球化程度最高的产业之一，也是外资在中国的研发投资的重点产业。以美国为例，美国在中国的投资有很集中的目标：2001 年，在中国电子和其他电气设备上进行的直接投资占美国在相应产业上的海外总投资的 7.6%，而美国公司对中国的直接投资只是美国在所有产业上的海外直接投资总额的 0.9%。美国在中国投资的最大产业是计算机和电子产品，2000 年总产值是 20 亿美元，大约是美国在这一产业里的 419 亿美元海外总产值的 5%。这一活动水平，使中国成为 2000 年美国在世界范围拥有的计算机和电子产品子公司的第 8 大地点，在亚洲太平洋地区处于第 3 位，仅次于新加坡（56 亿美元）和日本（30 亿美元）。①

（1）一些跨国公司在中国进行高水平的软件研发。

一些跨国公司在中国进行高水平的软件研发，这可以通过一些典型的世界级的软件企业在中国进行研发的具体情况得到证明。

美国微软公司　微软公司在中国早已设立了研究院，但为了进行更高水平的研发，2006 年 1 月 18 日微软公司宣布在中国成立微软中国研发集团。微软中国研发集团将整合微软公司以往在中国的全部研发机构，这些研发机构包括：微软亚洲研究院、微软亚洲工程院、微软中国研发中心、微软中国技术中心、微软互联网技术部（中国区）、微软亚洲硬件技术中心及其他分布于北京、上海、深圳的各类产品研发机构。负责人是微软公司全球副总裁，曾经在中国任微软亚洲研究院院长的张亚勤博士。②

微软中国研发集团最大的特点是把微软公司原先分散在中国的基础研究机构、技术孵化机构、技术本土化机构、技术产品化机构整合在一个体系内。在微软家族里，这样捆绑在一个体系内的研发集团只在中国才有。目标是这个集团要成为微软公司在美国本土以外最完备、实力最雄厚的核心研发基地，期望在未来 5 年内，把中国塑造成

---

① Francisco Moris，U.S.-China R&D Linkages：Direct Investment and Industrial Alliances in the 1990s. http：//www.nsf.gov

② 刘世昕 .3000 岗位一半留给应届生 微软中国研发航母．中国青年报，2006-01-24

为微软最为强大的技术研发力量。① 微软中国研发集团的员工将由现在的 800 人扩充到超过 3000 人。在扩充过程中，研究院大部分招博士，产品部门可能大部分招硕士，希望有 1/4 的人是有经验的研发人员，尤其有微软工作的经验。这意味着将从美国或其他地方的微软机构吸引来相当数量的研发人员。

德国 SAP 公司 SAP 公司是欧洲最大的软件公司，建于 1972 年，它的总部位于德国南部。它虽然在知名度上不及微软，但由美国《财富》杂志评出的全球最大的1 000家公司当中就有 900 家使用 SAP 的软件。SAP 之所以比较低调，是因为其主要研发后台办公软件，主要专长是研发 ERP 软件，这种软件是大多数大型企业的 IT 系统赖以维持的骨干软件。② SAP 公司是全球最大的企业管理软件和协同商务解决方案供应商，通过 mySAP 商务套件，全球各类企业可以改善与用户、伙伴的关系，精细企业运作，并在其供应链管理中获得显著效益。从航天业到公共设施业，各个行业独特的核心业务流程都由 SAP 的 23 个行业解决方案支持着进行有效运行。目前，全球有 120 多个国家的超过20 500家企业正在运行着67 500多套 SAP 软件。SAP 在全球 50 多个国家拥有分支机构，并在多家证券交易所上市，包括法兰克福证交所和纽约证交所。自从 SAP 于 1992 年进入中国市场以来，迄今已有来自各行业的 400 多家企业在使用 SAP 的解决方案。作为在中国最大的 ERP 软件供应商，SAP 公司年度业绩以 50% 以上的幅度递增。

SAP 公司于 2003 年 11 月 20 日在上海成立了中国研究院，中国研究院是 SAP 公司全球六大研发中心之一，也是它的全球第八家研究院。SAP 中国研究院旨在支持企业管理软件的进一步研发以及满足本地用户的特殊发展要求，实现对中国市场的承诺。

SAP 全球董事会执行董事曾彼得表示：将把中国研究院建成世界一流的软件研发中心，它的设备、投入和即将承担的任务，与 SAP 其他几个研究院相比毫不逊色，对它的质量控制的要求也毫无二致。

---

① 雷中辉．微软三招战 Google，Live 贯穿始终．21 世纪经济报道，2006-10-02

② SAP 实力增强令甲骨文不得小视．英国：独立报，2003-10-27

中国研究院已经在为欧洲和美国的用户研发产品，即将承担 SAP 全球执行董事会安排的战略性项目。SAP 希望其中国研究院的角色超越狭义的商业意义，为其保持管理软件霸主地位并向协同电子商务进军。公司希望将中国聘请的优秀人才，与 SAP 全球最佳实践经验及先进技术和创新精神相融合，使 SAP 中国研究院在中国软件研发行业一路领先。①

曾彼得等高层人士承认，在中国，中国本土的管理软件供应商对 SAP 的威胁，已超过 Oracle 等全球性对手。他暗示，至少在以 ERP 为代表的管理软件领域，中国市场已经是完全竞争市场，并且中国的对手正尝试国际化扩张，而 SAP 目前要做的是在中国扎根。因此对 SAP 来说，简单的本地化或者说中国化不能满足需要，必须超越本地化，立足中国市场，实现全球梦想。② 中国实验室人员已从 40 人增加到了 120 人。③

日本 NEC　目前 NEC 在海外从事软件的人员大约5 000人，而其中中国就已有4 300人，占到海外人员总数的 85% 以上，中国成为了 NEC 在海外最大的软件研发中心。2006 年 7 月 11 日，在 NEC 卓越软件科技（北京）有限公司（简称 NEC-AS）成立庆典上，NEC-AS 总经理岩冈泰夫表示，中国无论是在规模上，还是在资源配比上，已经成为了 NEC 在海外最大的软件研发中心。NEC 自 1994 年 6 月 18 日与中国科学院软件研究所成立合资公司恩益禧——中科院软件研究所有限公司至今，在中国的软件发展已走过了 12 个年头，在此期间主要是通过承接 NEC 集团内部委托的软件开发和维护工作，并在北京、西安和上海都设有研发中心。而在与中国科学院软件研究所合作期满之后，NEC 决定将其变更为全资子公司，即 NEC-AS，并于 2006 年 6 月 18 日正式开始运营。NEC-AS 将通过启动公司自主业务，实现 3 年内销售额提高 2 倍以上的增长目标，其最终的目标是成为中国软

---

① SAP 中国研究院揭幕 欲建世界一流软件中心 . http：//www. sina. com. cn，2003-11-20

② 叶成云 . SAP 在华建研究院称国产 ERP 威胁超过甲骨文 . http：//www. sina. com. cn，2003-11-21

③ SAP 中国研究院揭幕 欲建世界一流软件中心 . http：//www. sina. com. cn，2003-11-20

件产业的领先企业。为了进一步提高开发能力，NEC-AS将继续积极推进开发过程的改进和人才的培养，并充分利用服务器和存储平台软件开发过程中积累的经验和技术，开拓下一代网络（NGN）的网络平台软件和嵌入式软件等新领域。未来，NEC-AS还将在服务器HA（高可用性）、开发管理、操作管理、普适产品等开发领域大力推动公司自主产品的开发和销售。另外，NEC-AS还将在咨询领域和员工培训领域开展新的服务业务。在业务营收方面，过去主要依赖于NEC生产外包软件，其收入占到总收入的95%以上，而销售NEC自身的软件产品还不到5%。新公司未来将进一步增强NEC-AS自主研发产品和NEC产品的销售比例，使外包软件产品生产份额由现在的95%以上降至70%左右。

此外，作为NEC海外最大的软件研发企业，NEC总部对于NEC-AS的发展将提供足够的资源配比，NEC-AS在中国国内将成为举足轻重、可信赖并受尊重的软件公司，同时，NEC-AS将通过自身在软件质量、交货期、成本以及生产效率方面的高竞争力，为NEC的软件事业作出广泛贡献，成为NEC集团中举足轻重的公司。①

（2）跨国公司在中国率先建立CMM5级软件研发机构。

CMM（Capability Maturity Model）软件能力成熟度模型是由美国卡内基梅隆大学软件工程研究所（SEI）开发的评估软件能力与成熟度的一套标准，是目前国际上最流行、最实用的软件生产过程标准和软件机构成熟度等级认证标准。CMM5是软件工程学会制订的最高的软件成熟度级别，全球范围内仅有不到80家软件机构获得该项认证，而其中大多数分布在印度和美国。该标准基于众多软件专家的实践经验，侧重于软件开发过程的管理及工程能力的提高与评估，它可以帮助组织实现“高质量、高生产力、快速传输、低成本及更好的员工士气”。CMM共分初始级、可重复级、定义级、管理级和优化级五个等级，从低到高，软件开发生产计划精度逐级升高，单位工程生产周期逐级缩短，单位工程成本逐级降低。通过CMM5级国际认证，意味着已经全面掌握对软件开发的量化控制和管理。

---

① 李勇．中国成为NEC海外最大软件中心．http://www.techupdate.com.cn/techupdate/software，2006-07-17

摩托罗拉公司于1993年建立全球软件集团中国中心，成为中国大陆第一个基于软件能力成熟模型开展其业务的软件开发机构。从此，软件能力成熟模型被引入中国并开始被其他国内软件开发机构了解和认识。

摩托罗拉中国研究院所属的全球软件集团中国部和全球电信解决方案部中国研发中心分别于2000年9月和12月达到SEI CMM5级标准（最高级—优化级），摩托罗拉成为中国软件行业首家获得此项荣誉的企业。为了帮助中国产业界理解CMM概念，提高软件开发水平，摩托罗拉面向中国本土软件企业和大学进行授课、演讲、CMM评估培训等。中国政府的统计数字显示，截至2002年底，中国有51家企业达到CMM标准（大部分在5级以下）。摩托罗拉在过去的几年中为推动中国的CMM进程扮演了重要角色。

继摩托罗拉的全球软件研究机构之后，2004年惠普（中国）有限公司在上海的HP中国软件研发中心也被评定为CMM5级软件研发机构。2001年底上海举行的APEC会议上，当时的HP公司首席执行官卡莉·费奥瑞纳女士宣布在中国设立软件研发中心，旨在为HP全球业务提供支持。2004年5月31日，成立两周年的HP中国软件研发中心顺利通过审核，被评定为CMM5级软件研发机构。在中国，HP中国软件研发中心是第6家获得CMM5级证书的软件研发机构，在上海则是首家。① 而且成立仅两年的HP中国软件研发中心，还是全球最短时间内获得CMM5级证书的软件机构。为了尽快达到高水平的软件开发成熟度，该中心一直积极与HP位于印度的软件研发部门密切合作，借鉴其13年多的经验形成的最优化的流程。同时，HP调派其印度的软件研发部门的资深人员来到上海指导研发中心通过了CMM5审核。

该中心与HP产品技术及专业服务集团（HP Technology & Services）的咨询与集成事业部、管理服务事业部及客户支持事业部通力合作，为HP赢得了国内和北亚地区的众多客户，同时还为HP

---

① 除HP中国软件研发中心以外，摩托罗拉的北京研发中心是国内最早通过CMM5的企业，接着它的南京和成都研发中心也通过CMM5审核。另外两家分别是位于沈阳的东软实验室和位于大连的海辉软件研发中心。

内部的IT及研发部门提供产品和服务。HP中国软件研发中心还在大连成立了分中心，主要为日本地区的客户研发企业级的应用软件解决方案。目前，研发中心已拥有300多位专业技术人员，在今后3年内，研发中心已计划将员工增加到1 500人，以满足业务不断拓展的需求。

通过CMM5认证后，HP中国软件研发中心副总经理陈国贤表示：HP中国软件研发中心将继续致力于成为世界一流的具有最快响应速度和最强适应能力的软件研发机构。

（3）跨国公司在中国进行移动通讯研发。

从20世纪90年代初期开始，中国移动通讯市场迅速扩张，现在就网络能力与用户数量而言，中国已是世界上最大的移动通讯市场。快速的基础设施建设和庞大的消费人群鼓励了许多电讯设备制造商投资于中国当地的生产，同时也进行当地的研发。中国凭借其4亿多手机用户成了世界上最大的手机市场，而与此同时，中国也逐渐成为了世界上最主要的手机设计中心。①

近年来，诺基亚、摩托罗拉、爱立信和西门子等手机巨头纷纷增加了在中国的研发投入（见表8-1）。

表8-1　一些跨国公司在中国进行的移动通讯技术研发

公司	在中国的研发中心数	在中国就业的研发人员数
摩托罗拉	15	1500
诺基亚②	6	600
爱立信③	7	500
西门子	4	

① 外电分析中国逐渐成为世界主要手机设计中心．http：//www. sina. com. cn，2004-08-20

② 于艺婉．诺基亚技术创新大会首度在京召开　彰显中国市场地位．http：//www. yesky. com，2005-11-01

③ 黄蓉．爱立信在华3G布局就绪 第七家研发中心落成．东方早报．http：//www. sina. com. cn，2005-05-11

最初，这些研发中心的功能是改进母公司开发的技术以适应中国市场的特定要求。然而，由于移动通讯产品是高度标准化的以及中国市场的规模急剧扩大及其复杂性迅速提高，适应当地市场的改进型研发已经发展成为全球创新型的研发。在移动电话方面，诺基亚于2002年在亚太市场推出的3610型手机，就是完全由北京的诺基亚产品开发中心开发的第一款产品，现在诺基亚在全球销售的每十部手机中就有一部是在北京开发的。

在中国设立了全球型研发中心的公司，包括诺基亚中国研发中心(1998)，摩托罗拉中国研究院（1999)，北电中国研发中心（2001)，爱立信中国中心研究院（2002）以及索尼爱立信设在北京的全球研发中心（2004）等。许多研发中心具有第三代移动通讯（3G）技术领域的开发能力，现在为中国和全球市场开发产品。中国有9座城市成为与3G有关的跨国公司和国内公司（华为和中兴）的研发中心的所在地，其重点是不同的由国际电信联盟认定的全球标准。虽然中国政府还没有发放3G电讯业务的许可证，由当地的外资企业和国内企业开发和制造的3G设备已经开始供应全球市场。以这种方式，这些企业在中国的研发活动帮助扩大了它们在其他市场上的业务，同时对于它们的母国有积极的效应。①

2005年8月，诺基亚在中国的第2家3G研发中心在成都成立，成都研究中心增强了诺基亚在3G研究领域全方位、多领域的覆盖，同时也是为了让技术研发、业务提供、服务保证达成完美配合，从而形成完整的解决方案。正如诺基亚（中国）投资有限公司总裁何庆源所说，3G时代竞争的焦点不是技术，也不是网络，而是用户体验到的服务水平和服务质量。运营商需要优秀的服务解决方案，通信厂商只有满足这个需求才能赢得更多的机会。

诺基亚成都研发中心的主要任务是基于IP多媒体子系统（IMS）先进技术，促进网络融合并开发固网应用，开发基于3G和IMS平台的新型移动应用。诺基亚一直在致力于IMS这种先进网络结构的开发，利用IMS引入宽带IP电话、可视电话、即时消息等具有广阔市

① 联合国贸易与发展会议.2005年世界投资报告. http: //www. unctad. org

场前景的增值业务。成都研发中心的工作能够保持诺基亚的产业领导地位。

其实早在2002年，诺基亚就在杭州建立了承担3G软件研发的全球合作研发中心，主要开发诺基亚应用于全球3G网络的平台软件技术，其开发成果全部应用于包括中国在内的诺基亚全球3G网络。经过3年多的发展，杭州中心已经成为诺基亚全球第三代移动通信产品重要的研发基地之一，是诺基亚全球研发网络的重要组成部分。

那么诺基亚为什么又要在成都设立一个3G研发中心呢？

诺基亚投资设立杭州和成都两个研发中心并不是粗放型的圈地和重复投资。杭州研发中心重点在于无线网络技术的研发，在这样的平台上开发很多相关的技术和应用；而成都研发中心则侧重于3G业务的服务和应用开发上。显然，诺基亚的真实目的是在基础网络软硬件产品之外，兼顾前景广阔的3G应用和服务市场，在促进中国3G早日走上正轨的同时，赢得更多的市场机会。

在成都研发中心的支撑下，诺基亚将和运营商一道，为中国用户提供更多贴近本地文化氛围、生活习惯的新业务。杭州研发中心则将越来越多地承担战略性研发工作：一是延伸任务范围，在过去工作设计的基础上，进一步承担3G平台所有产品的开发任务，涵盖测试、应用等各个层面；二是成立一支专门队伍为中国和亚太的3G客户在无线网络控制技术方面提供全面支持；三是进行3G应用层面的一些开发工作。

从2003年下半年开始，诺基亚进行了全球机构重组，中国的战略地位进一步得到提升，中国不仅成为诺基亚重要的生产和研发基地，而且还是诺基亚全球客户及市场运营五大战略市场之一。2004年6月，诺基亚全面拓展在华研发活动的规模，具体的行动包括在中国成立诺基亚博士后科研工作站，设立一个推动开放标准和技术本地化的机构以及在北京设立CDMA研发机构。同时，还扩大诺基亚北京产品开发中心为全球设计开发手机的规模，目前诺基亚全球销量40%的手机，全部都是由诺基亚北京产品开发中心开发出来的。

2005年是诺基亚在中国的第20个年头，也是诺基亚在中国的黄金发展时期。如今，中国已经成为诺基亚全球性战略市场和重要的生产、研发、采购和人才基地。例如，2004年，诺基亚在中国的业务全年销售及出口总额就超过了69亿美元，其中净销售额和出口同比分别增长44%和56%。诺基亚在中国的累计总投资高达21.8亿美元。①

2. 制药产业：跨国制药业企业采取不同的研发模式在中国设立研发中心

发展高效的医疗和制药产业是中国的首要任务之一。在最近的5年中，医药卫生产业的年增长率达到12%～15%，是中国经济中发展最快的产业部门之一。目前世界前20位的跨国制药公司都已在中国合资办厂，有的还拥有了自己的独资企业。目前我国最大的500家外资企业中，医药企业占14家。跨国制药巨头大规模进入中国的行动已经完成，现在开始逐渐从原来的注重产业投资向注重研发投入转变。对制药企业来说，研发是企业的核心，一般外资药企都不把研发中心设立在国外。但从2004年开始（中国加入WTO的第三个年头），跨国制药企业开始加快把研发中心向中国转移的步伐，跨国制药企业研发中心进一步实现中国本土化。

跨国制药企业不断在中国境内设立研发中心，或是将研发项目外包给中国企业，重要原因之一是为了节约成本。每个研发中心落户的目的都是为了更好地开发贴近中国市场的药品，因此，它们不断地加大研发中心的投资额，从几百万提高至几千万。据有关统计，研发出一种药品花费高达10亿美元，为了降低日益增长的新药开发成本，一些大型制药公司有意将部分研发工作向低成本国家转移，中国就是其中之一。在中国设立研发中心可以利用中国的资源研发出更多适合中国市场的产品以及可用于全球市场的产品，抢占更多的市场份额已是跨国企业不言自明的市场战略。“用中国人的智慧占领中国市场”，因为在中国招募同等水平的科研人员，报酬比在国外低得多，而且，中国的临床成本也低很多，总体算下来，所节约的成本相当可观。

国际制药企业协会联合会（IFPMA）的前经济政策总监韦伯博士（Dr. David E. Webber）认为，中国成为新药研发中心的5个必要因素都已经具备：

第一，政府重视医药研发。中国政府对医药有明确的优先发展安

---

① 计育青．诺基亚研发展开东西两翼．中国电子报，2005-09-28

排和战略，政府的研究机构力量也较强。

第二，中国在知识产权保护方面取得巨大进步。韦伯认为，从1993年中国专利法的修订，到加入世界贸易组织和成为《与贸易有关的知识产权协议》（TRIPS）成员国，中国在知识产权保护上取得了巨大的进步，这是医药企业设立研发中心最关键的因素。

第三，医药研发基础设施基本完善。

第四，医药产业模式比较合理。现有医药产业由非专利药品企业（大部分具有较高的生产能力）、小型生物技术公司、大量的中药企业以及外商独资和合资企业组成，有可能形成独特的相互渗透、相互融合的特点。

第五，人才资源已经具备，中国拥有大量的医药类研发人才。据统计，中国目前有大约20万科研人员从事生物技术研究，而且人才外流的情况已经出现逆转，“海归”纷纷回国创业。① 研发人才的储备是医药企业在一个地方建立研发中心最关键的因素。②

一些世界级的制药业企业，都在中国设立了研发中心，在中国进行研发投资。

诺和诺德研发中心 2004年7月，诺和诺德研发中心落户中国北京中关村，这是其在海外惟一的研发中心，其大中华区总裁柯瑞龙坦言，“之所以把研发中心建在中国，是因为我们看中了中国的技术和人才”。在中国，一位留美生物学博士的年薪为8 000美元至1万美元，而同样的人才在美国，费用至少是中国的4倍。且有数据表明，在中国进行临床试验费用要比在欧美国家低30%左右。而中国大量的患者样本，也会让临床试验中样本采集非常便捷，因此总体算来，研发成本大大降低。

罗氏 总部设在瑞士巴塞尔跨国制药企业罗氏，2004年10月投入1 100万美元在中国上海浦东张江高科技园区设立中国研发中心。目前，罗氏的中国研发中心是其除瑞士、德国、美国、日本之外的第5大全球性研发中心，也是其设在发展中国家的第一个全球性研发中心。研发中心有60名科学家，主要致力于药物化学领域的研究，特

① 外资药企研发中心移向中国．中国经济时报，2004-12-18

② 黄佩．外资药企纷纷在中国建研发中心．广州日报，2005-11-01

别是化合物的结构分析和化合物库的建立。中心还将与中国的高校和研发机构开展合作，在传统中药、基因技术等领域寻求突破。

葛兰素史克公司（简称 GSK） 总部设在英国布伦特福的葛兰素史克公司也开始在天津设立非处方药（OTC）的研发中心，该中心将是 GSK 全球研发中心的一个，为 GSK 在全球的市场提供研发产品，其预计每年为全球市场提供 3～5 个 OTC。①

礼来公司 美国的礼来公司于 2005 年 8 月宣布在中国建立研发中心的计划。目前礼来公司中国研发中心的规模是其海外研发中心中最大的。礼来公司希望通过在中国建立研发中心进一步拓展市场，目前该公司有 230 位科技专家在华工作，占其科技专家总人数的 20%。②

阿斯利康 2006 年 5 月，总部设在英国的阿斯利康（Astra Zeneca PLC）宣布将在中国投资建立研发中心，其投资金额约 1 亿美元。③

诺华 2006 年 11 月 6 日，诺华制药公司（Novartis AG）宣布，它将在中国上海设立一个研究发展中心。这家瑞士医药巨头将为这个研发中心投资约 1 亿美元。2005 年诺华医药品业务在研发方面的支出为 39.7 亿美元。诺华称，这个研发中心将有至少 400 名科研人员参与其中。这笔投资也体现了中国正从全球的工厂基地逐渐转变为复杂的实验室服务等价值链高端项目的聚集地。诺华在上海的新实验室将成为其现有全球研发业务的一部分。目前诺华已在全球各地设有 7 个研发中心，共有 7 000 名研发人员。④ 诺华研究所负责人费思民（Mark Fishman）表示，此举所看重的不是成本优势。诺华公司最初将主要依靠中国的归国科学家，该公司预计，有才干的本地科学家的

---

① 外资药企研发中心移向中国．中国经济时报，2004-12-18

② 礼来公司和诺威尔公司加大投资中国研发中心的力度．环球时报，2005-08-24

③ Nicholas Zamiska. 诺华在中国设立研发中心网罗人才．http://Chinese.wsj.com，2006-11-06

④ Nicholas Zamiska. 诺华在中国设立研发中心网罗人才．http://Chinese.wsj.com，2006-11-06

薪酬很快就会提高。诺华选择上海，是因为上海科技人才的潜在实力。①

辉瑞 美国辉瑞公司是全球最大的制药企业，2005年在中国正式设立研发中心，并将全球研发支持能力引入中国的研发中心。辉瑞的研发中心的定位是为全球临床试验提供研究设计、数据管理及生物统计分析支持。药物研发是一个非常慢的过程，从开始设想要寻找一种新药物，到新的药物投放市场，这个过程大约需要15~20年。为了缩短这个时间，辉瑞总是在全球范围内寻找最好的科学家和最好的技术来进行药物研发。实际上目前在医药研发领域，西方的技术优势和人才优势正在渐渐丧失，而在亚洲，人才优势正处于不断上升的阶段。②

强生医疗器械 美国强生医疗器械早已在北京设立了学术中心，不久也将在中国建立研发中心。

世界级的制药业企业中，美国制药企业不断在中国投资于医药产业。迄今为止，美国企业仅在中国的生产和运营费用方面的投资额就已经超过20亿美元。为了促进研发领域的发展，美国企业资助了超过2.5万人次的临床试验，到2010年，还将支付另外2.5万人次临床试验费用。

除了建立研发中心外，跨国制药集团还采取其他研发模式③。例如，诺华在建立研发中心之前，就采取了签订合作研究协议的办法。2004年11月，诺华再投资150万美元，与上海药研所签订了二期合作研究的协议，而此前，它们已经投入了200万美元与中国有关方面合作了3年。

礼来的做法是“借船出海”，到各有所长的研发机构“包人”，通过给予较高的“人头费”，让被包的研发人员全职为礼来服务。这种做法初期“烧钱”不多，而且能博采众长，风险较小。

和记黄埔的做法则是“同舟共济”，与上海新药研究中心、中科

---

① 杰夫·代尔（Geoff Dyer）. 瑞士诺华将斥资1亿美元在上海研发新药. 金融时报（英国），2006-11-06

② 黄佩. 外资药企纷纷在中国建研发中心. 广州日报，2005-11-01

③ 外资在中国建立研发中心的几种模式. http：//www.china-pharm.com

院药物所等国家级新药研发机构建立战略联盟，双方共建抗肿瘤实验室，合作开展课题，共享知识产权。这种方法往往能充分利用国有研究所多年积累的人才和科技资源，取得事半功倍之效。

韩国 SK 每年出资数十万美元，与上海市科委合作扶持全市新药研发项目。

对于这些跨国集团来讲，在中国建立新药研发机构使其具有双重身份：一方面积极融入中国研发整体格局，一方面自觉或不自觉地承担导师作用。随着后来者的增多，中国新药研发产业将发生“洗牌”。在外资研发机构的周围，将聚集一批小型研发中心，它们将成为新药研发外包服务的有生力量。同时，本土新药研发机构在与外资研发机构的合作与竞争中，不断提升水平，新药创建的速度和成功率将会有所提高。

从趋势上来看，今后中国将会是跨国制药企业设立研发中心的理想之地，但目前还存在问题，主要是跨国制药企业仍然对中国药品知识产权保护有所担心，因此，跨国制药企业虽然正逐步把研发移向中国，但其核心技术仍然被保留在其总部，许多药品的活性成分仍在母国生产。①

3. 交通运输产业：跨国企业在中国的竞争战略由技术转让向设立研发中心转变

（1）汽车行业：跨国汽车企业及汽车零部件企业纷纷在中国设立研发中心。

进入 21 世纪，全球汽车产业发生了巨大变化，特别是以信息技术为代表的高科技产业，不断打破汽车产业的自身范围，而且由于各国掌握科技的差异化，也打破了国与国之间的界限，国际汽车产业正向“地球村”方向发展。当前跨国汽车企业，包括汽车制造商和零部件供应商的研发工作的全球化，已成为当代汽车产业发展的一个重要的现象和趋势。

20 世纪 80 年代中期，中国汽车产业开始跨入全球化的第一步，这是中国汽车产业全球化的导入期。在这一时期中国开始应用技术转让和合资办法，引进国际比较先进的制造性技术，中国从只能生产一

① 外资药企研发中心移向中国．中国经济时报，2004-12-18

般性的载重汽车，转向生产比较先进的轿车。同时中国推进零部件的国产化，中国汽车产业素质得到较大提升，轿车产业格局基本建立起来。

20 世纪 90 年代，是中国汽车产业全球化的发展期。在这一时期，几乎所有的跨国汽车公司都涌向中国，跨国汽车零部件公司也纷纷加入中国全球化进程的竞争体系，中国汽车制造业的水平和产量已经达到相当发达的水平，中国全球汽车制造业的基地已初步确立。

进入 21 世纪后，特别是 2004 年后，国外汽车公司对于“研发”问题的态度发生了重大转变，相继加大在中国的研发投资。如 2004 年 6 月通用汽车宣布向上海泛亚汽车技术中心再注资 21 亿元。其后，丰田在设立天津的研发中心之后，又先后设立了 2 家研发中心，包括丰田技术研发（上海）有限公司和丰田技术研发交流广州有限公司。大众汽车也在研发中心上再次增资。

到了 2004 年年末，外资公司在华建立研发中心的消息更是纷至沓来。2004 年 12 月，东风与日产合资的乘用车研发中心在广州花都奠基。此外，戴姆勒-克莱斯勒、现代及本田等，也都表示将在中国投入巨资建立研发中心。据估计，跨国公司将有近 40 亿元资金投入它们在中国的研发中心。①

2005 年 6 月，大众汽车集团的第四个中心实验室在北京投入使用。该中心实验室的启用，意味着大众在中国投产车型的零部件国产化的大部分认证工作从此不再需要送到德国大众总部。负责大众汽车北京中心实验室的莱希特博士说，在中国认证的费用是在大众总部认证费用的 1/3，而认证的时间缩短了 80%。以前把零部件送到德国总部去认证，前后程序之间的沟通很不顺畅，认证情况难以跟踪。

2005 年 9 月，大众汽车公司宣布将针对中国市场，在中国首度开发汽油/电力混合动力的小型货车。大众公司选择中国是因为它认为可以在中国开发这种新技术，更重要的是中国将可能成为世界新技术的开发中心。目前，大众公司正与中国一些高校研究开发用于这种新车辆的燃料电池及其电动和机械系统。这表明，中国工程技术的水平正在迅速提高，中国市场的规模已开始改变世界产品开发和企业战

---

① 40 亿元研发资金能否治愈中国汽车技术之痛．解放日报，2005-01-26

略的重点。

当前，国际跨国汽车零部件企业也纷纷到中国建厂，在合作的同时也把零部件的研发工作向中国转移。中国改革开放20多年来，汽车零部件业经历了技术引进、推进国产化、兼并改组、民营企业兴起、专业园区建设、产业集群化发展、模块供货、研究开发等方面的变化，这些推动了整车生产的发展和汽车产业素质的提升。近年来，国际跨国汽车零部件企业及相关企业都到中国来建厂，而且设立不同形式、不同类型、不同职能、不同规模的研发机构（大多数是独资的，附属于海外企业内部的，约计130家），把零部件的研发工作向中国转移。

德国博世公司是世界上最大的零部件供应商之一，1997年就在上海合资建设上海联合电子汽车电子中心，2005年又在无锡建立博世柴油机系统技术中心，而在苏州工业园的汽车技术中心也已在建设中。

世界上最大零部件供应商之一的美国德尔福系统公司，2004年7月其中国科技研发中心奠基。同时，德尔福还和上海同济大学设立德尔福奖金，和清华大学、国际汽车工程师学会（SAE）建立清华大学汽车研究所全球知识中心，以推动中国与全球汽车重要领域的活动。

东风公司与美国康明斯发动机公司于2004年12月，在武汉开发区设立发动机技术中心，双方合作，为中国柴油机技术的提升提供技术支持。

此外，在华设立零部件科研机构的还有：伟世通公司（美）、李尔公司（美）、马格纳国际公司（加）、江森控制公司（美）、爱信精机（日）、TRW（美）、西门子汽车系统公司（德）、瓦雷奥公司（法）、ZF公司（德）、戴纳公司（美）、蒂森·克虏伯公司（德）、杜邦公司（美）、奥拉立失公司（瑞典）、阿立美驰公司（美）、霍尼伟尔公司（美）、博格瓦纳公司（美）、巴斯夫公司（德）、贝洱公司（德）、大陆公司（德）、普利世通·凡世通公司（日）、本特勒公司（德）、固特异公司（美）、黄瑞登伯格公司（德）、日立公司（日）、摩托罗拉公司（美）、三菱电机公司（日）、小系公司（日）、舍弗勒公司（德）、三国公司（日）、歌尔电子（日）、罗门哈斯公司（美）、伊顿公司（美）、阿尔派株式会社（日）等。①

跨国汽车企业及汽车零部件企业为什么纷纷在中国设立研发中心？这主要是由于竞争的需要。20世纪80年代，跨国汽车和零部件企业在中国的技术交流普遍采用技术转让方式，所转让的技术一般属于较为成熟的产品，但尚未过时，如果不转让，可能会很快被淘汰。同时，为了防止核心技术外溢，研发活动都集中在母国，置于总部严格控制之下。但现在随着中国汽车市场需求激增，产品生命周期急剧缩短，新产品无技术就无法在中国市场很好发展，甚至生存。面临这种竞争形势的挑战，跨国汽车企业和汽车零部件公司为在中国保持其竞争优势，势必要实行本土化的技术创新和扩散战略，这就是中国汽车科研全球化的一个动力，促使中国汽车产业全球化开始进入一个初步的成熟期。

在中国设立研究中心，能使跨国公司获得许多利益：一些高端产品领域，凭借其技术垄断优势，和海外工厂结合起来，可以攫取高额利润；适应本土汽车制造商OEM和出口返销的需求，从实现内部化市场角度，以求获取更多的市场份额；可以就地雇用本土化的、训练有素的高级科研人才；可以降低研发成本；在科研集聚环境下，有利于吸取当地的科研成果，特别是一些工程软件产业成果，提高其创新活动的成功率；配合跨国汽车企业以及零部件区域性总部在中国的设立或迁移，实现其系统化的战略计划的布署。同时，也能更好地满足东道国政策要求，树立起良好的公众形象。

总之，中国作为世界上最大的汽车产业新兴市场，促使跨国汽车公司及跨国汽车零部件企业将科研活动纷纷移往中国，中国不仅将成为全球汽车制造业的基地，而且也可能成为全球科研活动的中心。从本质上说，这是国际汽车产业知识的流向和积累的一个合乎逻辑的过程，而对中国来说，无论从国家角度还是从汽车产业角度，都有着积极的意义。

（2）航空业。

空中客车（北京）技术中心　总部设在法国图卢兹的欧洲空中

① 陈光祖．全球汽车零部件研发将以中国为重心．中国商报·汽车导报，2005-07-29

客车公司，是西班牙、英国、法国和德国通力合作的典范。空客将中国作为全球战略中的重要区域。中国于1985年引进第一架空中客车飞机，此后空中客车在中国大陆、香港和澳门的现役飞机数量不断上升，由1995年初的29架上升到现在的近300架。空客预测中国将成为继美国之后全球第二大航空市场，未来20年内该公司向中国交付的新飞机总数将接近1 800架。

空中客车重视在中国的研发。2004年之前，空客已斥资8 000万美元在北京建立了一家先进的培训和支援中心。2004年11月在珠海航展期间，空客宣布了在中国建立工程技术中心的计划。2005年7月21日，位于北京天竺空港工业区的空客（北京）工程技术中心正式建立。① 空客公司表示，通过该中心，中国的航空制造企业将参与空客A350项目5%的工作，该中心的启用将帮助空中客车与中国伙伴的合作产生质的飞跃。② 这意味着空中客车在所有业务范围内与中国航空加强与本土企业的合作，到2008年，该中心在中国招收工程师的总数将接近200名。

这些研发机构的设立和运营，对中国扩大对外经济技术合作，增强企业技术创新能力，促进高新技术产业发展，培养技术人才，促进跨国公司在华投资起到了积极作用。

三、研发投资方式呈多样化

跨国公司在中国的研究与开发投资，以独资为主，投资方式多种多样。其中主要的方式除了独资形式外，还有风险投资、研发合作、共建研发实验室等。

1. 风险投资

一些跨国公司已经拨出专款，用于在中国进行风险投资。

英特尔公司2005年6月设立英特尔投资中国技术基金（Intel Capital China Technology Fund），总规模达2亿美元，投资目标为中国

---

① 刘芳．空客新总裁将访华　空客（北京）技术中心将启．http：//www.xinhuanet.com，2005-07-18

② 钱春弦，徐松，郑大方．西班牙首相出席空客北京工程中心启用仪式．http：//www.xinhuanet.com，2005-07-21

科技企业。这项中国技术基金是英特尔战略投资事业部首个针对特定国家的基金。① 2005 年 8 月英特尔公司宣布了该基金的首批三项投资。英特尔战略投资事业部（Intel Capital）表示，已收购晶片设计公司芯邦微电子（Chipsbrand Microelectronics）、多媒体网络设备开发商思华科技（Onewave Technologies）和晶片设计代厂厂商芯原股份（VeriSilicon Holdings）这三家企业的股份。英特尔战略投资事业部渴望推动整体芯片市场成长。英特尔的中国技术投资基金的投资规模未予公开，但据英特尔中国战略投资事业部总监邝子平透露，公司风险投资额通常介于 300 万 ~500 万美元左右。该基金正在物色处在各个发展阶段的无线、数字媒体和晶片设计企业。

2. 研发合作

未来，中国设立研发中心的跨国公司主要通过研发合作方式在中国进行研发投资。世界化工巨头德国巴斯夫公司十分注重科技创新，从 1996 年开始，成为全球化工公司专利排名第一的企业。目前该公司每天有 3 项专利申请，现已拥有十几万项专利技术。巴斯夫公司已在中国实施了 20 多亿美元大规模投资。虽然各跨国公司纷纷在中国建立研发中心，巴斯夫公司却明确表示，目前和今后一个时期并没有在中国设立大型研发中心的打算。这主要是因为公司在德国拥有 8 000多人的强大研发机构，这是一个与其一体化战略配套的全球性技术平台，其本身就是面向包括中国在内的全球市场开展研发工作，巴斯夫公司将充分利用这一优势。②

巴斯夫认为在中国进行研发并非只有建立中心一种模式，基于务实的考虑，巴斯夫除了要充分利用其一体化生产和研发优势外，另一个重要原因是中国目前拥有大量的优秀人才和技术优势，特别是近年来中国政府的科技投入力度很大，不少实验室装备和条件毫不逊色于国外，因此借用中国的科技资源，与中国国内一流的科研机构和大学直接开展研发合作，对巴斯夫来说更加高效和经济。

1997 年巴斯夫在中国设立科技合作部，根据研发中心总部的整

---

① 路透社．英特尔中国风险投资基金称率先向三家中国科技企业注资．金融时报（英国），2005-08-15

② 施慧，巴斯夫．合作研发“借鸡生蛋”．中国化工报，2003-07-19

体战略与中国有实力的科研机构和大学开展合作研究，目前共有38个项目，如在高分子材料领域与复旦大学进行项目研究，与中国科学院化学所的纳米高分子复合材料研发也在进行中；与南京大学化学化工学院在催化剂研制方面取得进展；与华东理工大学、中科院上海有机化学所等开展了有机合成领域的研究项目，并取得非常满意的成果。拥有8 600多种化工产品的巴斯夫在中国的研发合作项目主要锁定在材料、生物工程、有机合成和纳米技术领域。

巴斯夫还于1997年设立了中德研究发展基金，启动资金为3 000万元人民币，并在2000年举办了第一次中德科技研讨会，2003年4月又举办了有几十位中国知名专家教授参加的第二次巴斯夫中德科技研讨会，目的是使今后的合作项目针对性更强。通过这样的科技合作使中国国内科技界对跨国公司如何理解市场和技术创新以及工业界究竟需要哪些技术有了进一步的认识。目前该基金中的80%用于支持在中国的科研合作项目，20%用于国内一些学术活动，并在中国的10所大学建立了巴斯夫奖学金，还与中国化工学会设立了每两年颁发一次的巴斯夫知识创新奖，2002年首次颁发了生物工程、纳米材料及高分子材料等领域的4个奖项。

目前巴斯夫在中国的研发活动已由当初试探性的短期合作，发展到现在的长期合作。在中国的合作项目大多是巴斯夫总体研发计划项目中的某一部分，利用中国的科技力量开展面向全球市场的研究。此外，该公司还与中国国内大学和科研机构建立良好关系，积极参加学术交流活动，寻找双方共同感兴趣的研究课题开展合作。作为一家基础化学品及原材料制造商，巴斯夫的研发投入达到年销售额的5%。2002年巴斯夫在全球与科研机构、大学以及新兴的小型科技公司共有854个合作项目，目的是将实验室成果与工业需求接轨，中国也是这个网络的一部分。

在中国设立研发中心的跨国公司也通过合作方式在中国进行研发投资。一些在中国建立了研发中心的跨国公司也与中国的大学、研究机构展开了合作研究。例如，思科中国研发中心积极寻求与研究组织的合作机会，并通过大学研究计划（URP）等项目来资助高校和研究院的研究，从而推动理论和技术的发展，鼓励科研创新，发掘优秀人才（见表8-2）。

中国的大学已经在 URP 项目中受益。自 2001 年以来，已经有来自 8 所大学的 9 个研究申请通过 URP 项目的评审，获得了总额超过 50 万美元的资助。

表 8-2　　思科已经颁发的资助情况①

时间	机构	主要研究人员	题　目	技术	资助金额（万美元）
2005 年春季	中国电子科技大学	Zhou Shijie	用于无线 P2P 网络的 VoIP 的数学模型	无线与移动的路由技术	5
2005 年春季	香港理工大学	Rocky Chang	对于 TCP 上的智慧服务攻击不完善性的分析	安全	9.7
2005 年春季	华南理工大学	Zhou Jie	对安全多点传送加密术运算法则和集团密码管理模型的研究	安全	5.7
2004 年秋季	清华大学	Yongfeng Huang	基于用隐写术的 VIOP 的隐秘交流	安全	7.235
2004 年秋季	天津大学	Yantai Shu	以客户为中心的无线网络传输草案和问答	无线与移动	5
2004 年秋季	上海交通大学	Weihua Mao	基于智慧威胁探测和自动反映的自我防御网络	安全	5.75
2002 年秋季	北京邮电大学	Yan Ma	基于分散网络管理	IPv6	8.5
2002 年春季	清华大学	Li Xing	重新排序	其他	5
2001 年秋季	北京网络研究院	Weihua Mao	为庞大网络服务的移动 Ipv-6 和 NAT-PT 技术集合体的研究和分析	IPv6	

3. 合作实验室

大学研究是以技术驱动为主的基础研究，而企业研究则是以市场驱动为主的产品开发研究，两者在研究工作之间存在很强的互补性，

① 资料来源：http://www.cisco.com

当企业开始专注于加强基础研究时，大学研究的发散性创新的突出优势就体现出来。越来越多的跨国 IT 企业已把在中国的研究目标从简单单纯的产品本地化应用转向基础研究，和高校合作成为它们“长线”创新中的兴趣所在。清华大学的一项调查研究显示，到 2005 年底，来自 10 余个国家和地区的 97 家跨国公司与中国 36 所“211”工程重点高校共成立了 202 家联合研发机构，分布在北京、上海、哈尔滨等 17 个城市，其中 IT 企业占大多数。

例如，西门子中国研究院已经和北京邮电大学、东南大学、北京航空航天大学，浙江大学等一系列在国内无线研究处于领先地位的高校展开合作。① 日立在中国的合作有广泛的内容，在信息通讯方面，日立与清华大学组建了联合实验室，开发世界最尖端的通讯技术；在上海则成立了信息系统上海研究室，积极地与复旦大学、上海交通大学合作进行共同研发。②

对这些研发机构的研究显示，跨国 IT 企业在与高校的合作中目的非常明确。从知识活动的分析来看，这些机构主要进行的是“应用性质的基础研究”，其次则是技术培训与教学，“新产品、新工艺的开发”以及“产品、工艺或设备改进”得分均较低。

虽然从经费规模和人员规模上看，高校与跨国企业的合作还处于刚刚起步的阶段，但随着国内研究人员科研能力的提升和中国市场重要性的提高，跨国企业也开始将目光投向长线创新。③

第三节　跨国公司在中国投资研发的影响

越来越多的跨国公司地区总部和采购中心在向中国转移，这不但体现出跨国公司对中国市场重新的认识和定位，而且也体现出跨国公司在中国构筑从研发到生产再到销售的完整价值链的迫切心情。

外资在华研发机构的发展，对中国带来的影响是多方面的，既有

---

① 陈静．跨国 IT 企业瞄准“长线”创新．经济日报，2006-08-09

② 陈言．专访跨国公司老总——日立：整合资源的本土化之路．经济日报，2005-07-31

③ 陈静．跨国 IT 企业瞄准“长线”创新．经济日报，2006-08-09

机遇又有挑战。中国正在成为科技创新源头，参与全球性研发事业的程度越来越深，此时外资在华大量设立研发机构，客观上有助于促进中国快速成为全球企业研发基地，成为强大的技术孵化器，逐步实现“中国制造”向“中国研发”的战略性转变；外资研发机构产生的技术和产品在中国的转化和运用，有助于提升中国产品的形象和档次，改变我国制造业产品在国际分工中处在低端位置的不利局面；外资研发机构聘用中国人员进行研发工作，有助于锻炼和提高中国研发人才的能力；外资研发机构的进入也有助于中国研发机构在与之零距离的接触和竞争中学习、提高，不断提升自身的研发能力和竞争能力，建立与国际接轨的标准、工艺以及服务等。从这些方面看，外资研发机构的设立是有利的。许多跨国公司在中国建立研发中心，使中国有希望成为全球的研发中心。

跨国公司研发机构在中国的兴起，一方面说明中国高新技术产业的广阔市场和高质量的技术人才，为研发提供了肥沃的土壤和条件；另一方面，它有助于树立中国技术研究大国的形象，增强中国在全球高科技领域研究的地位和信心，进一步缩短中国与世界在先进技术领域的差距。外商在中国投资设立研发中心有利于提高中国的整体技术水平，缩短中国由消化吸收成熟技术向研究开发先进技术的进程，加速中国产业结构升级的进程。

一、中国人才的“外流”与“回流”

1. 外商在中国设立的研发机构有利于中国科技人才的培养

人才的培养和发展，依赖于是否具有可供其发展的机会。大型跨国公司设立的研发中心一般能够提供较好的科研环境条件，在这些研发中心里国内外的人才不断被聚集，并被继续培养成高级人才。跨国公司在中国设立的研发中心使国外科研机构和中国科研机构之间的科技交流更为方便，有利于中国科技人员的成长。从长远来看，这就储备了大量适应市场经济要求，拥有较高研发水平和研发能力的科技人才，成为“科技兴国”战略实施的有力的人才支持。

2. 中国人才的“外流”与“回流”

跨国公司在中国进行研发投资活动，其目的之一是利用中国高素质、低成本的人才，因此必然在中国展开人才争夺战，这对中国研发机构和企业是一个严峻的挑战，其结果是有可能造成国内科研机构特别是国有科研单位人才在新的意义上的“外流”。现在越来越多的优秀人才进入跨国公司的研发机构，人才外流的意义已发生了根本的变化：人才“外流”已从地域意义上的“外流”渐渐转变为智力资源上的“外流”。这意味着，人才“外流”已经到了家门口，这是国内企业和科研机构无法回避的现实问题。如果这个问题不解决，在全球化的背景下，中国企业、科研院所会面临越来越严峻的形势。

跨国公司在中国设立的研发机构的管理和研发人员在逐步实行本地化。跨国公司的研发中心以其雄厚的资金、优越的科学技术研究条件，将中国一大批优秀人才网罗其中。对它们而言，要实现其在中国的投资战略，中国庞大而优质的人才资源是一个极具吸引力的巨大“智慧金矿”。以软件业为例，美国软件人才的使用成本是中国的9倍，印度软件人才的使用成本是中国的2倍，而一名中国教授或相当于教授的研究员，年薪仅有几万元人民币。中国研发人员的平均工资水平远低于发达国家同类人员。有数据表明，在跨国公司的研发中心中，来自中国大陆的研发人员平均占95%。如三星通讯技术研究有限公司、微软中国研究开发中心、摩托罗拉中国研究院、朗讯科技（中国）有限公司贝尔实验室的研发人员几乎全部来源于中国大陆，且很多是具有硕士、博士学历的高端人才。

人才的“外流”令人忧虑，但是，我们也要看到，人才也有“回流”的趋势。这种回流又可从两个方面来看。

一是在海外工作的人才回到祖国工作，这是人才从外国“回流”。跨国公司在中国的研发机构不但以优越的科研环境、优越的研发条件和富有竞争力的报酬争夺国内人才，而且还以此吸纳了大批留学海外甚至还有在海外工作多年的学子，回到祖国，从事高科技的研发。跨国公司设在中国的研发中心的研发人员，技术骨干很多是华裔或留学归国人员，这些“海归”人员，是外流人才的“回流”。

从人才培养和发展的角度看，跨国公司在中国设立的研发机构还可抑制人才向国外流动的倾向。跨国公司的研发机构为国内优秀人才创造了良好的科研环境，可以说它们既是吸引人才的“聚宝盆”，又可以有效地抑制人才向国外的“外流”。越来越多的优秀人才为跨国公司在中国的研发机构所用。比如，跨国公司录用的人员里，有很大比例的大学生、硕士生、博士生原打算出国，但由于这些公司的吸引力，不少人放弃了出国计划。

二是人才可能从外资企业回到中国本土企业。中国企业和机构与跨国公司之间有着越来越广泛的人才交流，高素质人才进入跨国公司，获得了与世界最前沿技术零距离接触的机会，可以准确把握当今高科技产业发展的脉搏，身在其间耳濡目染，体验和学到现代科研管理和现代企业管理成熟的经验。这些人才具有流动性。随着中国经济的发展，中国科技实力的增强，一部分这样的人才的回流，将促进技术的流动，成为我国科研与生产的新的生力军，成为中国人才资源的重要来源，成为知识经济时代中国在国际立足的支点。因此，在不断升级与优化的竞争中，中国获得了它所应得的产业价值，从这个意义上说，“外强”的进入并不一定是件坏事。①

二、研发与生产的聚集效应

大型跨国公司研发投资主要集中在北京、天津、广东以及以上海为中心的长江三角洲地区。北京中关村，上海浦东新区，广东的广州、深圳和东莞，江苏省的南京、苏州、无锡以及浙江省的杭州等城市已成为跨国公司在华建立研究开发机构较为集中的地区。随着中国实施西部大开发战略，跨国公司的研发中心也设到了成都、西安等科研力量或工业生产比较集中的大城市。② 研发机构的聚集，高水平的智力激荡，与企业生产和国内外市场的互动，有利于新的创新成果的产生，为中国从生产大国走向技术强国创造了一定的条件。

北京是跨国信息通讯技术企业设立研发中心的聚集地。据不完全统计，2004 年北京已有具一定规模的各类研发机构2 000余家（企业设立的有1 000多家，各大学和政府设立的约 700 多家，民办科研机构 200 多家），其中 200 多家研发机构是跨国公司设立的。在这 200 家外资研发机构中，电子信息领域研发机构有 100 余家，占全部外资

---

① 梁杰．跨国公司中国“借脑”研发版图不断扩张．http://www.sina.com.cn，2003-08-29

② 沈则瑾．上海前 7 月外商投资规模稳步扩大．经济日报，2004-08-24

研发机构的60%以上。①

广东聚集了大量的制造业跨国公司的研发中心。在2003年，在广州设立的外资研发中心就已达34家（包括独立的外资研发中心8家，非独立的外资研发中心26家），投资总额超过1.5亿美元。其中有7家是由著名跨国公司投资设立的具有区域性或全球性的研发中心，如广州本田中心、北方电讯公司研发中心等。深圳市2004年就有87家外资研发中心。② 而在广东省的东莞市，跨国公司建立了106个研发中心。③ 迄今为止150余家研发中心落户广东，较五年前翻了近5倍④。

以上海为中心的长江三角洲地区聚集跨国软件研发及IC研发、化工、汽车、医药研发中心。据上海市统计局不完全统计，2005年底在上海建立的外资研发中心已超过170家⑤，而且投资量大。例如，飞利浦集团在上海设立的全球研发中心投资为4 000万欧元；英特尔在上海的研发中心投资3 900万美元；霍尼韦尔公司在上海设立亚洲最大的涡轮增压器研究机构则投资5亿美元；全球有机硅领域产业巨头美国道康宁公司投资完成其在上海松江的应用技术服务中心扩建工程，使中心增加了2 500平方米的面积，成为道康宁全球第二大研发中心，为长三角生产企业提供技术支持，缩短了工厂和市场之间的距离（道康宁公司将中国作为第二大目标市场，此前道康宁已经签约在江苏张家港投资数亿美元，兴建一个产量排名全球前3位的有机硅原材料的生产基地）。⑥

在中国江苏，经批准设立的外商投资软件研发及IC设计研发中心近80家，占全国的12%。包括韩国三星、美国朗讯、德国西门子

---

① 郑志毅．北京成为全球重要IT研发中心．互联网周刊，2004-10-25

② 中国商务部．中国外商投资报告2006．http：//www. mofcom. gov. cn

③ 唐千编译．跨国公司纷纷将高科技研发中心转移到中国．硅谷动力．http：//tech. tom. com，2004-12-22

④ 汪令来，李晓莉．粤掀新一轮投资热百余外资研发中心入驻．http：//www. ttlttt. net/Article

⑤ 上海外资研发中心超过170家．上海青年报，2006-07-04

⑥ 季明，裴文斌，张炜．长三角正在成为世界先进制造业的新“大脑”．http：//www. xinhuanet. com，2005-10-30

软件集团、英飞凌、瑞晟等。2004 年 4 月新设立的韩国三星电子（中国）研发中心，是三星公司在中国最大的全资研发中心，主要从事尖端数码软件及硬件产品研究开发，该中心将成为三星电子在中国乃至全球的一个数码软件和硬件产品的研发基地。① 南京已有 21 家外资研发机构。② 此外，无锡有各类外资研发机构 13 家。③ 到 2003 年底，在苏州就已有 107 家跨国公司在苏州的子公司开设了研发业务，其中，符合研发中心条件的有 48 家，已经过政府批准设立的具有独立法人资格的研发中心有 8 家。④

由此看来，跨国公司在中国的研发投资与在中国的制造业投资结合较为紧密，互相促进，与中国的科技研究机构和人才聚集地也有很大的关联，形成产业的聚集，而这又进一步地吸引了新的研发投资，从中获得外部经济性。

跨国公司在中国设立研发中心的目的，是为了与在中国当地投资的生产和销售配套，提高竞争力，这些设在中国的研发机构，不但给它们带来巨大收益，同时也促进中国在高新技术领域的跳跃式发展。跨国公司在华研发中心不仅与本企业的产品产业化密切联系，而且与中国国内的高校、科研院所甚至企业合作颇多，从而提高中国科研机构的科技成果产业化能力。这也是我国科研机构多年来一直致力于解决的问题，对于提高中国的科研水平大有助益。

跨国公司研发中心研发成果在中国的应用与商业化，使得与中国劳动力优势相结合的中国高新技术产业有了迅猛的发展；在中国产生研发投资与生产投资的联动效应，导致产生了很好的就业效应，为中国提供了许多高水平、高报酬的工作岗位；外资高技术企业还带动了中国本土与之配套的产品的开发和生产，对于改善中国的外贸结构也有重要的意义。技术研发、生产投资、市场扩张之间的联动，在中国形成具有全球竞争力的产业聚集区，增强中国的国际竞争能力。

---

① 省外资软件研发中心达 80 家. http://www.jschina.com.cn，2005-01-31

② 南京外资研发中心初显“扎堆”效应. http://nanjing.mofcom.gov.cn/column，2005-05-18；陈家根. 四家外资及港台研发中心落户南京. 新华日报，2005-06-03

③ 吴军. 江苏外资研发中心七成花落无锡. 江南晚报，2006-04-11

④ 李沅. 南京能否走向“研发之都”. 金陵瞭望报道，2005-05-20

随着全球经济结构的调整，中国经济形势的稳定性好，投资环境日益完善，越来越多的跨国公司将地区总部、全球研发中心迁至中国。这些研发中心的技术开发重心逐渐向基础技术研究过渡，同时应用型技术的研究地域对象也不再限于中国市场，而是面向亚太地区，乃至全球。这不仅有利于提高中国利用外资的质量，而且还能带动中国国内相关配套产业的发展，提高了中国参与国际分工的地位，改善了中国出口商品结构。

总之，研发与生产的群聚，有助于在中国形成具有全球竞争力的研发聚集和产业聚集。这是一个良性循环的过程。外资设立研发中心会考虑当地的基础设施、产业发展、科技环境，而研发中心的设立又会加强当地的产业发展条件，这是一种互相加强的过程。研发中心获得外部经济效应的同时，也会提供外部经济效应。

三、跨国公司的技术“外溢”

在华跨国公司 R&D 投资活动客观上对我国技术的进步和产业结构的升级产生深远的影响，这主要通过技术在产业内的溢出效益和产业间的溢出效益来体现。

1. 产业内溢出

产业内溢出主要是在对国内同行业竞争者的影响：跨国公司的进入意味着带来了外国先进的技术，这给国内市场上同行业的竞争者增加了竞争压力，迫使国内企业加强 R&D 以提高自身市场竞争力；同时也将那些缺乏市场竞争力的企业排挤出市场，盘活资源使市场要素得到优化配置，提高国内企业整体 R&D 水平。

2. 产业间溢出

各个产业之间会发生各种各样的技术联系。国内企业为了能够向跨国公司提供产品和服务，就必须大力提高自身的技术水平。这样，跨国公司就能产生前向推动作用，促进国内供货企业的技术发展。另一方面，跨国公司依靠先进技术开发出来的产品被国内企业购买之后，会对国内企业产生后向推动作用，进而促进它们的技术进步。

这种技术“外溢”还表现在跨国公司的研发所形成的产业间的“联动”上。为了竞争的需要，跨国公司十分重视在中国的研发中心，不断加大在中国的研发中心的研发投资，这对中国的研发机构和企业是一个挑战。这一挑战不但促进了中国政府和企业对研发的重视，而且更重要的是促进了中国政府和企业增加 R&D 的投资。目前，在中国，无论是政府设立的研究机构、各高等学府，还是实力日渐雄厚的企业，都纷纷开始在 R&D 方面加大投入。通过技术创新、机制创新，促进中国从世界制造中心转变为“世界创造中心”。

3. 示范作用

跨国公司在中国的研发投资活动，对中国 R&D 机构和中国企业的 R&D 管理能产生一种积极的示范作用，有利于我们学习先进的 R&D 管理经验，改变粗放型管理模式。多年来，中国 R&D 管理一直是粗放型的，专业 R&D 机构只讲投入，不讲产出，创新能力差，成果市场化水平低，甚至有很多是低水平重复研究。而企业的 R&D 活动却大都注意产品开发过程，不重视基础研究。跨国公司的 R&D 工作以市场为核心，注重产品质量，注重 R&D 工作效率，其研发项目的具体执行方式也为中国的新兴企业、科研机构在 R&D 管理方面提供了有益的经验，对中国企业研发管理水平的提高具有重要意义。

4. 中外研发合作

跨国公司的研发中心为了借助本土的力量，利用本土的优势，有必要与中国国内的大学、科研机构、企业等建立合作关系。现在，外资在中国的研发中心已与中国本土的科研教学或经营单位形成较密切的业务合作关系。例如，宝洁公司与清华大学共同创建全球第 19 个大型科研中心，宝洁曾向清华大学捐款1 070万元，引进世界上先进的实验仪器，帮助完善学校的教学实验设施及用于承担宝洁与清华大学共同合作的科研项目。① 跨国公司设立研发中心所产生的中外科技研发合作，对双方都产生了积极的影响。

四、本国研发的替代效应与促进效应

跨国公司研发机构进入中国，最令人担忧的也许是跨国公司的研发可能替代国内企业的研发，这种替代效应可能会使中国企业对于外企技术产生依赖，或是干脆被国外企业挤出市场。目前，已有这方面的报道，如 2004 年 5 月 29 日《经济日报》报道，面对跨国药企的专

① 钟岩．跨国公司研发中心向中国扩散．中国化工报，2003-02-18

利挑战，已有中国国内知名药企打算淡出制药业。跨国公司研发机构进入中国，会对中国的研发产生一系列的影响。

外企研发中心将抬升技术的进入门槛，使得本土企业对于有些技术望而生畏，由于急功近利而放弃自己的研发。

当前的现实和理论研究都告诉我们，一个国家没有高新技术产业，其经济就会落后，没有活力。没有研究与开发的高新技术产业，不是真正意义上的高新技术产业，至多只是从事新技术产品中的劳动密集型环节，其经济利益不仅十分微薄，而且没有保障。依靠引进技术，没有自己的创新，也不会有持久的竞争力。

核心技术和自主创新能力是企业参与国际竞争的关键，目前不少中国企业在国际竞争中由于缺乏核心技术和自主创新能力而处于不利地位。据有关调查，彩电、计算机、DVD 和手机是我国电子信息产业的主要产品，但这 4 种产品核心技术的知识产权多数不在我国企业手中。在 DVD 57 项关键技术中，我国企业掌握的只有 9 项，还都是非核心技术。在个人计算机 114 项关键技术中，我国企业掌握专利的有 69 项。在彩电 114 项关键技术中，我国企业掌握专利的有 72 项，其中包括 10 项非核心技术。在手机 65 项关键技术中，我国企业掌握专利的有 33 项。

核心技术的缺失造成企业经济效益不高和中国财富的外流，如中国生产的 DVD 每台的批发价为 40 美元，而其中的专利费却占到了 21.3 美元。《2005 跨国公司在中国》报告指出，外资带来了经济繁荣，但中国的 GNI（国民总收入）并没有取得与 GDP 同样快速的发展，1992 年前中国的 GNI 与 GDP 数量基本持平，有时略大于 GDP。但从 1993 年到 2003 年 11 年间，中国 GNI 数量年年少于 GDP，而且 GNI 与 GDP 差额有越来越大的趋势。这一差额表明，中国国内创造的价值有一部分并没有成为中国国民收入，而是流向国外变成外国国民的财富。

缺乏核心技术和自主创新能力还对一些行业的发展带来影响。“2005 上海国际生物技术与医药研讨会”传出信息，由于缺少自主创新能力和低价竞争，中国4 000多家药品生产企业将有一半面临生存危机，绝大多数高端市场被跨国公司占领。一些医药厂家生产的生物医药没有自主知识产权，而世界各国又因为生物制药的高科技含量和高附加值，都加大对生物制药的保护力度，缺乏自主知识产权已经成为严重制约我国生物制药产业发展的瓶颈。

而跨国公司在华建立研发机构的目的之一就是有针对性地研发产业的核心技术，并通过知识产权保护等手段和方式，从产业源头对中国企业的生存空间进行挤压，以加速抢占中国市场和国际市场的步伐。

目前跨国公司对国内企业技术进步的负面影响开始显现：

首先，在当前外来投资中，外资控股和独资企业已占绝对多数，这就令中国更难通过开放市场获取先进技术。尽管外资在华企业不少从事高技术产品的生产和开发，但这与中国自行掌握这些先进技术完全是两回事。外资企业不会主动外溢技术，培植自己的竞争者。就是在合资企业外企业中，中方也难得到新产品新技术，因为在合资企业引进的外方产品技术，绝大部分是外方产品的生产许可权，而不需要产品开发活动，合资企业没有产品设计确认权，因此合资企业难以对引进的产品技术进行任何修改和创新。

其次，由于引进新产品的主导权被外方掌握，所以合资企业不可能进行违背合资外方母公司利益的创新活动。

最后，在外方主导产品权的情况下，合资外方很难容许在合资企业中存在一个活跃的研发组织，因而出现了中国企业与外方合资过程中原有研发力量大量流失的现象。

此外，在合作研究中也有一些负面影响，比如大学通过合作研究产生的知识产权被跨国公司低价占有，或者研究人员从本地大学和研究机构向外资研发机构的流动等问题。

跨国 IT 企业转向高校还不仅止步于研究，对人才的培养和争夺也是它们的长远目的所在。来自西门子的数据显示，通过校企合作，从 2005 年到现在，一共联合培养将近 40 名本科生、硕士生、博士生，这些学生和西门子的员工一起，共同完成了近 20 件专利申请，有 30 件论文在各类学术杂志上发表，西门子公司也在从这种合作中，挑选自己需要的合适的人选。①

因此，中国必须正视外资研发机构的发展和影响，大力加强中国

① 陈静．跨国 IT 企业瞄准“长线”创新．经济日报，2006-08-09

企业的研发能力和自主创新能力，掌握行业发展的核心技术，特别是新兴行业的核心技术，这样才能使中国企业在世界范围内的竞争中立于不败之地。①

① 中国科学院南京分院．外资在华研发机构发展及影响分析．http：//www.cas.ac.cn，2005-06-22

第九章　R&D全球化与中国国家创新体系

R&D 全球化的发展，对国家和企业竞争的基本形式正在产生并将继续产生重要的影响。关于 R&D 全球化问题的争论，不只是狭隘的学术之争，就培育竞争力和保持经济增长而言，它对政策制定者和企业家具有关键意义。R&D 全球化的主要推动者是跨国公司，它对国家政策、国家创新体系提出了严峻的挑战。

商场就是战场，今天跨国公司所进行的是一种全新的、难以分清前方和后方的经济战争。跨国公司通过对全球范围的资源进行整合所集聚起来的竞争优势及其在全球范围内的市场统筹能力，是依旧沿用国内市场和国际市场相割裂的范式来思考问题的企业难以与之相匹敌的。国家或企业需要了解跨国公司的思维模式和组织模式，国家创新体系也要进行相应的调整。

第一节　R&D 全球化与国家创新体系

一、国家创新体系：全球技术创新竞争的客观要求

20 世纪 80 年代末以来，随着知识生产和经济关系的日趋紧密以及创新活动的日益复杂，创新被看做是一个复杂的系统，创新理论的研究也不断深入，范围不断拓展。

一方面，重大的创新以坚实的科学研究为基础，并越来越具有跨学科性质，所以创新过程向前端延伸，过去局限于技术领域的技术创新开始前移到基础研究，甚至是跨行业的基础研究。

另一方面，国家创新体系的理念及研究也得到了普遍的关注。理论和实践都已表明，创新不是一个孤立的事件，而是作为一个系统，创新的效率与能力成为重要的问题。创新的不是单纯的由新的知识转

换成新的产品的过程，而是个人、机构和环境之间进行复杂交互作用的结果。在美国，“创新集群”的作用正受到越来越多的关注；在俄罗斯，国家创新政策的主要着眼点是建立完善的国家创新体系，强调政策的系统性以及政府在国家创新系统中的重新定位问题，使国家完成从家长式管理者向创新过程参与者的伙伴和组织者的角色转换。

有关国家创新系统的研究表明：第一，创新是个人、机构和环境之间进行复杂交互作用的结果。创新绩效不仅依赖于特定的行动者（如企业、研究机构或大学）如何行动，而且更依赖于它们作为创新系统中的要素如何在地区、国家和国际层面上相互作用。第二，技术绩效的重要因素是知识的生产、流动与扩散。第三，在推动国家创新系统的建设方面，创新网络、创新集群显示出越来越重要的作用。创新公司的集群化不但推动经济增长与就业，而且是国家创新系统建设中的重要因素。第四，政府在创新中的角色需要重新认定。政府的创新政策是其他政策的关键，对其他政策领域有影响。①

国家创新系统的研究表明，国家在创新中应该并能够发挥重要作用。创新活动离不开国家的作用。第二次世界大战后，技术创新活动主要集中在电子技术、新材料和生物技术等领域。这些高新技术领域创新的特点是强烈依赖于基础科学研究，其研究与开发需要巨大的先期资金投入。要在世界市场上抢占先机，各独立公司之间的研究与开发需要经常协调，技术水平需要跳跃式地提高，标准化政策、知识产权等也要有明确而严格的界定。为此技术创新的互补性资产（组织、市场、风险资本等）比以往任何时候都更为复杂。

技术创新的这些特点要求科学、技术、生产、组织、市场和国家这六个要素之间的相互作用与反应更迅速、更紧密、更集中。这就要求国家必须承担直接的重大责任，在主动推动本国的技术创新活动的同时要积极参与国际竞争，并为此制定相应的科技发展政策以及创新政策，这样才能在激烈的全球化竞争中立于不败之地。

一个国家在技术创新的国际化竞争中的实力，主要取决于两个方面的因素：一是国内技术市场机制的完善与发达程度；二是国家在推

---

① 赵兰香，方新．模块重构：构建我国国家创新系统的新思路．科技管理，2006（2）

动国内创新与参与国际竞争中的决心与作用。对于发展中国家来说，更是如此。日本在某些领域的技术创新之所以取得领先于西方发达国家的巨大成功，其重要原因之一就在于，把国家巨大的推动和“过滤”作用与市场的不断完善两者有效地结合起来。

二、国家创新体系与国际创新体系

1. 国家创新体系与国际创新体系

经济全球化带动下的 R&D 全球化是一种趋势，国家创新体系受到 R&D 全球化的巨大压力，也受到国际创新体系的影响，因此要求国家创新体系做出相关的变革，以适应 R&D 全球化的需要。

国家创新体系是一国境内在企业、大学、研究机构、政府机构、私营经济之间对科学技术的发展所产生的一种相互反应机制网络，其目的是为了产生、发展、保护、支持和调控新的科学技术及其向商业化过程的扩散，这个网络推动国家整体的技术创新。

在不同的国家，上述机构、部门在创新中的角色、功能是不一样的，从而造成了国家创新系统的多样性和系统效率上的差异。国家创新体系建设及其效率成为决定一国国际经济竞争地位的一个至关重要的因素。国家创新体系中的各个部分之间是相互联系、相互作用的。因此，完善和发展国家创新体系不但要发挥各个部分的活力，而且要注意它们之间的互动关系以及全系统的整合。

但是，面对激烈的国际竞争，而且为了在激烈的国际竞争中获胜，一个国家的创新体系就不能是独立的，它必然与国际创新体系相联系，现在已出现了国家创新体系与国际创新体系相联系的趋势与情形。现在已经有一些国家联合起来，整合各自的国家创新体系，我们已经可以看到一些国际创新体系的雏形。最明显的是在欧盟各国，国家之间、企业之间、大学之间、政府实验室之间的国际技术合作突飞猛进，我们正看见一个欧洲创新体系的诞生。

这种趋势与情形表明，近几十年来，跨国公司在全球经济中起着众所周知的重要作用，研发全球化和国际技术合作迅猛发展，外国直接投资日益增加，跨国公司不只在其母国建立研究中心，而且在世界各地投资于研究与开发，寻找技术合作伙伴，编织全球性的技术创新网络，跨国公司的创新网络对各国经济创新能力产生重要影响。因此，一个国家的创新体系并不是封闭的，也不可能封闭。今天，我们已经不能拒绝利用外国技术。国家创新体系必须是开放的，只有吸纳国际技术的先进成果，才能有一个比较高的起点，尤其是发展中国家，在经济和技术上都有赶上世界先进水平的需要，不利用国际上的先进技术，要完成赶上世界先进水平的任务是不可能的。这样，国家创新体系就必须建立一种有利于吸收外国技术和进行国际技术合作的机制。最近，一个明显的事实是，对于一个国家而言，外国技术是难以靠引进手段获得的。但是引进技术，无疑可以提高技术创新的起点，缩短追赶先进水平的时间。

R&D 全球化在对国家创新体系提出严峻挑战的同时，也为国家创新体系的建设提供了良好的机遇，它开辟了获取国际先进技术的更大的空间、更多的途径。各国国家创新体系的多样性与互补性产生了合作的可能性与必要性。中国政府和企业需要利用这种机遇，提升自己的技术能力。国家为企业利用国际技术提供政策指导，对基础设施建设起到主要出资者的作用，通过国际协定规范国际合作，开辟合作空间。我国在亚太经合组织中力促平等互利的科技合作，对推动欧亚科技合作也做了应做的努力，又通过众多的双边和多边的国际科技合作协定来促进中国与外国的科技合作，包括中小企业的国际科技合作。

在经济和技术全球化的形势下，正确处理国际科技合作与国际经济竞争的关系是很重要的。中国必须参与全球经济竞争，没有这种竞争，中国经济就缺少活力，跟不上世界经济和科技前进的步伐，从而会游离于世界发展的潮流之外，会被边缘化。

作为一个科技比较落后的发展中国家，又是全球最大的发展中国家，中国必须参与全球科技合作，没有这种合作，中国的科技进步就会被延误。我们有许多有利的条件，例如，比较雄厚的科技基础，相对广阔且处于迅速成长中的市场，人数众多的、水平很高的人才资源；我们可以“以技术换技术”；人才的流动，也会为我们带来宝贵的技术。

2. 中国国家创新体系具有更重要的意义

虽然多国合作的“国际创新体系”是重要的，但是它仅仅构成其研究与开发活动的一个较小的比例，即使是在欧洲，欧洲创新体系也还取代不了“德国创新体系”、“法国创新体系”、“英国创新体系”等，任何一个工业国家的许多研究与开发活动都产生在它的国界之内，一国之内的生产者与消费者之间及其他类型的非正式合作都比国际间的合作更频繁。研究表明，技术上的相互依赖与进步在一国国民经济内部是极其重要的。国内的创新活动与国际合作的创新活动相比，显得更频繁、更重要。

这主要是因为：第一，中国要发展，面临着比发展中小国更多的困难。由于我们有一定的经济技术实力，外国对我们会有更大的戒心，害怕造就一个强有力的对手。它们可能希望我们成为他们成熟技术的接受者、成熟产品的购买者、利润之源泉。而这显然不是我们的愿望，我们要成为平等的一员，要建立的是一种平等互利的经济关系，取长补短、共同发展，寻求“双赢”的结果。

第二，世界高科技的角逐，首先是民族精神与个性的角逐，只有大力发展自主知识产权，全力发展民族品牌的高科技产业，才能真正摆脱受制于人的困境。企业没有自己的技术能力，没有自己的专利技术，靠组装竞争，实际上是组装加工厂，是缺乏生命力的。有自主创新能力，又有自主知识产权的技术竞争不同于组装竞争：拥有创新能力，能使我们引领潮流；拥有专利权的技术竞争有专利法的保护，能够防止抄袭仿制，其生产和销售是有序的，不单纯靠降价取胜，这种情形下的降价一般是技术、产品更新换代的结果；组装竞争是成熟产品的低水平竞争，最终结果必定是产大于销的降价竞争，这又会影响产品的质量，造成产品质量下降，也会影响产品的升级换代；企业收益、消费者权益也都受到不良影响，结果将不利于民族产业的发展。

第三，只是满足于已有的专利也是不够的，企业必须有不断地生产出专利的能力，或者更确切地说，创新的能力。有专利不一定能够用专利取得经济利益，在迅速变化的市场上，不断推出自己的新产品，而且有精良的质量、合理的价格，才能拥有支持企业发展的消费者群体。这就需要拥有自主开发能力。但是自主的开发创新能力需要培育，在中国目前的情形下，需要国家承担起某些方面的责任。例如，通过战略性的投资与产业政策，培育风险资本市场，甚至由国家建立一部分风险基金，投资于高新技术。

三、各国国家创新体系的多样性与合作性

国家创新体系具有多样性。目前绝大多数的创新活动都发生在西方工业国家，尤其是经济合作与发展组织国家，这些国家之间的创新体制也是不尽相同的。

造成这种差异性的因素有许多。首先，自然资源的差异性是影响其创新节奏和方向的重要原因之一；其次，国家规模的大小对其创新体制的集中化程度和多样化程度也有较大的影响；最后，一些主要发达国家的创新体系特征对世界创新体系的格局与特征具有很大的影响。上述诸多差异性决定了目前西方国家的国家创新体系存在诸多差别，其形式多种多样：既有像美国、加拿大这样幅员辽阔、非集中化的多样性创新体制，又有像瑞典、芬兰等小国主要由公司从事研究与开发，进行技术创新的体制；既有在国家指导下大幅度进口国外技术以促进实业界科技储备更新速度，同时在公司内部稳定地建立模仿性、适应性和创造性并举的"日本式"创新体制，又有将"政府创新"摆在首位并将其植根于一组大型私人与公共企业之中的"法国式"创新体制。它们各有千秋。

不同的国家创新体系的共同之处是，通过既定的制度安排与具有强烈国家色彩的方式，来达到自身的经济目标。正是各国主客观条件的差异性和各国创新体系的多样性，才使得各国因地制宜，各展所长。而正因为各有所长，又可以互补互利，共同发展。

由此可见，正是各国国家创新体系的差异性和多样性为合作提供了空间和必要性，有差异，互有优势与劣势，才有利于取长补短。事实也证明，这种取长补短是各方互利的。在日益走向全球化的世界上，我们正在看到，一国要想孤立地繁荣已经成为不可能，各国之间互相依赖的增长，要求增强合作与之相适应。自外于世界发展的潮流，是不明智的，也是十分有害的。

四、中国国家创新体系应具中国特色

马克思和恩格斯早在100多年前就已预言：如同当时的大西洋和昔日的地中海那样，太平洋在未来世界经济中必将发挥重要的领导作用。在当今经济环境下，科学技术起着越来越重要的作用，国际经济

竞争在很大程度上是技术创新实力的竞争，在未来的世界经济中，国家的总体竞争实力在很大程度上体现在技术创新的能力与潜力之上。因此，一个国家的技术创新能力比以往任何时候都重要，对于依靠科教兴国的中国更是如此。

正在建设社会主义市场经济的中国要在亚太地区和世界经济中更充分地发挥应有的作用，就必须完善有中国特色的国家创新体系，这个创新体系必须吸收其他国家先进的东西，将中华文明与现代文化有机结合在其中，在融会中西方优秀的文明成果的过程中创造现代的中国国家创新体系，以便迅速赶上技术创新的世界步伐，积极有效地促进和参与亚太乃至世界范围的经济竞争和科技竞争。

当前国际经济竞争的焦点正在转向以人才、技术、信息等要素为主的高新技术产业的竞争。在发达国家，高新技术产业在工业中的比重、高附加值的产品在对外贸易中的比重已经分别达到40%和50%。因此，发展中国家要想摆脱受制于人的局面，就必须集中力量、大胆创新，在某些领域取得关键性的突破。这已不仅仅是一个市场份额的问题，而是涉及国家经济安全、甚至经济主权的问题。因此，我们必须而且可以在传统产业和高新技术产业的某些领域，依靠技术创新，取得后发优势。

有一种看法认为，“创新”产生于西方文明，认为创新与中华民族的传统文化相悖，因此怀疑中国能否通过创新走到世界的前列。显然这种看法是缺乏依据的。中华民族在历史上为人类文明与社会发展所做出的创造性贡献是任何人也否认不了的，中国的传统和文化中也有许多极富创新精神的瑰宝，如影响深远的《易经》中的“自强不息”等思想，《老子》中的有与无、一与二的重视整体思维，讲究综合创新的思想。孔子所倡导的孜孜不倦、勇于开拓的创新意识等。当然我国传统文化中也有不少对创新起着负面影响的因素。如长期农业社会形成的因循守旧、“强本抑末”观念等。不言而喻，传统文化对创新的负面影响，至今仍深深地积淀在人们的思维和行为方式中，成为营造现代创新意识的羁绊，因此，如何营造一个有利创新的文化氛围，在全社会提倡和鼓励创新精神，也是国家创新体系中的重要组成部分。我们在继续发扬我们传统文化的优势的同时，也要深入研究西方文化，并结合国情，将中西文化两方面的优点整合，创造一种提倡创新、振兴科学的更高的社会文化。塑造一个崭新的、有独到之处的国家创新体系，这本身就是一种创新。

在改革之前，我们实行的是集中管理和单一计划的创新体系，在国际封锁、国内科技资源极度稀缺的情况下，能够将有限的资源向当时的目标动员与集中，为国家的经济和国防解决了一系列重大科技问题，从与当时战略目标的吻合程度来看，在当时的历史条件下，这一创新体系是比较成功的。因此，对我们原有的国家创新体系不能采取一概否定、不作分析的态度。对现有的国家创新体系而言，重要的是如何健全和完善具有中国特色的问题。

国家干预是建设国家创新体系的强大推动力，国家的创新动力与民间创新动力要互相结合、互为促进。在建设国家创新体系的过程中，国家应当充分发挥其强大的协调与推动作用，不断完善和强化技术创新体制，迎接知识经济的挑战。众所周知，在当今世界经济中，政府的经济职能已经远远超出了一两百年以前“守夜人”的身份所规定的范畴，国家在推动技术革命和科技发展中的战略作用日益重要。这既是经验性的分析结果，也是规范研究的必然逻辑。

第二节 国家创新体系与战略性贸易和产业政策①

在经济全球化的世界上，各国的经济前所未有地通过国际贸易、国际投资、国际技术交流与合作而互相联系、互相结合且又互相影响，一国的经济竞争力引起人们日益强烈的关注。

经济竞争力是指生产经得起国际市场检验的商品和服务的能力，这种能力使本国国民享有不断提高的生活水准。经济竞争力事关国家的经济安全，要创造和保持一国的经济竞争力，就必须以一个国家的创新能力、创新体系作为动力和保证。贸易政策和产业政策在其中的作用日益突出，也越来越引起人们的关注，研发国家创新体系，也必须研究战略性贸易政策与产业政策的理论。

产业政策是国家直接指导产业活动的干预措施，而指导对外贸易的干预措施则称为贸易政策。产业政策和贸易政策常常是互相分离

---

① 黄兆银．战略性贸易政策与产业政策．经济评论，2001（1）

的，由不同的国家行政管理机构来制定和实施。然而，如果贸易政策失误，可能使民族产业在外国商品和服务的冲击下遭受严重挫败，危害国内产业的发展，削弱本国的经济竞争力；片面强调发展民族产业，对民族产业的过多补贴等措施，也会影响本国对外贸易和国际经济交往的正常进行。由此看来，产业政策与贸易政策在某些部门有重叠和交叉。

产业政策和贸易政策的重叠提出了一系列政策问题。由于全球化趋势加强，经济主体（企业）把全球看做一个保证投入、加工、制造和销售最终产品的互相关联的整体。因此需要把战略贸易政策和产业政策看做是支持本国公司参与全球竞争的两大互相增强的支柱。虽然经济的全球化、贸易商品的高技术化和跨国公司经济作用的增强对当前政府的作为有所限制，但这些因素同时也为国家以战略性贸易和产业政策进行干预提供了新的刺激和理由。

一、产业政策理论

产业政策是指鼓励特定产业的国内干预，它与宏观经济政策不同。宏观经济政策，例如，税率、利率政策等，通常并不区分公司和产业类型。产业政策的目标只是经济中的某些部门。产业政策措施，例如，研究与开发补贴、减免税优惠、优惠贷款和信贷分配等，其目标是特定的公司和产业。

产业政策已有很长的历史。18 世纪晚期和 19 世纪早期的民族主义者，如李斯特和汉密尔顿在面对英国制造业的支配地位时寻求国家干预，以促进本国制造业的发展。与我们的问题有关的产业政策理论可以分为三类：技术传递理论、结构主义理论和制度主义理论。尽管这些理论互有重叠，它们还是为产业政策提供了不同的理论基础。

1. 技术传递理论

技术传递的理论认为，即使资本可以跨国界自由流动，技术跨国界的流动也是不完善的。国家干预需要确保有关产业中本国公司的“技术首创者优势”或使本国企业在尽可能短的时间内掌握高新技术。

一种理论①认为，在高技术产业中，高新技术的首创者开发了处于领先地位的成果，具有市场支配地位，这种高新技术很难在别处再生产，这可能是由于其技术很难模仿，也可能是由于开发这种技术非常昂贵。为确保或尽可能维持市场支配地位，就须确保和维持技术垄断地位。因此，与特定高技术产业相联系的一套核心技术很难跨越国界而流动，并且只有与处于市场支配地位的公司的市场战略相一致时才会流动。由于技术跨国界的流动不完善，一国要有自己的高技术产业就必须以产业政策来支持高技术的研究与开发。

另一种说明国际贸易和产业政策作用的理论是动态贸易理论②。动态贸易理论引用熊彼特的经济增长理论，通过现实的动态竞争解释对外贸易。一项创新赋予所谓先驱型企业家暂时的垄断地位，随着时间的流逝，竞争者通过模仿使这种垄断地位不断被削弱。由于采用新产品和新生产工艺，老市场遭到破坏，而新市场和创新者的竞争地位得以建立。动态竞争的基础是先行者和后来者的相互作用。一国的比较优势不是像通常假定的那样，由一国的自然禀赋所决定，而是由竞争刺激的程度和制度环境所决定，由寻求和学习过程所赋予，因此比较优势一部分是内生的。根据这种理论，贸易主要由技术进步决定，这又反过来提出了技术进步的必要性和技术进步条件的差别的问题。按照国际贸易的技术差距模型，工业化国家和发展中国家之间各自的技术可利用程度存在着差异，这可以用来解释很大一部分南北贸易。创新公司（和国家）拥有暂时的垄断地位，使它们在某种程度上避开纯价格竞争。然而，以技术领先地位作为基础的比较优势，由于后来者的模仿而受到限制。一旦失去技术优势，贸易方向和结构就由传统的外贸理论来解释，例如，由不同的要素比例来决定。在这一过程中，国际贸易的结构依赖于模仿的时滞。模仿滞后的时间是竞争的决定性因素。一方面，它决定了创新者能够从创新中获得多长时间的超

---

① Jeffrey A. Hart, and Aseem Prakash. Strategic Trade and Investment Policies: Implications for the Study of International Political Economy. The World Economy. Blackwell Publishers Ltd, 1997 (5)

② Gerhard Fisch and Bernhard Speyer. TRIPS as an Adjustment Mechanism in the North-South Trade, Economics. Vol. 55/56. Tubingen, 1997

常利润，因而决定了它对创新者有多大的刺激作用。另一方面，它也决定了后来者什么时候开始参与从创新中获得利润。模仿的时滞代表着调整过程的时间的长短，所以从竞争的观点来看有特别的意义。而模仿滞后时间的长短不完全由外部因素决定，它本身也是企业家活动和经济政策作用的结果。

传统贸易理论假定市场是完美的，价格机制功能良好，要素流动也是完善的，因此调整在一瞬间发生并且没有成本。与之形成对照的是，动态竞争的贸易理论模型认为存在着深远的调整过程，调整既不是瞬间发生的也不是不费分文的。从竞争性国际贸易的观点来看，调整是一个不断学习的过程，带有相当程度的不确定性。在某个国家里，公司的专业化不仅反映了它们自己的调整行为，也是对其贸易伙伴的反应，贸易伙伴的行为又成为它们进行调整的框架和刺激因素。

调整的成本和调整的时间这两个方面特别重要。调整的成本包括新的投资、再培训、重新配置资源以及社会成本等。技术领先国要开发新技术去取代那些被后起者模仿的老技术，但新技术不是从天上掉下来的，需要付出努力和代价。从竞争的观点看，“转变的能力”是企业内部进程的结果，它受到企业家和政治力量互相作用的影响。创新是广泛的研究努力的结果，创新和新产品采用之前都要花相当长的时间。如果技术进步是内生性的，技术知识的分布对国际贸易形式是决定性的，那么自然而然产生的问题就是，公司把自己的资源用于研究和开发，其动机是什么？对这一问题的回答将决定国家在世界经济中的地位。推动公司从事研究最主要的动力是来自创新的超常利润的前景，对超常利润或“先驱者”利润的期望是技术进步的前提。

当前，在标准化商品和高技术商品两方面的竞争都很激烈，这已经在某种程度上改变着世界经济。发展中国家，尤其是新兴工业化国家以模仿为基础的追赶的成功已经影响到工业化国家调整的能力和意愿。要维护其技术领先地位，创新国家不能够仅仅依靠保护主义。更加激烈的国际竞争必定迫使公司做出前所未有的努力去从事研究与开发，试图缓解竞争的压力；公司也倾向于把研究与开发的成本“国家化”，把负担转嫁给一般公众。因此，国家扶持高技术产业的产业政策的重要性日益增强。有关各方企图减轻公司因为模仿而遭受的时滞缩短压力，从而迫使国家产业政策的预算增加。增强国家的经济竞争力是项十分艰苦的工作。一般而言，技术竞争越激烈，研究开发工作效率就越高，也会有更多的改进区位优势的努力。因而它也导致更经常地利用产业政策等手段。

在这样的国际形势下，发展中国家也运用产业政策工具力图缩短模仿的时滞，这包括以产业政策支持本国形成吸引外国技术的基础结构，应用产业政策工具来开发高新技术，在高新技术产业中占有一席之地。

2. 结构主义理论

结构主义理论强调国家在国际体系中的相对地位的差异，尤其是经济权力在各国之间分布的差异。霸权国家，通常拥有最大的国民生产总值，在提供国际公共产品方面，例如，自由贸易和投资的制度、稳定的货币秩序等方面有自己的利益。但是维持对霸权国家有利的国际经济制度并非没有代价，这同时就会对该国利益的扩展形成某种限制。举例来说，如果贸易以美元标价来进行，美国就从作为储备货币的美元的发行中获利。但这同时也意味着美国要为国际货币体系的运转承担更多的责任。

非霸权国家一方面通过多种措施保护本国公司免受国际竞争，另一方面通过促进出口和向世界其他地区投资而获得自由贸易和国际货币制度的好处，它可以利用自由的国际贸易和投资制度的好处，获益较多而花费的代价不大。如果它们能够沿着这条道路走下去，增强其本国公司的国际竞争力，就能增强它们在世界经济中的地位，导致霸权国家的经济相对衰落。简要地概括结构主义的结论就是，产业政策是非霸权国家可以挑战霸权国家强权的一种方式。

而当霸权国家面临本国经济相对衰落，它们也开始以一种进攻性方式采取行动，采用与主要竞争者相同的产业和贸易政策，如此行事，则损害了它们早先建立的自由经济制度和秩序。这样，结构主义者解释了非霸权国家和霸权衰落的国家两方面都实施产业政策，这成为国家之间更广阔的经济竞争过程的一部分。

3. 制度主义理论

制度主义理论关注的焦点是国家和社会制度差异的历史根源及其对本国公司国际竞争力的影响。它们阐明了某些制度配置如何系统地阻碍进口和阻碍吸收外国投资，因而保护国内公司免受国际竞争。尤其是它们比较了美国体系与日本体系，美国体系相对开放，而日本体系则相对封闭，并且具有不同寻常的工商业与政府的协调合作和产业结合，这种差异为日本公司在国际市场上的竞争创造了优势。

技术传递的观点提供了国家干预高新技术产业的原理。我们着重讨论这一观点。在经济全球化条件下，国际资本流动的规模很大，包括投资于固定资产和投资于组合证券的各种投资；贸易商品高技术化，高技术产品在全球贸易中的地位日益突出。高新技术可能凝结在最终产品里，也可能用于生产过程。贸易商品的高技术化形成了国家干预的刺激因素，国家致力于在国内发展关键技术，以促进本国公司能够适当地和及时地进入这类技术领域。发展中国家则可通过产业政策创造条件，从跨国公司那里吸引外国直接投资，促成跨国公司的技术转让，以实现赶超目标。

二、战略性贸易理论

斯密论证了基于绝对优势的国际贸易。李嘉图进一步论证了基于比较优势而非绝对优势的国际贸易，他强调要使贸易发生，各国不需要具有生产不同商品的绝对优势。赫克歇尔和俄林也肯定了比较优势作为国际贸易的基础。虽然比较优势从贸易和专业化中创造了利益，但这种利益在各国之间不是同等分布的。战略贸易理论家提出某种形式的国家干预可能转移这种利益，在某种情形下，使这种利益从外国公司那里转移到本国公司。①

布兰德（Brander）和斯潘塞（Spencer）提出在不完全竞争和有超常利润的那些产业中，补贴能够把全球利润转移到本国公司，如此则利润的增加超出补贴。因此，从总体上说，国民福利有净增加。克鲁格曼给出了一个应用战略贸易理论的假设的例证。② 设想某种商品既能由美国公司也能由欧洲公司来进行开发。如果由任何一家公司单独开发这种产品，它都能够赚取足够利润；然而，如果两家公司都企

---

① 关于这方面的理论介绍，可参阅王建伟．开放经济条件下的贸易和产业政策．载汤敏，茅于轼主编．现代经济学前沿专题（第一集）．北京：商务印书馆，1989

② Paul R. Krugman. Is Free Trade Passe? Economic Perspectives, Fall, 1987

图进入市场，开发成本就足以大得令两家公司赔本。哪一家公司能实际进入市场呢？如果欧洲政府补贴它们的企业，或者保护国内市场，它们就可能确保欧洲公司的进入，而阻止美国公司进入，因而也确保欧洲，而不是美国得到垄断利润。战略贸易理论因而可以推导出，在收益递增、技术具有外在性以及不完全竞争的情况下，自由贸易不是必需的和理所当然的最好政策。

战略贸易理论和产业政策的技术传导理论结合起来，为战略贸易与产业政策提供了理论基础。例如，国家通过贸易与产业政策的结合支持高新技术产业。国家的目的是维持和提升关键产业的国内技术基础和开拓高技术产品的国内外市场，从而使本国公司在全球市场上具有竞争力，其特征是关键产业有超常利润，这样同时也就创造了外国公司直接投资于该国的这类产业的刺激因素。

三、战略性贸易和产业政策的逻辑

有些学者认为战略贸易和投资政策是日本和新兴工业化国家快速工业化的关键。这些学者提出日本遵循一种分阶段的工业发展过程。

在第一阶段，日本公司在技术开发和生产成本两个方面都处于劣势。面对国际竞争，日本保护国内公司的手段是进口壁垒和限制使用外资，国内市场是封闭的。如果不限制外资进入，外国公司将通过建立当地的子公司而跨越进口壁垒，外国公司在一国产业起步时进入该国，可能影响该国技术基础的发展。与世界其他地区实行的进口替代模式形成对照，日本激烈的国内竞争确保了国内公司不会成为骄傲自得的寻租者。

在第二阶段，日本公司借用国外技术来弥合技术差距，国家放松进口限制而继续限制使用外资，还通过特许贷款等措施把国家支持与出口效率联系起来而鼓励出口。这样在国内市场上已经建立起来的国内公司逐渐面对国际竞争。

在第三阶段，日本生产者不再害怕外国竞争者，并且开始建立自己在世界市场上的地位，它们通过出口和对外直接投资进入外国市场。随着日本跨国公司的国际扩张，日本的零部件制造商也随着主要的制造公司进入各个外国市场。由于主要的研究和开发能力仍然是在日本，其他国家的公司为自己难以获得关键的日本技术而烦恼。

日本的政策已经改变了当代经济竞争的博弈，它引起其他国家强烈的模仿的热望。这种情形可以用一种囚犯的两难博弈①的形式加以理论化。假设A国正在争论是否干预一项战略性产业，它面临以下的决策结构（见表9-1）。

表9-1　　干预的博弈

B国 \ A国	干预	不干预
干　预	租金在A国与B国分享（a，b）	所有租金由B国独享（e，0）
不干预	所有租金由A国独享（0，e）	租金在A国与B国之间分享（c，d）

假定(1)e>c和e>d;(2)a,b,c,d和e>0;(3)c>a和d>b。对B国来说，对自身的不足进行干预，是有利的，无论A国是干预（a>0）还是不干预（e>c）。相似地，对A国来说实行干预战略也是有利的，而不管B国是进行干预（b>0）还是不干预（e>d）。这样两国都进行干预，其结果并不是最优，因为两国都为干预而支出。如果双方都不干预，则总体上可有更优的结果。

四、对于战略性贸易和产业政策的批评与评论

战略性贸易和产业政策的有效性是一个引起争议的问题。有些学者将近年日本和亚洲新兴工业化国家的经济成功归功于战略性贸易和产业政策，也有人把它归功于低工资和低通货膨胀、快速仿制竞争者的产品和工艺技术、国内高储蓄率（因而能够有低利率和高投资率）以及货币汇率的低估。

战略性贸易和产业政策也受到规范的、实证的等许多方面的批评。

1. 规范的批评

集中在它把太多的权力给予国家的危险。

---

① 参阅：尹尊声，海闻．技术管理：开发与贸易．上海：上海人民出版社，1995

（1）古典的自由派和新古典经济学家认为应该防止国家在新的领域使用其权威，除非没有其他方式来解决市场失效的问题。他们特别质疑需要国家干预来增加经济福利的观点。可以考虑这种情形：国家确定了一系列战略产业，对它们提供出口补贴。如果这些战略产业竞争同样的稀缺资源，这种情况下，国家的支持就抬高了稀缺资源的价格，并且影响产业利润。再进一步，如果股票也成为国家政策的目标，那么这种干预将会扭曲有利于稀缺要素的收入分配过程。如果是在自由竞争的条件下，贸易有利于相对丰富的生产要素，从劳动充裕的国家的出口有利于劳动提供者。这里，贸易是自然的比较优势的反映。但是，如果国家通过战略性贸易和产业政策创造比较优势，贸易就可能有利于相对稀缺的要素。

（2）只有在其他国家不会提供相应的对其国内公司和产业的支持作为报复的情况下，战略贸易和产业政策才能促进某一国家的利益。如果这种报复发生，那么战略性贸易和产业政策所指望的相对所得就可能是不现实的。

（3）特殊利益集团将会滥用政府干预的意志。公司像理性的个人一样，具有把自身的问题外在化的动机，以避免痛苦的内部改组。这些公司指望依靠院外活动争取国家支持，因此很难区分战略干预与非战略干预。

2. 实证的批评

人们也从实证角度对战略性贸易和产业政策提出质疑。

（1）认为战略性贸易和产业政策与保护幼稚产业的政策或进口替代政策相似，鼓励寻租和导致资源配置不当。提出的问题之一是，很难确定哪些产业是战略性产业，部分原因是很难衡量某一产业的外部性，对于某一产业的外部性缺乏可靠和客观的衡量标准。选择战略产业的经验基础是不可靠的，所以，确定战略性产业时，就很可能是政治标准而不是经济标准。

（2）要使战略性贸易和产业政策仅仅有利于本国企业，也要求清楚地区分本国企业和外国企业，但是，在全球化的经济中，常常很难区分本国公司和外国公司，也就是很难分清“我们”和“他们”的界限。

（3）战略性贸易和产业政策的目标之一是创造国内的技术供应

结构。如果技术不跨越国界流动，它就能继续作为竞争优势的源泉。但是，技术创新方面也出现一些新的制度安排，例如，企业之间的合作研究和技术交流协定，顾客和供应商之间的联系协定等，这些形式的技术跨国流动正在增加。这样，国家通过产业政策给予某些企业的补贴就可能流入外国公司。

3. 其他方面的批评

有关学者指出，市场经济有不同类型，而只有某些类型的市场经济适合于进行战略干预。过去美国很少进行战略干预，其中的一部分原因是新古典经济学的观念和制度有重大的影响。而在日本，新古典经济学的理念没有像在美国那样大的影响，日本在发挥国家干预的作用时，面临的反对比较少。另外，战略性贸易与产业政策并无立竿见影的效果，其效果需要在相当长的时滞之后才能见到。战略性贸易和产业政策要求企业对政府有长期的信任。但是，如果政府换届，产业政策的重点就可能发生变化。

4. 几点评论

关于战略性贸易和产业政策的理论，阐明了国家干预市场进程的动机。它在政治上是有吸引力的，对国际政治经济也在发生着影响，尤其是在高新技术产业。例如，欧盟通过促成一系列高科技项目来促进欧洲的高新技术产业，以确保欧洲在关键技术及其产业方面不致于落后于美国和日本。美国也有相似的例子。1993 年，由当时的总统克林顿亲自挂帅，副总统戈尔直接分管，在全美国开展了一场新型汽车攻关大行动，参与的机构有美国能源部、商务部、运输部、国防部等，还有美国众多名牌大学、科研机构以及军事、航天部门的若干国家实验室。美国三大汽车公司也以合作者身份参加。其基金由联邦政府和工业界共同提供，目的是要使传统的汽车，转变成为高新技术产品，在今后相当长时期内，确保美国经济的地位。

战略性贸易和产业政策的理论和实践形成一种刺激，使有些国家可能采取进攻性行动。它对国际经济秩序提出了新的挑战。

首先，经济全球化形势下，许多国家竞相干预大致相同的一些关键产业，这已经而且正在造成经济和贸易摩擦，成为经济和贸易摩擦的生长点之一。

其次，通过产业政策进行以邻为壑的破坏性竞争，其目的在于挤垮竞争对手，获得新的比较优势。由于高新技术产业的研究和开发费用已经上升到前所未有的新高度，代价将十分高昂，可能造成资源严重浪费。这要求发展新的国际协调手段和机制，防止代价高昂而又没有实效的竞争性干预。这已经十分清楚地说明，旧的你死我活的竞争方式已经不合时宜，要求各国进行合作性竞争，呼唤合作性国际经济秩序的建设。

最后，它再次激发了关于政府和市场各自作用的争论。国际贸易的理论和现实均已说明，完全竞争不能产生社会所期望的结果。尤其是在高新技术产业中，一个国家的竞争地位较少地决定于这个国家的要素禀赋，而更多地是公司和政府、公司之间以及其他国家的公司和政府之间的战略性行为相互作用的结果。发展中国家更多地依赖政府干预来发展经济，但现在，也正是发展中国家正在更多地采用市场经济的办法来发展经济。许多国家正是在放松对经济的管制时期待国家的新作用。

总之，经济全球化和科学技术的迅速发展，所激发的既有更多的政府干预，也有对于市场竞争的更多依赖。这样，战略性贸易和产业政策的论战，一方面促使我们思考，如何调整国际经济关系、调整国家和市场的关系，以促进本国人民的福利；另一方面，它也说明了滥用战略贸易和产业政策手段的危险。

第三节　完善中国的国家创新体系

一、中国国家创新体系存在的主要问题

面对全球经济一体化和国际竞争的新格局，目前我国国家创新体系还有不适应性的方面，还存在一些问题。考察一个体系的功能如何，主要看它的效率。改革开放之后，我国的国家创新体系已初具规模，但我国的国家创新体系的创新效率还不高。存在的主要问题是：

1. 中国国家整体的研究与开发支出占国内生产总值的比重偏低

不仅与一些发达国家相比有很大的差距，与一些发展中国家比较也偏低。近年来国家已认识到这一点，正在采取措施，加大对科技的投入。但是我们要想实现科教兴国的宏伟目标，现有的科技投入力度

还远远不够。

近年来我国研发支出占 GDP 的比重有了提高，公布的 2005 年我国全社会科学研究与试验发展经费支出达到2 450亿元人民币，占 GDP 的比重为 1.34%。① 据美国有关研究机构根据购买力平价估算，2004 年中国的研发占 GDP 的比重已达 1.5%（见表 9-2）。但这一数字仍然大大低于经济合作与发展组织的 2.3% 的平均值。据学者研究，经济发展的不同阶段对科学技术特别是对本国的科学技术的需求是不同的，不同阶段对研究与发展的内在需求和有效供给能力均不同，科技投入与经济增长成正比。

表 9-2　**一些国家（地区）2004 年的研发支出②**

国家	GDP（10 亿美元）	研发占 GDP 的百分比（%）	2004 年研发支出（10 亿美元）
澳大利亚	611.7	1.54	9.42
奥地利	255.9	2.00	5.12
比利时	343.4	2.10	7.21
巴西	1 492.0	1.60	23.87
加拿大	973.0	1.90	18.49
中国（大陆）	7 262.0	1.50	108.93
中国台湾	540.2	2.20	11.88
丹麦	174.4	2.20	3.84
芬兰	151.2	3.46	5.23
法国	1 981.1	2.20	43.58
德国	2 362.0	2.20	51.96

① 张玉玲．去年研究与试验发展经费投入强度创历史新高．光明日报，2006-09-25

② 资料来源：The State of Global R&D，R&D Magazine，2005（9）．http：//www.rdmag.com，表中美元按购买力平价计算。

续表

国家	GDP（10 亿美元）	研发占 GDP 的百分比（%）	2004 年研发支出（10 亿美元）
匈牙利	149.3	1.00	1.49
印度	3 319.0	1.40	46.47
爱尔兰	126.4	1.15	1.45
以色列	129.0	3.60	4.64
意大利	1 609.0	1.10	17.70
日本	3 745.0	3.20	119.84
韩国	925.1	2.90	26.83
马来西亚	229.3	1.30	2.98
墨西哥	1 006.0	0.50	5.03
荷兰	481.1	1.90	9.14
挪威	183.0	1.70	3.11
波兰	463.0	0.80	3.70
葡萄牙	188.7	0.95	1.79
俄罗斯	1 408.0	1.24	17.46
新加坡	120.9	2.80	3.39
南非	491.4	0.90	4.42
西班牙	937.6	1.10	10.31
瑞典	255.4	3.90	9.96
瑞士	251.9	2.60	6.55
土耳其	508.7	0.80	4.07
英国	1 782.0	2.00	35.64
美国	11 200.0	2.70	301.50

2. 作为创新主体的企业，研究与开发投入的强度不够

研发费用投入不足是目前中国企业技术创新的软肋，创新的组织机制也不完善，我国多数企业没有形成自己的核心技术能力。相关资料表明，目前全国大中型企业中71%没有技术开发机构，2/3没有技术开发活动。大中型企业的研发经费只占销售额的0.39%，即便高新技术企业也只占0.6%。根据经济普查的数据，我国仅有一成工业企业开展科技活动，研发经费只占企业销售收入的0.56%。根据国际经验，技术研发投入占销售额比例在1%以下的企业是难以长期生存的，比例为2%左右的企业仅可以简单维持，只有比例达到5%的企业才有核心竞争力。①

信息产业部公布的《2004年电子信息百强企业名单》表明，2003年，我国“电子百强”研发经费投入总额为256亿元，比上年提高21%，但与国际IT巨头相比仍有相当大的差距；此外，百强的研发投入与营业收入平均比为4.47%，与上年3.8%的水平相比有所提升，但与IT界公认的5%～20%的“高科技”标准相比，仍有一定的距离。2003年联想用于研发的经费投入为11.5亿元，与营业收入总额比例为2.87%，与上年3%的比例相比，还有所下降。② 而国外有的大型跨国公司一年用于研究与开发的费用就是30多亿美元。

3. 在科研创新方面，科研产出在量上和质上不高

目前，我国科技人力资源总量已达3 200万人，研发人员达105万人，分别居世界第一位和第二位。经济合作与发展组织的研究指出，2003年中国的研究人员数量（862 000人）居世界第二位，少于美国（1999年为130万），但多于日本（675 000人）和俄罗斯联邦（487 000人）。③

然而，我国虽拥有如此高数量研发人员，近年来企业却一直未能建立起技术创新的主体地位，不仅没能像发达国家的大企业那样创新、扩散技术，而且不少产业的关键技术自给率很低，特别是航空设备、精密仪器、医疗设备、工程机械等具有战略意义的高新技术含量

---

① 中国科技人数全球第一 七成国企却无研发机构．中国经济周刊，2006-01-22

② 陈念：研发中心角力上海．http：//shanghai. ccw. com. cn

③ OECD Science，Technology and Industry：Scoreboard 2005．http：//www. oecd. org

产品，80%以上尚依赖进口。①

统计数据还显示，中国高科技领域中的发明专利，绝大多数来自国外。其中无线电传输、移动通信、半导体、西药、计算机领域，来自外国企业和外资企业的发明专利，分别占93%、91%、85%、69%、60%。②

目前我国国有企业引进国外技术资源的依赖程度比较高，在关键技术上的自给率低，对外技术依存度在50%以上（发达国家平均在30%以下，美国和日本在5%左右），高科技含量的关键装备基本上依赖进口。可以说，近年来，我国每年形成固定资产的上万亿元设备投资中，60%以上是引进的，而且引进技术的结构极不合理。目前我国以引进国外成套设备和生产线为主，专利和专有技术引进不足。2004年我国技术进口合同总金额为138.6亿美元，其成套设备和生产线等占到52.3%，专有技术所占比重仅为29.8%。

国有企业在技术引进之后，存在的另一个问题是没有充分地对引进技术进行研究、消化吸收和创新，形成有自己特色的技术体系，进而成为技术强国向外输出，实现引进→创新→输出的良性循环。目前，我国每花1元钱引进技术，只用0.07元进行消化吸收和再创新。而工业化成长时期的日本、韩国，是花1元钱引进技术，花5元~8元进行消化吸收和再创新。

有资料显示，中国大中型国有工业企业技术引进经费总额和消化吸收经费两项费用的比例是1:0.06。而韩国、日本企业引进技术和消化吸收费用的比例则达到1:5到1:8。目前国企的技术创新掉入了两个怪圈：引进-落后-再引进-再落后；能力越弱越依赖，越依赖能力越弱。两个怪圈反复循环，国企深陷其中挣扎难脱。③

4. 国家创新系统中各子系统效率较低

更严重的是，作为国家创新体系中的企业系统、科技系统、教育

---

① 中国科技人数全球第一 七成国企却无研发机构．中国经济周刊，2006-01-22

② 叶静．中国专利申请数量世界第一 80%是“垃圾”．中国经济周刊，2006-07-31

③ 中国科技人数全球第一 七成国企却无研发机构．中国经济周刊，2006-01-22

系统等各个部分，相互之间系统整合的效率也较低仍旧存在相互脱节的问题。科技和经济“两张皮”的弊端也没有得到根本解决。90年代以前，科研机构的科研成果难以找到转化为现实生产力的场所，现在，企业拿着钱跑到科研院所来要技术、要项目，可科研院所又拿不出有水平有市场的成果。各子系统之间合作交流不够，难以形成合力，就难以发挥整个创新体系的功能。

二、完善中国国家创新体系需要处理好的关系

1. 技术引进、合作开发、境外研发与自主开发的关系

我们必须处理好引进技术与自主技术开发的关系，也许这已是老生常谈。随着技术全球化的发展，我国企业获得技术的方式有了更多选择，还可采取合作开发、境外开发等形式。引进技术是发展中国家经济发展过程中必须采用的办法。但是，仅仅购买技术是不够的，要在实践中学习使用和掌握新技术，在这个过程中，成功的经验和失败的教训都是很重要的。同时，要与合作伙伴及时交流，在探索与合作中培养自己的技术人员。只是引进技术，而不进行消化吸收以及在此基础上进行自主的技术创新，其结果只能是不断地需要引进更新的技术才能在世界市场上生存，而这也正是一些外国跨国公司所乐见的结果。当今科学技术正在飞速进步，现有的技术正在经历加速淘汰的过程。看不到这一点，以为只要引进一次就可终身受益是不切实际的幻想。

处理好技术引进与自主开发的关系，要分清引进技术与引进生产能力的区别。引进技术就要以消化、吸收、掌握核心技术为目标。要有重点、有选择地引进国外先进技术，提高技术创新能力，只有当企业把引进技术转化为内生的创新能力时，才在完全意义上发挥了技术引进的效用。应破除现行体制中对消化引进技术的各种障碍，要建立把引进技术与消化技术双方利益统一起来的机制。实际上，不搞独立开发，就引不进来好技术，并且有些技术是引进不来的。消化引进技术、搞独立开发是提高我国工业素质的战略性、决定性因素。我国已有一批企业在引进、消化、创新方面创造了骄人成绩，但整体来看，效果还很有限，难以同发达国家在总体上进行竞争。因此我们要继续通过引进技术，积累技术实力，迅速地壮大我们自己的实力。

在我们有一定基础的一些技术领域，应当进一步开展国际合作，拓宽国际合作的空间，这样我们就能利用更多技术资源，提高我们的科技水平。我国也已有一批企业在海外设立了自己的研究与开发机构，并已初步取得一些重要成果。应当花气力总结这些方面的经验与教训，以利于促进未来的技术创新工作。

2. 科技开发与科研成果推广、知识产权保护的关系

科技优势是取得经济优势的有利条件，但不是充分条件，仅仅依靠科技优势还不足以形成经济优势，更不能等同于竞争优势。例如，德国的一家研究所发明了新一代等离子荧光屏后，竟然无一家企业愿意进行生产，迫使该研究所将此项发明卖给了日本企业，而这项技术给日本企业带来丰厚利润。① 因此，要使科技优势转变为经济优势、竞争优势，关键在于转化，转化的途径主要有两条：一条是推动企业创造条件将科研院所和高等院校的科技开发力量以多种形式引进，推动科研机构和高校向企业转让科技成果；另一条途径是大力推动"产学研"相结合，发挥各方优势，形成优势互补。科研成果如果不能迅速商品化，成为现实的经济效益，随着科技进步，这些科研成果就会过时，已有的科研投入也就成为浪费。因此必须建立有利于高新技术产业化的机制，加速高新技术产业化步伐。国家应该完善高新技术发展的政策体系，组织高新技术产业化的重大项目。对生产高新技术产品的企业，特别是那些生产国内自主开发研制的、拥有自主知识产权的、有良好发展前景的高新技术产品的企业，应当提供政策优惠，重点培养，加快其规模化发展，并采取出口促进措施，帮助它们走向世界。

要促进科技创新的发展，就必须保护知识产权，使创新者得到应有的补偿。对于知识产权的保护，需要研究的问题还很多。如何才能既保护创新者的应有权利，促进创新，又有利于社会整体福利的提高？中国在比较短的时期内，迅速地建立了比较完整的知识产权保护的法规体系，但知识产权保护制度的完善是一个很复杂的过程。中国的知识产权保护也应从中国的国情出发。由于近年来全球化过程的加

① 张金杰．论欧盟高新技术产业的发展及其政策调整．世界经济，1999(10)

速，我们实际上提前与世界先进国家的知识产权保护制度接轨，面临来自国外的强大压力。加强知识产权的保护是我们参与经济全球化和技术全球化进程的基础工作之一。但知识产权的强国是从其自身利益提出了过高的知识产权保护要求。在当今世界，争取对发展中国家较为有利的知识产权保护的国际制度是我们努力的一个方面。加入世界贸易组织后，中国将在这些方面有更大的发言权。

3．科技开发的基础与科学技术跳跃式发展的关系

发展中国家的科技发展在某些领域可以跳跃式地发展，这已为世界经济发展的现实所证实。发展中国家不必一切从头开始，在有些方面可以直接进入前沿，取得经济利益。例如，北京大学当初研制汉字照排系统，跳过当时国际上流行的第二、三代照排机，直接研制第四代激光照排系统，就冒了一定风险。但事实证明，这样做加快了企业赶超先进水平的步伐，使产品抢先占领了市场。但我们也必须看到，不切实际地希望一下子在所有领域都跨进世界前列是不可能的。因此，我们必须切切实实地建设科技开发的基础。

前文已经论述过，技术知识中的公共知识部分可以为全人类所用，专利等受到知识产权保护的知识也可以通过引进方式获得，我们还可以通过国际科技合作获得一部分研究与开发所需的资金和技术资源，某种程度上外国公司在我国开办的研究开发机构为我国学习和借鉴国外技术提供了更方便的条件。这些为我国技术开发提供了某种跳跃式发展的基础，我们应该也必须充分利用，在此基础上，通过学习和积累，结合我国已有的技术传统，发展和形成我国企业高水平的内涵的知识，构成我国企业独特的技术优势，将对我国企业参与国际竞争，跃居世界前列起到重要的作用。

4. 国家的引导作用与发挥市场机制作用的关系

对于正在建设社会主义市场经济的中国，清醒地认识到在推动技术创新过程中国家与市场的关系，更具有现实意义。建设具有中国特色的国家创新体系，在这个创新过程中，国家必须发挥其重要的领导作用。第一，国家要充分认识到技术创新在现代经济发展中的乘数效应，把技术创新的必要性和紧迫性提到议事日程上来，使之成为政府经济政策的一个重要组成部分，在科学技术是第一生产力这一广泛认同的基础上，制定相应的各种具体法律，使之法制化。第二，应制定统一的高新技术发展战略，建立高层次的协调机制。发展高新技术，必须由政府给予政策性引导和调整，根据中国实际情况，确定优先发展的关键技术与产业，统一规划和部署，创造良好的宏观环境。要制定国际科技合作的适当政策，采取切实可行的措施，推动国际合作的技术开发，帮助企业和科技人员进入科技前沿。在涉及国家综合国力和国民经济发展战略性高科技项目上，需要高强度投入，迅速占领阵地，从而带动一批高新技术企业的发展。应确立以产业化为方向的高新技术科研规划。科研计划要高度重视研究、投资与市场三者之间的密切联系，推动研究机构和企业间的紧密合作。做到科研以市场为导向，使基础研究与应用研究相结合，研究者与企业共担风险、利益共享，将科研成果迅速产业化、商品化。第三，对于一些技术周期短、市场变化快的产品，应该主要由市场机制来发挥调节作用。政府应为企业的技术创新和开发提供税收和财政的优惠政策，如对企业利用高新技术改造传统产业，优化产业结构投资实行减税或对相应的贷款实行政府贴息，鼓励企业进行技术创新和技术开发，提高企业对技术开发投入的积极性，加快我国传统工业的发展和升级。第四，政府还应采取适当的激励政策与规定，建立科技队伍的淘汰机制与合理的科学家梯队，鼓励科技人员的创新活动。国家近年来在这些方面已经做了一些重要的努力来改变科技人员的经济待遇和科研条件。但要把科教兴国落到实处，对于现有的分配不合理的状况，必须从经济战略需要出发，以政治决策加以改变。一方面要让高科技人员承担起他们应尽的职责，另一方面必须给他们应得的收入。第五，要适度鼓励建立一些私人实验室，增加一些混合性质的科研基金和风险资本公司，这三者根据“市场需求”而相互产生效应，能够产生国家实验室所达不到的创新效率。这些举措是塑造和完善国家创新体系所必需的，同时也是市场经济所必需的。只有这样才能更好地促进市场所需要的科研成果的产生。

在现时代，国家创新体系中国家必须发挥引导作用，但国家的引导作用不能代替市场的作用。企业创新应是一种由市场来引导的行为，一个完善的市场机制对于科技创新是必要的。但是各国经验已经说明，重大技术突破，没有国家的支持是难以完成的，它需要产业政策的扶持，协调各方努力来完成。中国要赶上世界先进水平，要有自己的独到的居于世界领先地位的技术，发挥国家的引导作用和市场机制的作用二者缺一不可。我们的创新体系应该是以国家为主导，以企业为中心的创新体制。国家从战略的高度确定方向，提供支持。只有以企业为中心，创新才有活力，才能真正体现为经济效益，才能使人民和国家受益。

5. 人力资本、实物资本、技术资本之间的关系

中国必须改变重视实物资本的投入，而轻视人力资本和技术资本投入的状况。中国的教育投入和研究与开发投入都太少，不仅是人均水平少，所占国民生产总值的比例也太少。

国家用于技术创新的资金投入要逐步增加，对基础教育、基础研究和应用开发的投入不可偏废，否则会给民族与国家的未来带来难以弥补的负效应。

高素质人才是我国参与经济全球化和技术全球化，取得国际竞争力的根本。我国是世界上人口最多的国家，如何提高人口素质是我国亟待解决的问题。如果能够拥有众多的高素质人才，这会成为我国最宝贵的财富。人力资本的投入，其投资周期长，需要国家负起重大责任，这是关系到国家民族未来的重大事项。世界上市场经济发达的国家里，国家都担负起发展科学教育的责任。作为追赶世界先进水平的后进国家，中国必须以坚强的决心，排除干扰，增加教育投资。

6. 科技开发园区建设与整体技术进步的关系

改革开放以来，我们建立了许多科技开发园区，这种做法符合经济学中的产业集聚原理。近年来产业集聚原理由美国经济学家波特等人做了进一步的阐发。产业集聚是指经营同一种产业的一群公司在地理上集中在一起。它是国际竞争优势产业的一个共同特征。从美国来看，产业和资本集聚的例子有：信息技术、生物技术、风险资本集聚在硅谷；汽车及其零部件集聚在底特律；飞机及其设计、软件、金属加工集聚在西雅图等。再看德国，汽车业集聚在慕尼黑等南部地带；化工业集聚在法兰克福一带。产业集聚获取竞争优势的主要来源表现在：其一，外部经济效应。在集聚区内，各企业分工协作，生产率极高，产品不断出口到区域外的国内市场和国际市场，可以获得外部规模经济。其二，产业集聚可以节约空间交易成本。产业集聚区内有大量专业信息、个人关系及种种社区联系使信息交流速度大大加快；区内拥有专业化的人才库，能吸引优秀人才来工作，各企业所需人才可互相流动或调剂等，可以节省交易成本。其三，学习创新效应。产业集聚区内企业彼此接近，竞争激烈，迫使企业不断创新；一家企业的知识创新很容易外溢到区内其他企业，因为很容易进行实地考察和面对面交流，从而容易学到新的知识。其四，品牌和广告效应。产业集聚会在消费者中形成良好的品牌形象，波及相关互补性商品，产生优势产业群。① 我国科技开发园区的建设，应向专业化方向发展，使之成为引进技术的重点，成为高新技术集中的地区，直至成为世界级的研究与开发中心。但是整体技术的进步，也是我们要考虑的事情。科技开发园区要发挥辐射作用，带动整体科技进步。要充分发挥高新技术开发园区的溢出效应，用高新技术改造传统企业，促进国民经济整体技术水平的提高，高新技术园区的示范效应才能起到有利的作用。

7. 先进技术和适用技术的关系

对于发展中国家的技术选择问题，理论界一直有两种不同的观点：一种是立足于发展最先进的技术，以求能早日赶超西方发达国家；另一种是要选择适合于发展中国家社会条件的适用技术，以增强技术在经济与社会中的使用效果。一些国家的发展实践表明，企业技术创新活动若以追求最先进的技术为目标，虽然能够使企业在短期内取得较快的发展，但也会引发或加剧产业结构失衡、失业率增高、债务规模扩大、引进的设备过量造成闲置等方面的问题。相反，一些国家企业的技术创新活动采取以适用技术为主的战略，却取得较好的经济技术效果。

产业技术引进与开发归根结底是一种经济活动。如果说国家技术发展还包括军事、政治等方面的影响因素的话，那么企业技术活动的目的则是提高自身的技术水平和技术优势，并将其转化为市场优势，以获得最大利润。因此，具体到一家企业而言，国家所指的高新技术不一定适合于该企业，一家企业所需要的是适用技术。高新技术并不一定是适用技术，高新技术也不一定是当前就能创造经济效益的技

---

① 保罗·克鲁格曼，茅瑞斯·奥伯斯法尔德．国际经济学．北京：中国人民大学出版社，1998；符正平．比较优势与竞争优势的比较分析．国际贸易问题，1999（8）

术。如果新技术不能得到有效利用，最终创造经济效益，那么，再先进的技术也是没有用处的。中国在这方面的经验教训太多了。能够创造经济效益的技术并不一定就是高新技术，高新技术也不一定能够创造经济效益。企业本身应该重视的是投入与产出的比例关系。企业必须获得利润，如果高新技术不能为企业带来利润，这种高新技术就对企业无益。如果高新技术产品不能形成市场上有竞争力的产品（可能是价格太高，也可能是因为这种产品的不成熟），它就难以称得上是适合市场经济条件的真正的高新技术产品。国家为自身的国防等的需要而发展高新技术则另当别论。为了不在重大问题上受制于人，国家可以不惜代价地开发高新技术产品，而作为企业，在和平时期的生产中，则不能这样做。

如果这种观点能够成立，我国企业在引进技术和技术合作中，就不必一味追求当前最新的技术，而是从实用技术做起，积聚技术实力，取得经济效益，再向具有国际先进水平的高新技术发展。

8. 新产品技术与新加工技术的关系

没有新产品技术的企业，可以通过引进新产品技术，在加工技术上做文章。以优良的加工技术，创造经济效益。要开发新产品技术，尤其是有广阔市场前景的新产品技术，其难度也很大，但在加工技术的某一个方面，闯出自己的特色，却相对容易一些。比如一件产品，在质量不降低的情况下，加工成本降低，就有了价格优势。许多家用电器是美国人的发明，但市场上卖得最好的往往是日本产品，其原因在于日本企业有自己过人的加工技术。这就启示我们，通过引进新产品技术，创造新加工技术，从而做到“青出于蓝而胜于蓝”，这也是我们可以利用的后发优势之一。

如果我们硬要在新产品方面与国外大企业全面竞争，我认为是不现实的。因为许多国外大企业每年投入研究与开发的资金达到数十亿美元，而且它们拥有遍布全球的研发网络。我们在研究与开发方面不可能投入如此之多的资金，即使我们愿意，也没有这么多的钱，也不可能拥有可以与国外大企业相匹敌的研发网络。

中国的大多数企业应该学习把技术人员的创造才华聚集到客户最愿意购买的功能上，注重技术与市场的结合，把抢占市场作为首要任务，注重技术与市场的紧密结合，使科研开发进入良性循环；充分利用已有的市场优势，依靠强大的反馈网络使产品贴近用户，完善研究开发体制，依靠销售收入和认股权，吸引和稳定一批优势人才；企业实力壮大到一定的程度后，再更多地关注和投入经费进行面向未来的技术研究。

9. 技术创新与组织创新的关系

技术创新通常会产生和推动管理、生产组织的变革；管理体制，生产组织又对技术创新有着促进作用，二者有一种互动的影响与作用。例如，大规模的流水作业要求管理要协调各岗位的活动，要有时间的继起，空间的整合，这样才能提高劳动生产的效率。

不断创新的技术进程要求管理适时地进行变革，适时地作出反应。如果技术人员的创意不能得到有关方面的支持和反应，那么这种技术的创意可能胎死腹中，至少会延误这种技术创意的实现，因而影响其经济效益的实现。而管理层如果能及时地组织协调，使技术创意得以发展和完善，也就大大地增加了技术创意实现的可能性。

知识经济所要求的管理与工业经济所要求的管理是有区别的。知识经济的信息传递系统需要快速而且准确，这样才能保证组织及时地得到所需信息，做出符合市场要求的努力。否则延误时机，企业便会被淘汰出局。

技术创新产生的新产品需要有相应的营销体系来加以推广，通过反馈而完善。没有组织和管理上的新因素的配合，创新所需要的资金、信息、人员都不能及时获得，创新便不可能实现，没有相应的营销体系，技术开发所获得的产品不能得到市场认同则更属可悲。

10. 建设新企业与改造老企业的关系

技术创新不仅仅是高新技术产业的主要特征，也是传统产业走出困境的必由之路。比如在发达国家，钢铁工业等传统工业，通过加大知识、技术、信息等无形资产的投入，产品的科技含量不断提高。从这个意义上说，只有“夕阳产品”，没有“夕阳工业”。世界大型跨国公司500强中已有许多在中国建立了自己的研究与开发机构，跨国公司在全球范围内为技术创新配置资源。在这种形势下，我们再不搞技术创新，就无法与强手竞争，差距就会越来越大。

要把发展高新技术产业与改造传统产业结合起来。目前对大力发展高新技术产业已经形成共识，促进、鼓励高新技术产业发展的政策体系和体制环境正在形成，其中包括：确立企业在发展高新技术产业中的主体地位，建立风险投资的资金渠道，完善鼓励创新的分配机制和人才机制，加强对知识产权的保护等。但是高新技术产业的发展正是以各行各业广泛使用技术与产品，并大大提高传统产业的生产效率为基础。在发展信息技术等高新技术产业的同时就必须注意与改造传统产业结合，只有各行业利用电子信息技术实实在在地提高了该行业的技术水平和生产效率，才能鼓励各行业大量使用电子信息技术产品，以电子信息技术为代表的高新技术产业才能得到快速发展。经济全球化和技术全球化条件下，我们还可以通过国际科技合作等多种途径来改造传统产业。

三、完善中国国家创新体系的构想

针对以上问题，要推进国家创新体系的建设，必须借鉴国外好的经验，实行开放型的体制。

1. 转变政府职能

政府职能转变的核心是处理好与市场的关系。凡是能通过市场机制、通过竞争来调节的领域，政府部门就应退出，凡是市场不能或难以发挥作用的领域，政府部门就应当通过干预加以调整。政府部门不应当代替企业去创新，越俎代庖必然适得其反。政府应以宏观调控，提供服务为主。技术创新的主体是企业，如何使我们的企业具有技术创新的实力，这就需要建立良好的市场环境和社会技术创新机制，因此，政府作用至关重要。

技术创新，简单地说就是指在市场上推出技术含量高的新产品，它以技术创新突破为基础，以市场接受为准绳，因此，技术创新是消费者和生产厂商互相作用的结果。技术创新不同于一般的科学或技术活动，具有鲜明的市场特点，它包括了产品的研究开发、试验、生产和销售等一系列活动。如果要在市场上推出一种新的产品，这种产品消费者自然不熟悉，其中就隐含着许多不确定性，一是技术上的不确定性，二是市场的不确定性，企业家们常说：在十个新产品中，有一个成功就已属幸运。比如，日本在模拟式高清晰度电视上进行了不懈的努力，但最终还是宣告失败。

在市场经济条件下，技术创新的项目选择应当由市场决定，创新的高回报也自然由企业享有，政府不应该介入这个过程。在计划经济时代，政府直接介入了创新活动，使创新受到很大限制。首先是由于企业缺乏自主权，导致企业的创新动力不足；其次，由国家来组织对创新的投资和管理，不能及时地对创新作出正确的决策；其三，政府组织资助的许多项目常常因缺少竞争而效率低下。近几年来常常出现的现象是：一些得到国家资助的企业和科研院所并没有开发出国家计划的新产品和新技术，一些没有得到资助的企业却意外地成功了，可是这些企业在初步成功后已经筋疲力尽，没有力量组织进一步的开发、生产或营销了。

政府在市场经济条件下，在技术创新中可以扮演四个角色。第一是“建设运动场”，即建立市场机制，制定基本规则；第二是作“裁判员”，对市场进行监督和管制；第三是做“教练员”，引导企业和产业的发展；第四是在某些领域也做“运动员”，参与到技术创新市场里面去。比如国防科研，就必须由政府直接参与。这四条里第一条和第二条是最基本的，谁都不能代替。建立运动场，比如建立知识产权保护制度。做裁判员，比如制定反不正当竞争法、反垄断法，这些事企业做不了，社会团体也做不了，必须由国家来做才有权威，才能公正，才能有效。做好教练员也很重要，我国技术创新能力低，有些方面，政府指导很重要，比如 CIMS（计算机集成制造技术），就是由国家制定计划，在沈阳鼓风机厂、北京第一机床厂等企业作出示范，结果很成功，作用很大。发达国家在这方面已经有多年的实践，我们可以研究借鉴。比如美国实行了十多年的 SBIR（小企业创新研究计划），由美国的商业部、能源部、交通部、环境保护署等 11 个政府机构参加，这个计划以 1982 年制定的《小企业发展法》为保障，任何研究开发预算超过 1 亿美元的政府机构必须将预算的 2.5% 用于资助小企业，但这种资助不是投资，不是像我国计划经济时期的批项目，我们应当研究它的这种机制，借鉴有用的东西。

完善和发展国家创新体系特别要创造好的法律环境。我们目前的法律环境尤其是知识产权的法律环境方面问题很多，亟待改进。还要有好的政策环境，营造创新的文化环境。应制订一系列优惠政策，如减免税收、资金支持、人才政策、产业政策和国际合作政策等。要加快中介服务的社会化、产业化，国家应当资助建立一些创新咨询服务中心，建立科技咨询协会，制订咨询师、技术经纪人的资格认定办法等。

2. 充分发挥企业创新主体的作用

技术对发展经济来说，是一个根本的问题。企业不拥有技术，没有自己独特的、不易为其他企业所模仿的技术，就无法生存和发展下去。拿技术引进来说，技术引进一方要完成技术转让过程有三个重要环节，这就是技术引进、技术积累和技术传播（普及）。在这三个环节中，第一个环节容易做到，但要突破第二、第三个环节，则要付出极大的努力。中国在引进技术方面，仅仅做到了第一步，在高新技术方面尚未突破第二、第三个环节，即只是把外国技术引进来而没有在引进的基础上消化、改进、发展，进而普及它。而外国企业则在不断地研究开发新技术、新产品。这样下去中国同发达国家的技术差距便永远无法缩小，更不用说赶超了。

在技术引进的思路上，应该首先明确的是谁是引进技术的主体。引进技术的主体是国家还是企业？应该是后者，而不是前者。虽然国家在技术引进方面负有重要责任，如组织协调、制定优惠政策加以支持等，但是实施和完成技术转让全过程的始终是企业。从目前情况看，中国企业为了在市场竞争中取胜，正在积极地引进外国先进技术，但是很少有企业想到引进后必须做的工作，即技术的积累和技术传播。当然中国也有一些优良企业，但是许多企业都还没有超脱生活共同体的领域，还未能有效地发挥个人和社会发展相结合的作用。

在技术合作方面，我国现在与外国企业的合作大多层次较低。我国的科研机构和大学等也在进行新技术的研究开发。重要的问题是如何在国内完成技术转让，即把新产品新技术普及到企业中去。在日本，政府和企业的科研机构进行着密切的合作，即进行联合研究开发，因此能够较顺利地推进技术转让。而在中国尚缺乏这种密切合作的机制。政府应当从税制、金融等方面采取优惠措施，积极扶持企业建立和加强研究开发机构，支持科研人员“下海”创办企业。

R&D 全球化条件下的竞争，更多地表现为企业网络的竞争，我国的企业也应努力建立自身的技术联盟的网络，这样才能更有效地参与全球竞争。

3. 充分利用国外资源

为完善我国的科技创新网络，我们应制定正确的国际科技合作战略，充分利用国外资源。经济全球化和技术全球化，为我国利用国外资源，完善国家创新体系提供了机遇。例如，我们可以在国际金融市场上筹集创新所需的资金，可以进行国际合作的技术创新，我国的企业还可以在世界上科技较为发达的国家或地区建立 R&D 机构，进行基础研究开发，甚至可以进行委托外包的技术开发，获得所需要的技术成果。

我们可以以市场换技术，以营销体系换技术，以技术换技术。中国有极大的市场潜力，而且这种潜力正在迅速地释放。以市场换技术是我们必须坚持的政策，鼓励外商投资于高新技术产业将会有比较积极的溢出效应。巨大而又迅速成长的市场是我们进行国际科技合作的极为有利的条件，我们应该用好这个条件。改革开放 20 多年来，我国企业通过引进国外技术和市场竞争，已经成长出一批大有希望的企业。在政府和各方面的努力下，有些企业已经建立起了比较有效的营销网络，这也是我们进行国际技术合作的一个有利条件。我国已有一些企业通过“贸工技”的方式发展壮大，在代理外国产品销售的过程中学习技术，再回过头来走技工贸的发展道路，也不失为一种明智的选择。我们通过 50 年来的自力更生，已经建立了比较完整的技术基础，有了一些先进的技术和一支人数众多的科技队伍，我们在某些技术领域也有了以技术换技术的实力，我们应该用好用足这个条件。

由于我国在某些方面与国外技术差距较大，我们可以引进技术来缩短差距，通过艰苦的学习过程，积累内涵的隐形的技术能力和经验，为我国赶上世界先进水平起到重要的推动作用。

4. 实现城市或地方创新系统、区域创新系统、国家创新系统、国际创新系统的良性互动

我国地域辽阔，各个城市或地方可能有自己的创新优势，有自己的创新特色，区域创新系统也是国家创新系统中的重要内容。据了解，许多地方已经构建自己的区域创新系统，并使之成为该地区实现新世纪发展的战略选择。地方的或区域的创新系统又成为更大的全国创新系统的重要组成部分。理想的状况应该是地方创新系统、地区创新系统、国家创新系统与国际技术环境之间形成一种良性的互动，互相作用，互相促进。

5. 重视发挥中小企业、民营科技企业的重要作用

在创新活动中，中小企业与大企业同等重要。中小企业机制灵活、创新动力大，一旦有资金上的支持，更愿意从事创新。很多研究显示，中小企业在创新的量上和质上都表现出较高的水平。美国有研究指出，尽管大企业有巨大的研发投资，但大企业常常把工作的重点放在对现有产品的改进，以及降低其成本方面，而小企业更可能投资于具有根本性的创新。美国学者 Lewis Branscomb 进行的研究表明，大企业的研发支出里，只有8%，也就是说约160亿美元用于根本性的创新。① 分析企业技术创新的实践，小企业与大企业的差异主要表现在技术创新的动力机制与环境因素及创新能力方面。开创基业的技术创新特征决定小企业技术创新的重点更多地放在技术突破和填补技术空白之上。1970年，小企业申请到的专利只占全球专利数量的5%，如今这个数字已达1/3，而且还在不断攀升。②

在我国经济中，我们还须重视民营科技企业的技术创新。20世纪90年代以来，我国民营科技企业蓬勃发展。2005年底的全国科学技术大会获奖项目中有一个特别引人注目的现象是民营企业参与完成的项目获奖越来越多，占到国家科技进步奖项目的17%。③

1999年，国家科技部、国家经贸委联合发出《关于促进民营科技企业发展的若干意见》，为民营科技企业发展创造公平竞争的环境条件。鼓励更多的技术人员带技术、带成果进入市场发展民营企业，吸引出国留学人员带着先进技术和管理方法回国创新创业，在审批条件、注册登记手续等方面提供便利。鼓励有实力的民营科技企业申请政府科技计划项目，允许其有偿使用国有科技资源。在实施国家产业政策、技术政策和扶持与技术创新等有关政策中，要对民营科技企业一视同仁，解决好贷款担保、鼓励出口、税收政策、筹集发展资

---

① Lewis Branscomb. Where Do High Tech Commercial Innovations Come From?. 2004 Duke Law and Technology Review, www. law. duke. edu

② 尼尔·巴克利（Neil Buckley）. 宝洁外包创新. 金融时报，2005-01-20

③ 中国科技人数全球第一 七成国企却无研发机构. 中国经济周刊，2006-01-22

金等方面的问题。民营科技企业有权拒绝不符合国家政策的各种摊派。

引导民营科技企业不断提高技术创新能力。要指导大型民营科技企业建立建成全民营开发机构，提高自身的研究开发和成果转让能力。促进各类民营科技企业与科研机构建立双边和多边技术合作，实现人才、技术资源互补。鼓励有实力的民营科技企业通过高新技术作价入股、租赁、兼并、收购等方式，积极参与中小企业的改革实践。民营企业在进行国际科技合作方面有其独特的优势，国家应当在政策方面给予支持。

理顺民营科技企业产权关系，完善企业制度。要支持有条件的大型民营科技企业逐步建立现代化企业制度，允许中小型民营科技企业积极探索和完善股份合作制等新的企业组织形式，逐步向现代企业制度过渡。

加强对民营科技企业发展的指导和服务。建立面向民营科技企业经营者的培训制度，使其能及时了解国家政策和运用知识，正确把握企业发展方向。

6. 完善官民学三结合的创新机制

经过近 20 多年来的市场经济改革，中国的科技创新体制已经并还在经历着深刻的变化。科研院所、高等学校逐渐走出“象牙塔”，努力寻找与市场经济的结合点，但这仍然是在一种探索与尝试阶段，官方的研究机构、大学、企业之间要形成一种良性互动关系仍有漫长的道路要走。这方面我国也在进行一些重大的改革。1999 年 6 月 1 日，国家级科研院所由事业单位全部转为企业、进入企业或转为中介机构，换言之，在吃了几十年的“皇粮”之后彻底“下海”。地方科研院所的企业化转制也在 1999 年底和 2000 年初展开。国家税务总局和财政部已对科研机构转制的有关税收问题作出规定：中央直属科研机构及省、地（市）所属的科研机构转制之后，1999 年至 2003 年的 5 年内，免征企业所得税和科研开发自用土地的城镇土地使用税。以这种方式促进科技与经济的结合，有人比喻为是把一批“库藏”多年的“血液”，注入一群干涸的肌体中去以重塑大批鲜活的生命。我们可以期待，这些被“赶进”市场的科研院所，经过艰苦的探索之后，将会为我国科技创新作出非凡的贡献。

7. 提高科技投入的使用效率

科技投入，不光是数量上的事。我国在科技投入上已经下了很大的决心，现在更迫切要解决的是体制问题。科技投入要把握数量与质量的关系问题。①

迈克·波特的企业竞争理论认为行业的竞争情况由五种基本的竞争力量决定：进入威胁、替代威胁、买方的议价能力、供应方的议价能力和产业内对手的竞争强度。要对抗这些竞争力量，企业就要建立自己的竞争优势，就必须实行低成本或者产品差异化的策略，二者必居其一。同样的道理，科技经费使用和运营也要做到成本最小化，研发成果在国际上差异化，这要求做好三个功课：一是科技经费能够被分配到最需要的地方；二是科技经费使用过程无损耗；三是科技创新的成果是最优的。

针对经费的投入问题，国家已经提出：要建立竞争机制，坚持国家科技计划对全社会开放，支持和鼓励国内有条件的各类机构平等参与承担国家重大计划和项目。对于很多富有竞争性的创新企业而言，这将是一大利好，因为它们将获得平等竞争科研经费的机会。如果得以落实，有限的科研经费的流向将更科学、更公平，更直接被市场需求所引领而产生创新效益。

在科研经费使用过程中，要实现低损耗是一个系统和综合工程，当前最关键的就是消除科研人员的浪费和某些腐败现象。审计署公布的国家32个部门2004年度预算执行情况，其中自然科学基金会曾将借给下属企业方德公司的1 190万元转作投资，致使这笔投资无法收回。中国建筑材料工业规划研究院通过编造工资表、虚列项目支出等手段套取资金，私设“小金库”，将28.37万元主要用于发放奖金、劳务费等。

2005年11月，针对科研经费使用中的突出问题，科技部专门出台规范性文件，提出了8条要求：“严禁从课题经费中提成用于人员奖励支出；严禁从课题经费中直接提取管理费计入课题成本；严禁挤占挪用课题经费、超预算范围开支的行为等”。如果这些措施能得到执行，科研经费的浪费和科技人员的腐败行为也许可以大大减少。

---

① 科技投入要“好钢用在刀刃上”. 新京报，2006-01-13

另外，我国科技投入绩效考评和问责机制还比较薄弱。投入一笔经费能否达到理想的目的，缺乏有说服力的评估。一部分风险特别大的科技创新，可以由风险基金来投入，但大部分特别是关系到国计民生的科技创新，目前还是由国家的各种基金来承担。这种情况下，要注重过程动态控制以及完善的绩效评估。不仅要评估资金用得是否合法，还要看用得是否合理，使用者是否存在主观过错，发现了问题应及时问责，要对科研资金的运行全过程进行监管。我们现在缺的不光是科研经费，更重要的是把经费花到“刀刃”上，真正有效地管理好，不要被不正当地花费掉。

8. 重视知识的产权化、产权的产业化

我国已经确定了建设创新型国家的战略目标，政府和企业也已经或将会显著加大对研发和创新的投入，但是对创新的保护和应用力度仍远远不够。政府和企业亟待构建知识产权商务战略，从创新和知识产权的投资中获得巨大的收益。要重视知识的产权化、产权的产业化，实现科研与产业对接、科研与产业互动、科研与产业融合。

我国正在经历快速的经济发展与现代化的过程，知识产权对经济的强盛日益重要。最成功的企业是那些建立了内部能力来创造并管理宝贵的知识产权宝库的企业。随着中国经济的继续增长和出口的持续增长，发展更强大的知识产权组合将更为关键。我国企业应从战略层面考虑发展自身的知识产权能力，从而推动企业的发展。

美国著名的咨询公司波士顿咨询集团（BCG）最近的调研发现，许多世界级企业的高管将知识产权保护作为在华经营的重点。这一发现与 BCG 的预测相符。① 但与此同时，中国企业在知识产权保护，尤其是在创新和知识产权的投资中获得更大效益方面做的远远不够。尽管中国企业也开始申请专利，并且申请专利数在快速增加，但是这种增长是在非常低的基础上起步的。

在我国政府研发投资的主要部分研究机构和大学里，重论文轻专利的现象并没有根本扭转，这与这些机构的传统观念有关，也与现在的评价体系有关。

另外，中国企业的专利申请绝大部分都是在中国境内，而在海外

---

① 波士顿咨询：中国企业亟待构建知识产权战略. 新华网，2006-04-27

中国产品的一些主要出口市场，如美国、欧洲以及日本等地区的申请并不算多。与之比较，在向中国提交的专利申请中，外国企业所占的比重就极高。中国已经在研发方面投入了巨额资金，但是国际知识产权方面的投资却没有跟上。中国的许多产品的专利技术，由于没有得到国外的专利保护，就被他人利用。中国的产品商标，在国外被他人抢注的例子屡见不鲜。各个行业的中国企业，从地板、电池到电子消费品企业等，目前都既在出口市场，也在国内市场面临越来越多的知识产权挑战。

应当认识到，企业不仅在国际竞争中需要知识产权，在国内竞争中，知识产权也具有日益重要的作用。因为今天在全球化的世界上，企业面对的市场是一个国际化竞争的市场，在中国的市场上，我们的竞争对手不仅仅是本国的企业，更有实力强大的跨国公司。

中国企业提升创新和知识产权发展能力，可以采用四种战略：与其他拥有强大知识产权地位的企业合作以迅速实现市场准入；通过国外企业的并购来收购知识产权；对创新和研发进行内部投资，以创建知识产权；参与标准设定，确保对知识产权的平衡作用。

中国企业当下最迫切的是必须明确自己在关键的技术和市场上竞争对手的地位。此外，还要学习先进企业管理知识产权的成熟经验，制定出与企业战略紧密挂钩的知识产权战略，建立国际一流的知识产权组织机制，评估和实施能够快速改变自身知识产权地位的合作和并购机会等。

一个完整的知识产权商务战略包括知识资产的获得、知识资产的保护以及知识资产的利用，从这个意义上看，技术创新战略和品牌战略也可纳入整体的知识资产商务战略。这里我们着重讨论知识资产的保护与知识资产的商业利用。

知识产权商务战略的一个重要方面是知识产权的保护。目前，政府要采取特别的措施使企业充分认识到保护知识产权的重要性。因此要尽快制定知识产权保护计划，出台和完善有关知识产权保护的地方性法规。

目前我国企业几乎很少注意知识资产商务战略的另一个重要方面是知识资产的商业利用，即本企业的知识资产，例如，得到保护的专利和品牌的转让也是利润的重要来源。在许多人的意识中，保护知识产权似乎就是保护外国企业的知识产权，付出代价取得别人的知识产权的使用权。

我国加入WTO后，在竞争更加激烈的情况下，企业要生存、要发展，就必须采取多种商务战略，“一手实物贸易，一手知识产权贸易”，这就是当今的经营战略和经营趋势。一方面，我们要借跨国公司知识产权商务战略的实施，加强知识产权的引进，减少实物的引进，把有限的资金放在具有溢出效益的知识产权上；另一方面，也要把我们自己的知识产权变为财富。目前我国部分具有行业优势的企业以及科研院所和高校，虽然具有的知识产权的质和量不能与发达国家跨国公司相比，但也具有了一定的以专利、专有技术、商业秘密等形式存在的无形资产。我们的问题是总体上还没有把无形资产与商务战略相联系。在当今世界经营趋势日益将知识产权作为一种商务战略的情况下，我们要特别重视知识产权的商务战略问题，要充分利用一切可以利用的资源，形成贸易与研发的互动。

参 考 文 献

1. Arvind Parkhe. Current Issues in International Alliances. Business Horizons, Vol. 41. 1998 (6).
2. A. V. Deardorff. Should Patent Production Be Extended to All Developing Countries. World Economy, 1990.
3. Bjorn Wellenius, Arnold Miller and Carl J. Dahlman, eds. Developing the Electronics Industry. The World Bank, 1993.
4. C. K. Kwan. Economic Interdependence in the Asia-pacific Region, Routledge, 1994.
5. David Currie, Paul Levine, Joseph psarlman and Michael Chui. Phase of Imitation and Innovation in a North-South Endogenous Growth Model. see Oxford Economic Papers, 51, Oxford University Press, 1999.
6. David J. Hanson. Globalization of R&D Still Growing. Chemical & Engineering News, 1999-11-01.
7. Edwin Mansfield. Intellectual Property Protection, Direct Investment and Technology Transfer: Germany, Japan and the United States. The World Bank, 1995.
8. Edwin Mansfield. Intellectual Property Protection, Foreign Direct Investment and Technology Transfer. The World Bank, 1994.
9. European Commission Research Directorate-General: Key Figures 2005 on Science, Technology and Innovation, Towards a European Knowledge Area. 2005.
10. Frieder Meyer-Krahmer. National Polices for Research, Technology and the Location of Business in a Global Economy. Tubingen. Economics Vol. 60, 1999.

11. George DeMartino. Industrial Policies versus Competitiveness Strategies: In Pursuit of Prosperity in the Global Economy. Philip Avestis and Malcolm Sawyer, eds. The Political Economy of Economic Policies, 1998.
12. Gerhard Fisch, Bernhard Speyer. TRIPS as an Adjustment Mechanism in the North-South Trade. Tubingen. Economics, Vol. 55/56, 1997.
13. Gregory Tassey. The Economics of R&D Policy. Quorum Books, 1997.
14. Horst Herberg and Ngo Van Long, eds. Trade, Welfare, and Economic Policies. The University of Michigan Press, 1993.
15. Jeffrey A. Hart, Aseem Prakash. Strategic Trade and Investment Policies: Implications for the Study of International Political Economy. The World Economy, Blackwell Publishers Ltd, 1997.
16. Jeremy Howells and Jonathan Michie. The Globalization of Technology: Precepts and Prospects. Jeremy Howells and Jonathan Michie, eds. Technology Innovation and Competitiveness, 1997.
17. Jocelyn Chen. The Application of International Strategic Alliance to Enhance Competitive Advantage: the Experience of Leading Taiwaness Firms. Jim Slater and Roger Strange eds. Business Relationships with East Asia: the European Experience. 1997.
18. John Cantwell. Multinational Corporations and Innovatory Activities: Towards a New, Evolutionary Approach. Jose Molero, edit. Technological Innovation, Multinational Corporations and New International Competitiveness, Harwood Academic Publishers, 1995.
19. John Hagedoorn. A Note on International Market Leaders and Networks of Strategic Technology Partnering. Strategic Management Journal, 1995 (3).
20. Jose Santos, Yves Doz and Peter Williamson. Is your Innovation Process Global? MIT Sloan Management Review. Summer 2004.
21. Lewis Branscomb. Where do High Tech Commercial Innovations Come From? 2004 Duke Law and Technology Review, http://www.

law. duke. edu.

22. Magnus Blomstrom, E. Lipsey. Multinational Firms and the Diffusion of Skills and Technology. NBER Report, Summer 1996.

23. Michael F. Kluth, Jorn B. Anderson. Pooling the Technology Base: the Globalization of European Research and Technology Organization. Jeremy Howells & Jonathan Michile, eds. Technology Innovation and Competitiveness. Edward Elger Publishing Limited, UK and USA, 1997.

24. M. J. Trebilcock, R. Howse. Trade-Related Intellectual Property (TRIPs). The Regulation of International Trade, 1995 (10).

25. Mary Lowe Good. The Globalization of Technology. Physics Today, Vol. 49, Issue 8, 1996 (8).

26. National Science Board. Science and Engineering Indicators 2006. Two volumes. Arlington, VA: National Science Foundation (Volume 1, NSB 06-01; Volume 2, NSB 06-01A). http://www. nsf. gov.

27. Pari Patel and Keith Pavitt. The Localised Creation of Global Technological Advantage. Jose Molero edit. Technological Innovation, Multinational Corporations and New International Competitiveness, Harwood Academic Publishers, 1995.

28. Paz estrella E. Tolentino. Technological Innovation and Third World Multinationals. Routledge, 1993.

29. P. Balakrishna, B. Sidharth. India: The Emerging R&D hub. http://www. blonnet. com.

30. Raghunath A. Mashelkar. India's R&D: Reaching for the Top. Science, Vol 307, Issue 5714, 2005.

31. Reza Salami and lawrence P. Reavill. The Appropriate Policies for a Successful Technology Transfer to Less-Developed Countries. Frank McDonald and Pichard Thorpe, eds. Organizational Strategy and Adaption to Global Change. Macmillan, 1998.

32. Robert Pearce. The Globalization of R&D: Key Features and the Role of TNCs. Globalization of R&D and Developing Contries,

Proceedings of the Expert Meeting, Geneva, 24-26 January 2005, United Nations, New York and Geneva, 2005. http: //www. unctad. org.

33. Svetozar Pejovich, edit. The Economic Foundations of Property Rights: Selected Readings. Edward Elgar Publishing Limited, 1997.
34. Timothy M. Show, edit. Trade and Growth: New Dilemmas in Trade Policy. St. Martins Press, 1993.
35. Toshio Watanabe. Asia: Its Growth and Agony. The East-West Center Book, 1992.
36. K. Maskus. Normative Concerns in the International Protection of Intellectual Property Rights. World Economy, 1991.
37. OECD Scienc, Technology and Industry: Scoreboard 2005. http: //www. oecd. org.
38. Philip King, edit. International Economics and International Economic Policy: A Reader. MaGraw-Hill, Inc. , 1990.
39. Prasada Reddy. R&D-related FDI in Developing Countries: Implications for Host Countries. United Nations Conference on Trade and Development. Globalization of R&D and Developing Countries. Proceedings of the Expert Meeting. Geneva, 24-26 January 2005, United Nations, New York and Geneva, 2005.
40. Special Report-Get Creative!. BusinessWeek, 2005-08-01.
41. The Council on Competitiveness. National Innovation Initiative Report: Thriving in a World of Challenge and Change. Innovate America, 2004.
42. The World Intellectual Property Organization. Exceptional Growth from North East Asia in Record Year for International Patent Filings, Press Release 436, http: //www. wipo. org, 2006-02-03.
43. The 2005 R&D Scoreboard, Commentary and Analysis. http: // www. dti. gov. uk.
44. UNESCO Science Report 2005, France, 2005. http: //www. unesco. org.

45. UNCTAD: Survey on the Internationalization of R&D: Current Patterns and Prospects on the Internationalization of R&D. http://www.unctad.org, 2005-12-12.
46. William Brock and Robert Hormats edit. The Global Economy. W. W. Norton & Company, 1990.
47. Xiaoming Zhang and Heng-fu Zhou. Foreign Technology Imports and Economic Growth in Developing Countries. The World Bank, 1995.
48. 联合国贸易与发展会议:《2005 世界投资报告——跨国公司与研发活动的国际化》,纽约和日内瓦,2005 年。
49. 联合国贸易与发展会议:《2000 世界投资报告:跨国并购与发展》,中国财政经济出版社,2001 年。
50. 联合国贸易与发展会议:《1999 世界投资报告:外国直接投资和发展的挑战》,中国财政经济出版社,2000 年。
51. 联合国跨国公司编,南开大学国际经济研究所译:《三论世界发展中的跨国公司》,商务印书馆,1992 年。
52. 联合国开发计划署:《2001 年人类发展报告》,中国财政经济出版社,2002 年。
53. 联合国贸易和发展会议:《贸发会议秘书处的说明:外国直接投资对发展的影响:跨国公司研发全球化及其对发展中国家的影响》,2004 年 12 月 7 日,http://www.unctad.org。
54. O. E. 威廉姆森著. 段毅才,王伟译:《资本主义经济制度》,商务印书馆,2004 年。
55. M. 波特著. 陈小悦译:《竞争战略》,华夏出版社,1997 年。
56. M. 波特著. 陈小悦译:《竞争优势》,华夏出版社,1997 年。
57. M. 波特著. 李明轩,郑如美译:《国家竞争优势》,华夏出版社,2002 年。
58. M. 波特著. 高登第,李明轩,郑如美译:《竞争论》,华夏出版社,2003 年。
59. W. C. 丹皮尔:《科学史及其与哲学和宗教的关系》,商务印书馆,1995 年。
60. 尼古拉斯·G·卡尔:《冷眼看 IT. 信息技术优势的丧失》,商务印书馆,2005 年。

61. 克里斯托弗·梅耶著. 梁淑玲译:《创新增长——硅谷的启示》,吉林人民出版社,1999 年。
62. 约瑟夫·熊彼特著. 何畏等译:《经济发展理论》,商务印书馆,1991 年。
63. 罗纳德·哈里·科斯著. 盛洪,陈郁译校:《企业、市场与法律》,三联书店,1990 年。
64. 尹尊声,姜彦福著:《技术管理:开发和贸易》,上海人民出版社,1995 年。
65. 马丁·费尔德斯坦编. 彭家礼等译:《转变中的美国经济(下册)》,商务印书馆,1990 年。
66. 艾伯特·赫希曼著. 曹征海等译:《经济发展战略》,经济科学出版社,1991 年。
67. 保罗·克鲁格曼,茅瑞斯·奥伯斯法尔德著. 海闻等译:《国际经济学》,中国人民大学出版社,1998 年。
68. 罗伯特·J. 巴罗主编. 方松英译:《现代经济周期理论》,商务印书馆,1997 年。
69. 彼得·林德特,尔斯·金德尔伯格著. 谢树森等译:《国际经济学》,上海译文出版社,1985 年。
70. 罗伯特·韦德著. 吕行建等译:《驾驭市场——经济理论和东亚工业化中政府的作用》,企业管理出版社,1994 年。
71. 罗伯特·赖克著. 上海市政协编译组东方编译所编译:《国家的作用——21 世纪的资本主义前景》,上海译文出版社,1994 年。
72. 加里·杰里菲,唐纳德·怀曼编. 俞新天等译:《制造奇迹——拉美与东亚工业化的道路》,上海远东出版社,1996 年。
73. 罗拉·D. 安生·迪森著. 刘靖华等译:《鹿死谁手?——高技术产业中的贸易冲突》,中国经济出版社,1996 年。
74. 小 R. 霍夫亨兹,K. E. 柯德尔著. 黎鸣译:《东亚之锋》,江苏人民出版社,1995 年。
75. 马丁·费尔德斯坦编:《转变中的美国经济》,商务印书馆,1990 年。
76. 皮埃尔·莱昂主编. 谢荣康等译:《世界经济与社会史——二十世纪后半期》,上海译文出版社,1985 年。

77. 弗里德里希·李斯特著．陈万煦译：《政治经济学的国民体系》，商务印书馆，1997 年。
78. Roman Boutellier Oliver Maximilian Von Zedtwitz. 曾忠禄，周建安，朱甫道主译：《未来竞争的优势》，广东经济出版社，2002 年。
79. 林升一：《国际经营的战略行动》，复旦大学出版社，1992 年。
80. 何保山，顾纪瑞，严英龙：《中国技术转移和技术进步》，经济管理出版社，1996 年。
81. 《中国科技发展研究报告》研究组：《中国科技发展研究报告（2000）——科技全球化及中国面临的挑战》，社会科学文献出版社，2000 年。
82. 张金杰：《论欧盟高新技术产业的发展及其政策调整》，世界经济，1999 年第 10 期。
83. 符正平：《比较优势与竞争优势的比较分析》，国际贸易问题，1999 年第 8 期。
84. 世界银行：《世界发展报告 1987》，中国财政经济出版社，1987 年。
85. 李开复：《论网络创新的未来》，环球企业家，2006 年第 5 期。
86. 克莱夫·库克森（Clive Cookson）：《中印科技崛起令西方担忧》，[英国] 金融时报，2005 年 6 月 10 日。
87. 赵兰香，方新：《模块重构：构建我国国家创新系统的新思路》，科技管理，2006 年第 2 期。
88. 黄兆银：《战略性贸易政策与产业政策》，经济评论，2001 年第 1 期。
89. 田中禾，王斌：《虚拟 R&D 组织知识管理模式研究》，科技进步与对策，2006 年第 4 期。
90. 浅川和宏．在印度和中国的 R&D 展开不断加速，http：//www.rieti. go. jp/cn/columns/a01_ 0180. html，2005-10-18
91. 中国科学院：《2001 高技术发展报告》，科学出版社，2001 年。
92. 世界银行：《2000 世界发展指标》，中国财政经济出版社，2001 年。
93. 王志乐主编：《2001 跨国公司在中国报告》，中国经济出版社，

2001 年。
94. 王志乐主编：《2005 跨国公司在中国报告》，中国经济出版社，2005 年。
95. 中国科技研究发展报告研究组：《中国科技研究发展报告：科技全球化及中国面临的挑战》，社会科学文献出版社，2000 年。
96. 伯尔蒂尔·奥林著．王继祖等译校：《地区间贸易和国际贸易》，商务印书馆，1986 年。
97. 黄兆银：《既要科技成果奖 又要专利权》，光明日报，2001 年 10 月 15 日。
98. 黄兆银：《中国企业的知识产权商务战略》，决策与信息，2002 年第 4 期。
99. 黄兆银：《高技术创新竞争的两个层面》，世界知识，2000 年第 14 期。
100. 黄兆银：《论战略性贸易与产业政策》，经济评论，2000 年第 1 期。
101. 王永生：《技术进步及其组织》，中国发展出版社，1999 年。
102. 王健：《跨世纪发展中的利用外资战略》，中国经济出版社，1996 年。
103. 朴昌根：《韩国产业政策》，上海人民出版社，1998 年。
104. 罗肇鸿：《高科技与产业结构升级》，上海远东出版社，1998 年。
105. 张世鹏，殷叙彝：《全球化时代的资本主义》，中央编译出版社，1998 年。
106. 尹尊声，姜彦福：《技术管理：开发和贸易》，上海人民出版社，1995 年。
107. 汤敏，茅于轼主编：《现代经济学前沿专题（第一集）》，商务印书馆，1996 年。
108. 汤敏，茅于轼主编：《现代经济学前沿专题（第二集）》，商务印书馆，1996 年。
109. 储祥银：《跨国公司与中国》，对外经济贸易大学出版社，1995 年。
110. 滕维藻，陈荫枋主编：《跨国公司概论》，人民出版社，1991 年。

111. 李京文等著:《国际高技术市场与中国对外高技术交流》，贵州人民出版社，1997 年。
112. 沈圣英主编：《东北亚区域经济合作—背景、现状和战略模式》，中国对外经济贸易出版社，1994 年。
113. 孙晓编著：《知识产权与技术贸易》，中国青年出版社，1993 年。
114. 肖勤福：《世界经济发展因素研究》，对外经济贸易大学出版社，1997 年。
115. H. 钱纳里，S. 鲁宾逊，M. 赛尔奎因著. 吴奇等译：《工业化和经济增长的比较研究》，上海三联书店，1989 年。
116. 耶鲁大学经济增长中心第 25 届发展经济学年会论文精选，中国社会科学院经济研究所发展经济研究室译：《发展经济学新格局——进步与展望》，经济科学出版，1987 年。
117. 杰拉尔德·迈，达德利·西尔斯编. 谭崇台等译：《发展经济学的先驱》，经济科学出版社，1988 年。
118. 约翰·科迪，海伦·休斯，戴维·沃尔著. 张虹等译：《发展中国家的工业发展政策》，经济科学出版社，1990 年。
119. 霍利斯·钱纳里，莫伊思·赛尔昆著. 李新华等译：《发展的型式》，经济科学出版社，1988 年。

后　记

本书是“985 工程”二期子项目“中国经济发展与国际竞争力”——“经济全球化与国际竞争力研究”的系列成果之一。

本书的研究源于我的博士学位论文《技术全球化研究》，当时的研究涉及到 R&D 的全球化与国际技术转移问题，而本书集中研究 R&D 的全球化。我的导师周茂荣教授给予我许多指导、鼓励与支持，“感谢”一词不足以表达我的心境。

在本书的研究及写作过程中，参阅了大量国内外学者的论著及相关文献，各位作者的睿智给予本书作者诸多启迪，文中的注释与参考文献即是证明，在此对相关作者表示衷心的感谢，未尽之处，敬请原谅。

本书得到了武汉大学出版社的大力支持，本书的责任编辑夏敏玲女士付出了辛勤的劳动，在此表示深深的谢意。本书还得到了武汉大学经济与管理学院、国家重点学科世界经济学科的大力支持，在此一并感谢！

由于水平有限，书中疏漏、错误之处，敬请指正。

作　者

于武汉大学珞珈山

2006 年秋